Pasado de Él, historia de Ella

Pasado de Él, historia de Ella

Un Guía para Esposas de Sobrevivientes de
Abuso Sexual Infantil y Trauma

DEBRA WARNER, PSY.D.

Dr. Debra Publishing   LLC

His History, Her Story, 2nd Edition
Pasado de Él, historia de Ella

ISBN 978-0-578-87194-3

Impreso en los Estados Unidos
1era Impresión, 2017

ATENCIÓN: ORGANIZACIONES & CORPORACIONES
Descuentos en grandes cantidades para la re-venta, regalos o recogido de dinero se encuentran disponibles. Para más información, por favor contacte a Dr. Debra LLC: letslistenletslove@gmail.com

Traducido a español por: Rosa L. Rodríguez, Psy.D. & Lorena Vázquez Santiago, Psy.D.
Soporte de traducción: Olivia Garcia, Elizabeth Munoz Islas, Alma Lopez, Lorena Rodriguez y Erica Solis

Diseño de Portada: Dave Warner

Testimonios

Pasado de Él, historia de Ella es una lectura obligada para las parejas íntimas de los hombres que sufrieron abuso sexual durante la niñez. La Dra. Debra Warner, una psicóloga forense, explora el tema con profundidad clínica, al mismo tiempo que ofrece orientación práctica sobre cómo navegar por las relaciones desde su experiencia como esposa de un sobreviviente. El resultado es un trabajo innovador y completo.

Christina Hoag
co-autora de "Christina Hoag, co-autora de "Paz en el vecindario: trabajando con los miembros de las pandillas para terminar la violencia".

***

¡Un tratado oportuno e indispensable para el cónyuge, amigo de un adulto sobreviviente del abuso infantil! ¡Debería estar en la lista de libros de todos los terapeutas, también!

Bill Murray
NAASCA.org – Asociación Nacional de Adultos Sobrevivientes de Abuso en la Niñez

Dedicatoria

Para las dos personas que son todo para mi: Sonya y Lawrence.

Espero que sepan y entiendan nuestro amor, hasta después que ya no estemos.

Contenido

Agradecimientos

He leído varios libros y sus agradecimientos y me pregunto: ¿qué es lo que piensan los autores cuando están escribiendo esta página? ¿Cómo decir gracias y expresar agradamiento a todas las personas que contribuyeron a el libro? He pensado, ¿cómo seleccionan a quién agradecer y cómo encuentran las palabras que decir? He evitado escribir esta página aún; lo dejé para lo último. No por miedo, pero por la emoción que siento al escribir este libro. Quiero expresar todo el sentimiento que siento, pero no puedo porque estoy llena de tristeza y agradecimiento a la misma vez.

Primero, siento tristeza porque estoy escribiendo un libro que últimamente me beneficiará, pero a costa del dolor de otra persona. Sé que tal vez no me haré rica, ni famosa; pero se que recibiré reconocimiento por publicar un libro. También sé que recibirá detalles de admiración por personas que han sido abusadas y traumatizadas. Yo no fui la persona que sufrió el abuso, pero si fui la que sufrió los efectos de segunda mano del sufrimiento, y ahora estoy escribiendo el libro. Me entristece saber que es más fácil leer y escuchar una historia de abuso de una mujer en vez de un hombre. Me rompe el corazón que en nuestra sociedad los hombres todavía no pueden mostrar ese tipo de vulnerabilidad.

Sin embargo, esa tristeza es lo que también me hace ser agradecida. Al sentarme con un cliente recientemente y escuchar su historia, me di cuenta que me estaban compartiendo la historia no sólo porque me asignaron el caso, sino porque soy la persona destinada para hacer este trabajo. Estaba agradecida de que en este mundo, contarme su historia fuera probablemente más fácil porque era una mujer. Estaba agradecida porque me eligieron para escuchar su historia. Estaba agradecida de que la experiencia de conocer a mis clientes, mis sobrevivientes, mis campeones me haga una mejor psicóloga y a su vez una mejor persona.

También estoy agradecida de que, al irme a casa, pueda crecer aún más con un hombre que me deja ser yo. Todos los días estoy rodeada de hombres. Todos los días doy todas mis emociones a otros hombres para ayudarles a sanar y todos los días cuando camino por la puerta de mi casa recibo un beso y un: "¿Cómo estuvo tu día?" Nunca recibo un comentario celoso. Un día le pregunté a mi esposo: ¿por qué nunca te pones molesto por mi elección de carrera profesional? Su respuesta me sorprendió. "Tienes que ser tú. Te encanta lo que haces. Entiendes el dolor. Entiendes el todo lo que enfrentan los hombres. Tú me salvaste. No tienen a nadie más. Sólo sé tú." Entonces me preguntó: "¿Sabes por qué estos tipos te hablan tanto?" y le dije que no con una mirada tonta en mi cara. Me dijo: "Es porque no estas tan lejos de su mundo. Tú eres 'El Grupo Brady'.

Representas al mundo en el que querían vivir y no llegaron. Sin embargo, ahí estás, pase lo que pase, aceptando todo su pasado, escuchando y nunca juzgando". Al decir esto, me di cuenta de la bendición que tengo como esposo. ¡Qué hombre tan fuerte es! Es un honor estar casada con un hombre que me entiende, y tiene la fuerza de compartir lo que ha encontrado en una esposa con la carrera profesional que elegí.

Así que en esta tristeza y gratitud he encontrado claridad. Sé que nadie tiene el derecho a contar la historia de un sobreviviente más que el propio sobreviviente. Ahora entiendo cuál es mi deber en la vida. Entiendo por qué trabajo en prisiones. Entiendo por qué trabajo con casos que nadie quiere. Entiendo que puedo contar las historias de aquellos sobrevivientes que no pueden. Entiendo que soy la voz de aquellos que no tienen voz. Entiendo por qué me casé con el hombre que elegí. Le doy gracias a Dios por la bendición que me ha dado poniéndome en la posición de conocer a todos los sobrevivientes que puso mi camino, por hacerme quien soy y seguiré siendo. Por lo tanto, este reconocimiento es para todos aquellos hombres sobrevivientes que han tocado mi corazón y mi alma. Que siga siendo tu voz y, sobre todo, gracias por contarme tu historia.

Reconocimientos especiales

Para J. Roxann Wright: Sin ti este libro no habría comenzado. Gracias por escucharme y darme tu apoyo. Eres un talento.

A David Pisarra, Michael Oropollo y American Ghost Media: Gracias por hacer que este libro se realizara. David Pisarra, por eso eres uno de los Fabulosos 6. Gracias por apoyarme y empujarme fuera de mi zona de comodidad. Michael Oropollo, GRACIAS, GRACIAS, GRACIAS. Tienes mi voz y nuestro enlace es para siempre.

Introducción

Como un ex oficial de la ley que se especializó en los delitos horrorosos de abuso sexual infantil, tengo más que un conocimiento pasajero de la dinámica y los efectos a largo plazo de las víctimas. Mi experiencia personal como sobreviviente de abuso sexual me da una comprensión íntima de los traumas que los inocentes vivirán por toda su vida.

Los efectos físicos del abuso desaparecen en cuestión de semanas, pero los daños físicos emocionales, psicológicos e indirectos duran décadas, resonando a lo largo de la vida de una persona. Sé que el dolor, el odio, la profunda incapacidad de crear una intimidad duradera a la que me enfrenté fueron todos los resultados del abuso que experimenté a manos de un hombre al que admiraba como mentor. Cuando se aprovechó de la situación y abusó de mí, puso en marcha problemas de relaciones que tomaron años de terapia y trabajo para superar.

Mi sanación definitiva surgió a través de las circunstancias más inesperadas. Después de décadas de vivir con miedo de que me encontraría con mi mentor/abusador, finalmente pasó. Yo era un fiscal en ese momento y me comuniqué con el FBI, que comenzó una investigación que resultó en la condena de ese hombre y el cierre de muchos capítulos dolorosos en mi vida.

Tuve la suerte de trabajar en una carrera donde terapeutas y expertos estaban disponibles para contestar mis preguntas. Los recursos que estaban disponibles para mi eran de última generación, pero todavía no eran suficientes. Es por eso que estoy tan feliz de ver que la Dra. Debra Warner y su esposo Dr. Robert Carey han encontrado el valor y la dedicación de compartir su historia en este libro. A los hombres sobrevivientes de abuso infantil, en cualquier forma, generalmente se les dice: "aguántate" o "sacúdete" o, lo peor de todo, "fuiste afortunado". Esa minimización e invalidación del trauma sólo sirve para reforzar el trauma y sienta la base para daños mayores en ese joven en su futuro.

Cuando un hombre sobreviviente se da cuenta que sus sentimientos son invalidados, dejará de expresarlos. Eso es lo que hice. Cuando se le dice a una persona que la realidad que está viviendo no es real, cuestionarán sus propias habilidades para juzgar con razón. Eso me sucedió a mí y resultó en baja autoestima y comportamientos autodestructivos. Todo esto fue establecido por el proceso de preparación del abusador para aprovecharse de los jóvenes en primer lugar.

Este libro ayudará tanto a los sobrevivientes como a sus parejas a entender y enfrentar los innumerables problemas que un sobreviviente debe navegar para establecer y mantener una relación amorosa consigo mismo y con una pareja. Las parejas frecuentemente se confunden y comienzan a dudar de su propia sanidad, antes de enfocarse en la imagen completa del abuso. Los sobrevivientes frecuentemente no tienen el vocabulario emocional necesario para explicar el dolor que sienten ni tienen las herramientas que necesitan para construir una relación saludable.

Hay una enorme demanda para este libro, y me emociona saber que ahora los sobrevivientes y sus parejas tendrán este recurso para comenzar el proceso de su sanación y mantener una relación intacta.

Espero que este libro les ayude a ustedes y a sus parejas a recuperar y reconstruir la vida que merecen los dos; la vida que fue robada hace años por un abusador. Sé que se puede hacer porque yo lo hice, y también lo puedes hacer con la ayuda de profesionales de salud mental preocupados y recursos como este libro.

Dios los bendiga,

James Clemente, Esq.

FBI Agente Especial de Supervisión (Ret.)

Prólogo

Observando su trayecto

Escribir un libro es un esfuerzo complicado y largo. El autor pasa por un profundo proceso emocional hasta que cruzan la línea final. El producto final es una amalgama de reescrituras y ediciones que sólo los que están dentro del proceso son testigos. Es raro que un extraño forme parte de este proceso profundamente interno. Pero como estudiante fui testigo del trayecto de la Dra. Debra Warner con este libro mientras me guiaba a través de mi programa de educación. Escribo este prólogo para que la gente sepa que este libro es una verdadera declaración de alguien que no sólo cree en sus palabras, sino que las practica activamente. Ella cuenta su historia a través de un lente de amor, describiendo sus incansables esfuerzos para defender la erradicación del estigma de los hombres sobrevivientes de abuso como un testamento de amor por su esposo.

Cuando la Dra. Warner comenzó este proyecto, me dijo que su objetivo era escribir un libro que iluminara los problemas que acompañan al matrimonio con un sobreviviente de abuso. Encontrar la voz del escritor es difícil, y la Dra. Warner tardó un tiempo en encontrar la suya. Las palabras no llegaron fácilmente al principio. Tenía tantas cosas que quería decir, y tanta pasión e información por el tema que quería dar.

También pude ver que hablar de estos temas desde una perspectiva personal era más difícil para ella que hablar de ellos desde una perspectiva clínica. Siempre quiso que el amor brillara. Lo logró haciendo de su trayecto emocional con su esposo siendo el centro de cada tema del libro. Poco a poco encontró su voz con la ayuda y la guía de un equipo de colaboradores, amigos y familiares quiénes fungieron como apoyo. Su escritura tomó forma y el libro estaba en camino. Escribir el libro también fue un a trayectoria muy emocional para ella. Ella aumentó su vulnerabilidad al hablar públicamente sobre sus propias experiencias y su crecimiento personal como pareja en lugar de como clínica experta. Su autoconciencia realmente floreció como consecuencia.

Este libro es un testimonio de la diligencia de la Dra. Warner hacia el desafiante objetivo que se ha fijado: eliminar el estigma y la invisibilidad del sufrimiento de los sobrevivientes masculinos. Al crear un libro que es a la vez un aliado y una ayuda, ha proporcionado un trabajo para aquellos que necesitan ayuda y orientación al entablar relaciones con aquellos que han sufrido violencia. Este libro es un paso importante para llevar a la luz este tema oscuro y aún tabú.

J. Roxann Wright, M.S.

Capítulo 1

La historia de Ella

Como psicóloga he trabajado extensamente con hombres que han sobrevivido trauma y muchos me preguntan: "¿por qué estas tan interesada en hombres que han sobrevivido al trauma y problemas de hombres?" La respuesta breve es: yo soy un hombre atrapada en un vestido rosita. Parte de mi trabajo, es ir a las prisiones e instituciones a analizar los casos más críticos y los casos más difíciles. Yo soy la persona a quien llaman para resolver las adivinanzas más complicadas y dar tratamiento a los intratables. Frecuentemente, yo puedo detectar los problemas que estos hombres han tenido mucho antes de que me lo digan.

Por lo general, sólo tengo una oportunidad de hacerlo bien. Puede que suene extraño, pero una vez que un hombre me revela su historia de abuso, mi objetivo es hacerlo llorar en algún momento del tratamiento. Puede que yo sea la única persona a quién le haya dicho este secreto y esta puede ser la primera y última vez que este secreto pase por sus labios. Es muy importante que le de un espacio seguro para expresar este secreto y si llora, sé que he tenido éxito. Cuando todas esas emociones que han sido escondidas detrás de paredes y espejos comienzan a salir de él, entonces comienza su proceso de recuperación.

Siempre puedo notar cuando un hombre nunca ha revelado su trauma a nadie, y en el caso de que sea la primera vez, es importante no interrumpir y simplemente escuchar. Mi proceso de recibir una divulgación, que ha funcionado cientos de veces con casos de diferente gravedad, se puede definir en: Creer, Estar Presente, y Reconocer. Yo les creo y les doy mi atención plena. Tengo un ritual que me ayuda a escuchar porque no es una habilidad innata mía. Me encanta hablar, así que llevo chicle, nueces o refrescos conmigo a las sesiones para mantener mi boca ocupada. Cuando ellos empiezan a hablar, cruzo las piernas y me quedo quieta. No quiero distraerme en el proceso de la divulgación. Durante el proceso de revelarme su historia, estoy completamente presente con ellos. En ese momento, tienen mi atención absoluta. Me mantengo completamente disponible y atenta hasta que dejan de hablar. Finalmente, reconozco lo que han compartido conmigo. Diré algo como, "eso tuvo que ser muy difícil para ti", o trato de educarlos diciendo algo como, "debe haber sido difícil de compartir para ti; la sociedad no permite que los hombres tengan sentimientos como esos". Esto podría ser lo único que digo durante toda la sesión. Nunca trato de empujarlos o sacar información. En la mayor parte de la sesión me quedo callada; ellos saben que espero por ellos.

Nunca, bajo ninguna circunstancia, digo, "Sé cómo te sientes". Primero, no sé cómo se sienten. No soy un hombre, y no he experimentado el mundo a través de sus ojos. Diciendo algo así podría causar más trauma porque pueden sentir que no le estoy dando importancia a sus historias o que les tenga lástima.

Finalmente, después de escuchar una revelación por primera vez, siempre le agradezco al hombre por decírmelo. Si usted es la persona a la que han elegido para revelar este secreto, es un regalo. La honestidad y vulnerabilidad voluntaria de ellos debe ser honrada y reconocida.

Un caso de divulgación inicial que se destaca entre los muchos que he escuchado a lo largo de los años. Fue de un joven estudiante en una universidad cercana. Compró una casa y estaba trabajando en ella con la intención de repararla y venderla de vuelta para obtener ganancias. El vecino del lado y él habían tenido desacuerdos desde que el joven compró la casa, por razones que no estaban exactamente claras. Eventualmente, esto se intensificó en un altercado verbal. El vecino lo acusó de entrar ilegalmente en la propiedad. La policía tenía un historial documentado de altercados entre los dos vecinos, y habían sido llamados a responder en la escena varias veces en los últimos meses. Conociendo esta historia, el joven llamó a la policía en un esfuerzo por prevenir cualquier problema adicional. La policía llegó, pero debido a la salud mental del joven y el historial de abuso de sustancias, decidió que él era el agresor y comenzaron a interrogarlo, lo que culminó en una pelea entre él y los oficiales.

Lo que se pensó que era una buena idea de llamar a la policía antes de que la situación se intensificara, se convirtió en que el joven fuera acusado de agredir a un oficial. Fue condenado a dos años de prisión. Como cosas del destino, esta era la misma prisión de hombres en la que yo trabajo evaluando las condiciones psiquiátricas de los prisioneros.

Estaba sentada en mi oficina cuando su caso llegó a mi escritorio. He trabajado en varias prisiones, y los consultorios psiquiátricos son genéricos. Hay tres paredes de concreto con una pared de vidrio que permite a los guardias ver en la habitación. Hay dos sillas azules plásticas "Rubber Maid" en el centro de la habitación, con mi silla colocada cerca de la puerta. Hay un escritorio con un radio que sirve como alarma; si el radio es tumbado, suena la alarma y alerta a los guardias a que se apresuran.

No puedo trabajar en este ambiente deprimente y deshumanizante así que traje almohadas de material leopardo rosa y accesorios de "Hello Kitty"– grapadoras, impresiones para la pared, pegatinas, letrero de la puerta, y plumas - todo era de color rosa brillante. Traje juegos de mesa y los acomodé en una esquina.

Los rostros de los prisioneros cuando entran a mi oficina no tienen precio; era como si estuvieran entrando hacia otra dimensión. Estaban acostumbrados a ver nada más que las paredes institucionales de concreto, a veces durante años o décadas. Los chicos me dijeron que mi oficina tenía un consuelo. Mi oficina me hace una persona real, no una psicóloga genérica y estéril. Les hizo sentir como si ellos fueran humanos, también. Trajo un elemento de personalidad y humanidad al medio ambiente que rara vez reciben en otra parte de la cárcel.

El joven entró en mi oficina y cuando el shock inicial de la decoración le pasó, se sentó frente a mí y comenzó a contar su historia. Me di cuenta de que algo no estaba bien, pero sabía que no estaba mintiendo. Sabía por la forma suave e indirecta en que me hablaba y la pesadez en sus ojos, que algo nos agobiaba a los dos, que había un profundo dolor allí.

Mi intuición me dijo que preguntara. "¿Alguna vez has sido abusado física o sexualmente?" Recibí la respuesta con una ausencia de sonido.

"Bien, ¿qué pasó?"

"No pasó nada."

"Algo obviamente te molesta." Puse mi pluma suavemente sobre la mesa para mostrarle que tenía toda mi atención. "Entonces, ¿qué es?"

Se quedó callado, miró hacia abajo y empezó a temblar. Sabía que la respuesta que me daría a continuación le cambiaría el resto de su vida, pero no pude empujarlo a la respuesta. Sólo me quedé presente con él, en silencio. Tenía mi atención; mi silencio le dio a entender que yo estaba disponible para él, esperando lo que iba a decir a continuación. Nos sentamos así por un tiempo, nuestra presencia tranquila fue llenando la habitación. Pude ver que un sentido de urgencia vino sobre el joven, y luego me dijo: "tengo un vecino que me pagaba en drogas para hacer cosas con él." Me detuve, esperando a ver si había terminado. Cuando supe que había terminado, le dije: "si fue por drogas o no, o si lo hiciste o no lo hiciste, no importa. Él era un adulto y tú eras un niño, y eso es un desastre.

Retrocedió rápidamente y grito: "¡pero nunca pasó nada!"

La mayoría de los hombres no quieren admitir que otro hombre los tocó sexualmente. Los hombres sobrevivientes temen que las mujeres nunca los van a ver como hombres de nuevo, o se sienten inferiores a otros hombres debido a lo que sucedió. Incluso si son homosexuales, los hombres rara vez quieren admitir que fueron forzados. Esta construcción no debe ser ignorada. Su renuencia tiene que ser validada.

Le dije: "sé que, como hombre, no puedes decir nada. Básicamente, puedes estar enojado por eso, lo entiendo".

Después que un hombre revela, hay muchas cosas pasando en la habitación. Se siente incómodo y está en su punto más vulnerable. Es un nervio crudo. Es entonces cuando valido su historia con un comentario como, "eso no es tu culpa", o "sólo eras un niño, eso no está bien". Suena simple, pero el punto es que lo he reconocido y validado en lugar de no dar importancia a su historia.

Cuando entro en las prisiones, entro sin miedo – tengo que hacerlo; los prisioneros pueden oler el miedo. Los trato como seres humanos e iguales a mi. Ellos me tienen que llamar doctora Warner así que me dirijo a ellos como Sr. junto con su apellido. Me aseguro de que estamos en un campo de juego uniforme en todo momento - no soy más o nada menos que ellos. Esto me permite llegar mucho más lejos con ellos que quizá otras personas.

A medida que nuestra relación se desarrolla, mis chicos me llaman su "protector de espíritu" o la "madre protectora que nunca tuvieron". Muchos de estos hombres tenían madres o cuidadoras que no los protegían o no los escuchaban cuando trataban de decir sus historias. Sus madres decían cosas como: "¿no son sólo niños siendo niños?" Que es exactamente, lo que la madre de mi esposo le dijo. Tengo la oportunidad de confortar ese dolor y espero reemplazarlo con un recuerdo diferente.

La gran ironía en esto es que estoy casada con un hombre sobreviviente. A pesar de mi experiencia como psicóloga, no tenía la menor idea de cómo manejar esta relación, y no había recursos disponibles para mí.

Es fácil para mí entrar en una prisión y analizar los casos más problemáticos de la sociedad en cuestión de horas, pero tan pronto conocí a Robert, el problema ya no era un tema. Ya no fui bendecida con la objetividad. El tema del trauma de hombres me afectó a un nivel personal más profundo. Una vez sacado a la superficie, ahora estaba en mi casa, convirtiéndose en una parte de nuestras vidas. Necesitaba respuestas y recursos que estuvieran disponibles para mí como esposa.

Esta fue la primera vez en mi vida que no pude tener una solución cuando enfrentaba un problema.

Si ha seleccionado este libro, probablemente también usted esté buscando recursos. Ese es mi propósito. Como una de las pocas mujeres que trabajan con hombres sobrevivientes y como esposa de un hombre sobreviviente, estoy en una posición única para brindar recursos que son desesperadamente necesarios. Una vez estuve tan perdida como te puedes sentir en este momento a pesar de que trabajo como psicóloga. Así que por favor entienda que su estado de confusión es esperado y completamente normal. Espero que este libro le brinde las piezas que le faltan al rompecabezas que está luchando para poder resolver.

Incluso antes de sumergirme en los problemas de hombres, crecí alrededor de hombres a los que admiraba y quien su carácter está innegablemente entrelazado con el mío. Nací en Fontana, California, con dos maravillosos y amorosos padres, tres hermanos y una hermana. Estaba muy apegada a mi padre, era la verdadera niña de papá. Mi padre era un sargento en el ejército, y mantenía las cosas en forma en nuestra casa. Mis hermanos tuvieron una experiencia diferente con nuestro padre que la mía. Ellos eran mucho más cercanos a nuestra madre. No me malinterpretes, amo profundamente a mi madre, pero soy una versión femenina de mi padre. El y yo hicimos todo juntos.

Fuimos una familia estadounidense de clase media. Como familia militar, socializamos y nos quedamos en la base. El ejército en la década de 1970 estaba mucho más integrado que mi pequeña ciudad de Fontana, así que estábamos alrededor de todo tipo de personas. Nunca pensé demasiado en la raza o en cómo se relacionaban conmigo, una niña negra en una ciudad con gente blanca.

Fontana tiene su propia historia oscura y raíces racistas. Recuerdo ir de compras con mi madre cuando vimos el grupo local Clan sosteniendo una protesta por la contratación de un hispano en un banco local. Le pregunté a mi madre de qué se trataba. Sin preocuparse, ella respondió: "oh, están vestidos para Halloween, cariño, no te preocupes". Eso me satisfizo hasta que más tarde me di cuenta que estábamos comprando tarjetas de San Valentín.

En primer grado, era la única niña negra en mi clase y me pidieron que interpretara a Coretta Scott King en la asamblea de la escuela. Cuando llegué a casa de la escuela y se lo dije a mi madre, se quedó en silencio. Fue a la escuela secundaria local y tenía un dibujo hecho de Coretta Scott King. Ella ofreció la solución de que yo podría sostener la parte de Coretta Scott King diciendo: "mi hija no es ella, pero se parará con orgullo para celebrar a una gran mujer". Así nos criaron y protegieron mis padres. Eran personas fuertes y me mostraban cómo navegar en contra del racismo y enfrentarlo de frente cuando necesitaba hacerlo, aunque tuviera que hacerlo sola.

Hubo un año en la escuela de gramática que los niños entraban llorando semanalmente. Siempre estaba en sintonía con los chicos y sabía que los chicos no lloraban en público o no debían hacerlo. Todos en mi ciudad trabajaban en las fábricas de acero, y descubrí que sus padres fueron despedidos como resultado de una afluencia de inmigrantes mexicanos que harían el mismo trabajo por un salario más bajo. La gente no entendía el estrés que esto le impuso a las familias. El padre estaba estresado debido a la pérdida de su trabajo y probablemente peleando con la madre. A su vez, la madre probablemente luchó con los niños. No hay resolución porque el trabajo se pierde, y lo único que cualquiera de ellos sabe es que alguien diferente a ellos se ha tomado su sustento.

Incluso a esa temprana edad pude reconocer que estos jóvenes no tenían una manera aceptable para expresar sus emociones, excepto con agresión. Los niños están condicionados desde una edad temprana a que la tristeza no es una emoción aceptable, solamente el coraje. La restricción impuesta a los niños les impide expresar una variedad de emociones; en cambio, la sociedad les dice que expresen sólo agresión. Para algunos de los chicos de mi escuela y sus familias, este coraje se manifestó como racismo y xenofobia. Dada la libertad y el aliento para expresar emociones distintas que la agresión, esos jóvenes podrían haber elegido una manera más saludable de manejar sus sentimientos. Aprendí a identificar el racismo como un problema social en lugar de personal. Nunca tomé nada de eso como algo personal.

Como una de las pocas chicas negras en la escuela, esto creó un ambiente en el que crecí bastante aislada. El hecho de que no me llevara bien con muchas de las chicas y no estuve interesada en la mayoría de las cosas femeninas me hizo aún más dolorosamente aislada.

Tal vez fue mi infancia centrada en los hombres lo que naturalmente me jaló hacia los problemas de los hombres; tal vez fue el destino, quién sabe. En cualquier caso, he hecho de esto el trabajo de mi vida. Después de casarme con Robert y tuvimos a nuestro hijo Lawrence, sentí un amor que nunca había conocido antes. Las tres personas más importantes de mi vida, dos de ellas hombres, uno de los cuales es un sobreviviente, me dieron la visión de proporcionar educación y conciencia de los hombres sobrevivientes con una pasión renovada y más robusta.

Amor, visión y pasión. Cuando estas tres cualidades se unen, encontramos una nueva fuerza y creatividad que nos permite perseverar y sobresalir en cualquier situación. Esas emociones me impulsaron a la creación de la conferencia SCRIPT en 2015.

SCRIPT significa la Cumbre sobre Resiliencia Comunitaria, Intervención, Prevención y Capacitación. La conferencia fue diseñada con la intención de proporcionar a los profesionales mejores herramientas para hacer frente a los problemas de salud mental más apremiantes de la sociedad. Reunimos a las agencias policiales, psicólogos, trabajadores sociales, intervencionistas de pandillas, enfermeras y estudiantes de todo el mundo para abordar estos problemas a nivel local. Hasta la fecha, hemos entrenado y educado a cientos de profesionales en formas de pensar y aplicaciones de situaciones reales por medio de la innovación del tratamiento a nuestras comunidades. Lo más importante es que la conferencia es gratis para el público. Tengo el objetivo de hacer que la educación sobre los hombres sobrevivientes sea lo más accesible al público. Lo que estamos haciendo en SCRIPT y los recursos que se esfuerzan en proporcionarlos fueron precisamente los que estuvieron escasos para mí. Además de otros que tardaron en llegar demasiado tiempo. Quiero terminar con eso. Nuestros hombres, las personas que los aman y la sociedad en general se merecen herramientas para superar el trauma masculino.

Si usted es la pareja de un hombre sobreviviente ha oído cosas como: *"tu eres igual que el resto de ellos"*, *"tú no me escuchas"*, o *"tú nunca serás capaz de entenderme"*. Estas palabras usualmente le siguen periodos de silencio o una salida abrupta (ya sea de la habitación o de la relación) por parte del hombre. No es mi experiencia como psicóloga lo que me enseñó eso; fue mi experiencia como esposa.

El objetivo de la conferencia SCRIPT es llamar la atención de mi esposo y hacerle saber que lo escucho, lo entiendo y lo siento. Mis amigos y seres queridos saben que me gusta hacer todo en grande. Así que, para llamar la atención de Robert, creé una conferencia para hombres sobrevivientes.

La conferencia de 2015 fue un éxito, y el tema de los hombres sobrevivientes fue bien recibido, que se convirtió en una conferencia anual recibiendo patrocinio corporativo. Además, añadimos presentadores para hablar sobre la intervención en crisis, asuntos de salud mental y otro asunto en el cual he trabajado sustancialmente, la intervención de pandillas.

Cuando descubrí que mi esposo era un hombre sobreviviente, busqué toda la literatura, los estudios y las conferencias que pude encontrar sobre el tema. Eso resultó en exactamente a un libro que fue escrito hace más de 20 años. Pedí ese libro hace 11 años, ¡todavía estoy esperando a que llegue! Así de limitada es la información sobre este tema. Incluso como psicóloga, estaba en mi cabeza cuando trataba de lidiar con los efectos del abuso en mi propia familia. La mayoría de las personas que aman a un hombre sobreviviente no tienen entrenamiento psicológico, y con tan poca información disponible, es fácil sentirse solo en este trayecto.

En este libro, hablo sobre temas desde el punto de vista profesional y de una perspectiva diaria. Junto con los mejores expertos en la materia, identifico los diferentes tipos de trauma, cómo se ven y cómo sus efectos se manifiestan en el sobreviviente. El trauma de hombres sobrevivientes es un problema único, y por lo tanto las interacciones en los matrimonios serán diferentes de aquellos que vienen de otros problemas masculinos normales. Cada hombre debe lidiar con problemas generales en la vida como: envejecer, perder testosterona, e incluso quedarse calvo, pero los problemas de hombres sobrevivientes y el trauma que los acompaña son únicos para este grupo. Antes de que podamos sanar, debemos entender que la curación y la educación van mano a mano.

Entonces tenemos que hablar de usted. Su experiencia como pareja de un hombre sobreviviente es muy diferente al de otras parejas. Sin duda, usted ha tenido crisis de fe, coraje hacia su pareja y su abusador, o problemas con la familia extendida que necesitaremos discutir. Estos no son el tipo de problemas que podemos poner una curita y pretender que todo está bien. Tenemos que sacar los problemas a la superficie y enfrentarlos de frente. Trabajaremos a través del miedo y el dolor y creceremos hasta un lugar saludable de seguridad, compasión y amor.

La intimidad, problemas del romance, depresión, autoestima, autoayuda, autocuidado y, por supuesto, muchas preguntas con respecto a los niños podrían estar corriendo por su cabeza en este momento. Si eso te puso tan ansioso por leer, como me hizo a mí por escribir, respira profundo. Cubriremos todos esos temas y juntos brindaremos luz directamente al ático oscuro y polvoroso del trauma masculino.

Capítulo 2

La historia de Él

Robert A. Carey, Psy.D.

Condado de San Bernardino, California
Dept. de Salud Mental

La culpa, la vergüenza y la humillación han sido mis compañeros durante la mayor parte de mi vida. Desde la primera vez que estuve expuesto a la conducta sexual, alrededor de los 4 o 5 años, tuve la sensación inexplicable en mi corazón de que había hecho algo malo y que no debería hablar de ello. Era una fuente de angustia y vergüenza. Mi exposición temprana al sexo distorsionó severamente el desarrollo de las habilidades de relaciones normales. Como preadolescente, pasé mi tiempo con alguien mucho mayor que yo, que me preparó para el abuso. Me sentí avergonzado de haber sido engañado. Cuando era adolescente, una depredadora me manipuló para vengarse de su marido, y la humillación se convirtió en parte de mi vocabulario.

El escenario fue establecido por padres que eran jóvenes, lidiando con sus propios problemas, y no siempre prestándole atención a los peligros correctos. Recuerdo que mi madre siempre limpiaba hasta el punto de que yo sólo deseaba que dejara de limpiar y me prestara atención. Recuerdo a mi padre frecuentemente distraído por la cerveza y el naipe con sus amigos.

Califico el abuso sexual de mi infancia en capítulos.

Capítulo 1 – Culpa (4 o 5 años)

Estaba con un montón de niños mayores cuando un juego de verdades o retos estalló un dormitorio en la planta superior. Cuando era mi turno, tomé el reto de realizar un acto sexual con una adolescente. Lo que sucedió no es importante – son los sentimientos y pensamientos después los que tuvieron efectos a largo plazo. Me propusieron y esperaban que realizara el reto, esta presión de los compañeros me enseñó a escuchar a los demás y hacer lo que me decían.

Sabía que no debía hablar de lo que acaba de pasar. No recuerdo a nadie diciendo que no debería hablar de ello, pero había una voz en mi cabeza diciendo que, si compartía esto, no sería bueno. Sentí culpa de una manera que fue hasta el centro de mi y ha tomado años de terapia para descubrir y examinar. Mi visión del sexo se deformó en ese momento, y la culpa que lo rodeaba se convirtió en la base para los abusos que vinieron después. No estoy seguro si los eventos de ese día me hicieron daño (ni siquiera puedo recordar claramente todos los detalles), pero sé que el estigma asociado con cualquier cosa sexual me causó años de sufrimiento.

Capítulo 2 – Vergüenza (6 o 7 años)

Cuando mis padres se divorciaron, pasaba cada dos fines de semana con mi padre. No era muy bueno cuidando de sí mismo, y mucho menos cuidando a un niño. Pasó demasiado tiempo bebiendo y jugando naipe cuando en verdad debería haber estado cuidándome. Es la misma historia que muchos sobrevivientes de abuso - nadie estaba prestando atención, así que era fácil para el depredador manipular la situación. Sin supervisión de un adulto, se le hizo fácil a alguien que tenía el doble de mi edad, tener relaciones sexuales mientras yo era demasiado joven para dar mi consentimiento ni tener conocimiento real de lo que estaba pasando. Esto continuó durante unos seis años. Cuando puse fin al abuso, yo era un preadolescente y él era casi un adulto.

Me sentí avergonzado por lo que pasó, pero aún más, me avergonzaba por la forma en que me convenció a participar.

Fue esta manipulación de mi consentimiento y los juegos mentales que me hicieron mucho daño. Nunca me obligaron a nada, pero con frecuencia me engañaban. Ahí es donde los efectos a largo plazo todavía me siguen hasta el día de hoy. No confío en la gente cuando los conozco por primera vez. Soy muy escéptico de los motivos de los demás hasta que se demuestran que son honestos y éticos.

Capítulo 3 – Humillación (16 años)

Yo era un niño grande. A los 16 años, era impresionante medía seis pies de altura y pesaba alrededor de 185 libras, pero todavía me sentía pequeño por dentro. Este sentido de mí mismo como pequeño hizo que fuera fácil para que otros se aprovecharan de mí, incluso si eran físicamente más pequeños que yo. Creo que debido a que me habían preparado para hacer lo que otros querían desde la primera vez que busqué la aprobación femenina a los 4 años. Por eso era fácil que el abuso del Capítulo 3 (humillación) sucediera.

La humillación vino a mí en forma de una mujer de 28 años que era mi tía por matrimonio. Con mi historia de estar preparado, era fácil de escogerme como un peón en el juego de este depredador.

En ese momento, mis padres estaban distraídos con nuevas relaciones. Sentí que estaba haciendo valer mi independencia, y empecé a vivir con mis tíos. Al principio, ella bajaba por la noche y tenía sexo conmigo mientras su esposo dormía arriba. Estaba bastante borracho con la atención que me estaba prestando y no consciente de la maldad de la situación.

Cuando la verdad salió a luz y se descubrió el daño, recuerdo que mi tío me dijo: "si fueras alguien más, te mataría". Mirando hacia atrás, creo que reaccionó de esa manera porque se dio cuenta de que yo sólo era un niño. La reacción de mi madre fue tratarme como un adulto que había hecho algo malo.

A pesar de los intentos iniciales de calmar la situación, los chismes finalmente se extendieron a través de la familia. La humillación que sentí fue la cicatriz que tuve durante muchos años después.

***

El resultado inevitable de tener una historia como la mía equivale a un desvío hacia: la baja autoestima, las drogas, el alcohol, las malas relaciones y las habilidades de afrontamiento disfuncional. Mi primer matrimonio fue con una mujer que estaba obsesionada con mi paradero y con quien yo estaba. Ella estaba convencida de que yo la engañaba incluso cuando me encontraba en el trabajo en una tienda donde cada centímetro cuadrado daba a las ventanas. La relación era tóxica en todos los niveles hasta el punto en que me preguntaba si ella me estaba envenenando cuando dijo: "si yo fuera tú, miraría lo que comía aquí. Nunca se sabe lo que podría estar en la comida.

No sabía qué o a quién creerle en la vida, pero cuando ella vino y era tan atenta que confié en ella. Es lo que hacen los sobrevivientes y es lo que los hace vulnerables a los trucos de los depredadores. Cuando decía algo, simplemente lo creía porque quería sentirme amado. Si ella decía que yo era la razón por la que no nos embarazábamos, debía ser verdad. ¡No había necesidad de consultar con un médico!

Hoy en día mis habilidades de afrontamiento son mejores, aunque no vienen naturalmente a mí. Tengo que concentrarme y trabajar en no reaccionar de inmediato. Si me dan tiempo para reflexionar, puedo volver a una situación con una respuesta tranquila y razonada.

De vez en cuando me "escondo debajo de la cama", como lo llama mi esposa Debra. Necesito tiempo para separar mis sentimientos y pensar en lo que es real y lo que no lo es.

Históricamente, he sido tan manipulado, engañado y humillado que no sé lo que siento de inmediato. La incapacidad para confiar en las personas, el malestar sobre el sexo y las relaciones, mis habilidades de afrontamiento que no se desarrollaron fueron (y todavía son hasta cierto punto) los efectos a largo plazo que Debra y yo lidiamos. No es fácil, pero está mejorando.

Hablar de lo que pasó me ha quitado gran parte de la culpa y la vergüenza. Aprender a ser abierto sobre el sexo y mis sentimientos ha sido un proceso. Lo es para todos los sobrevivientes, sin embargo, tenemos capas adicionales de cicatrices que tenemos que trabajar para mejorar.

Desconectar la humillación durante mi adolescencia ha tomado años. Incluso, muchas horas con terapeutas para ver que mi parte en ese drama fue como un peón, no como un caballero y ciertamente no como un rey. Eso significa que tenía movimientos limitados y fui fácilmente sacrificado por la reina para su propia supervivencia. Cuando era niño, no era responsable de la situación. La humillación le pertenece al abusador y no me pertenece a mí.

En la vida, está lo que nos pasa y luego lo que aprendemos de ese evento. Llevé las lecciones dañinas que aprendí cuando era niño y luego como joven durante años. Las heridas emocionales y las cicatrices mentales son los efectos de lo que sucedió y siguen haciendo más daño hasta que se examina.

Mi historia, tanto lo bueno como lo malo, es lo que me ha hecho quien soy hoy. Día a día, las heridas se curan, y sustituyo el dolor de los años pasados con amor y la alegría que comparto con mi esposa y mi familia.

Capítulo 3

El abuso de mi esposo

Yo clasificaría el trauma de mi esposo en una escala de rango mediano dentro del espectro de gravedad. También él lo haría. Cualquier trauma, ya sea emocional, físico o sexual, tiene un impacto significativo en los niños, e influye en gran parte del comportamiento que exhibirán en las relaciones futuras.

Robert tuvo varias experiencias de abuso que cruzaron las tres categorías: emocional, física y sexual. Su abuso también consistió en múltiples casos a lo largo de su infancia. Una de esas relaciones abusivas fue incestuosa.

Robert fue expuesto por primera vez a la actividad sexual cuando tenía alrededor de 4 años. Los padres de Robert se divorciaron cuando él tenía 6 años, y después de eso, dividió su tiempo entre las dos casas.

Su abusador en el momento del divorcio de sus padres era un niño de 12 años al que llamaremos Samuel que vivía en la misma calle del padre de Robert. Robert dormía en casa de Samuel el fin de semana, y durante esas noches fue que se suscitó el abuso.

Sus instintos pueden estar apuntando a una bandera roja de un niño de 6 años durmiendo en la casa de un niño de 12 años. La diferencia de edad es significativa y los niños estaban en etapas muy diferentes en su desarrollo. Entonces, ¿por qué cualquier padre en su sano juicio permitiría que su hijo de 6 años durmiera en la casa de Samuel?

Aquí es donde el trauma emocional que mi esposo sufrió sienta las bases para abusos sexuales en el futuro. Sus padres estaban ocupados y distantes cuando él estaba creciendo. No estaban prestando atención a los riesgos cuando le permitieron dormir en casa de un niño mayor.

Robert no tenía forma de saber que esto no era un encuentro normal. A los 6 años, los niños no son conscientes de lo que es normal y lo que no lo es. Ser abusado sexualmente a esta edad suena loco para cualquier persona racional, pero para un niño de 6 años no sabe el significado. El comportamiento se vuelve normal para él. Las víctimas de abuso se engañan para creer que el abuso es normal. Robert, como la mayoría de las víctimas de trauma sexual en la infancia, también fue enseñado para no decirle a nadie lo que estaba pasando.

La preparación es el proceso por el cual un abusador gana la confianza de un niño y desarrolla una conexión emocional con ellos. En algunos casos, el abusador también prepara la familia y desarrollan una conexión emocional con ellos. Parte del propósito para desarrollar esa confianza es asegurar que el abuso del niño se mantenga en secreto.

Los abusadores buscan niños vulnerables o no supervisados y saben que se quedarán solos. Hace unos años, escuché una historia en la radio sobre un niño que fue encontrado vagando por una tienda en California. Los padres del niño lo habían dejado para que viera la tienda solo. De acuerdo con la política de la tienda, un empleado llevó al niño a la parte trasera de la misma y lo observó hasta que los padres lo recogieron. ¡Cuando regresaron, estaban molestos con el empleado por interrumpir el tiempo del niño!

Se invitó a los oyentes a llamar y expresar su opinión. La mayoría estaban de acuerdo con los padres del niño, pero lo que el empleado hizo fue correcto, y esa es una política inteligente de la tienda para prevenir a los posibles abusadores.

Es exactamente esos escenarios los que los pedófilos buscan. Un posible abusador que ve a un niño vagando solo por una tienda observará que el niño no está supervisado y tratará de hacerse amigo de él. Cuando lleguen los padres, el abusador también se hará amigo de ellos. El pedófilo sabe que eventualmente será capaz de preparar el niño y atraparlo cuando esté solo debido a la falta de supervisión parental.

Un ejemplo del proceso de preparación es: el abusador le dará al niño dulces y dirá algo como: "sé que tus padres no te dejan comer dulces. Toma un pedazo, y no les digas nada. Será nuestro secreto." Después de unas semanas, la misma situación se repite sólo que ahora en lugar de dulces, son cigarrillos. El niño sabe que está haciendo algo malo, pero se ha establecido una capa superficial de confianza desde que el niño no le contó a sus padres acerca de los dulces la primera vez. Si el niño guarda el secreto de fumar un cigarrillo, entonces el proceso continúa.

Más tarde, el abusador le puede mostrar al niño pornografía. El abusador le normalizará este comportamiento al niño y le preguntará si está interesado en probar lo que está viendo. Después de unas semanas el abusador puede poner una mano en la pierna del niño, pero no hará nada más. Su propósito es ver si el niño mantendrá el evento como un secreto. El proceso generalmente se llevará a cabo en el transcurso de varias semanas o meses. En cada etapa de la preparación, el niño está siendo condicionado, coaccionado y posiblemente amenazado de no guardar los secretos. Amenazando directamente al niño o a la familia del niño son las técnicas más utilizadas por el abusador para mantener a los niños aislados. El resultado final del proceso es alguna forma de abuso sexual que el niño está condicionado, o arreglado, a pensar que es normal. Esto no significa que siempre terminará en penetración sexual. Puede que no sea el caso, pero puede conducir al contacto sexual, y de ahí convertirse en penetración ya que el niño esta más vulnerable durante el transcurso de semanas, meses o años.

Otras formas de abuso sexual pueden ser el resultado del proceso de preparación, por ejemplo, la pornografía infantil. El niño puede estar condicionado y permitir que se tomen fotos sugestivas o sexuales de ellos. No importa el objetivo final del abusador, los patrones de ganar confianza y acceso, manteniendo el secreto y el aislamiento, son principios universales del proceso de preparación. Los detalles se verán diferentes en cada situación y con cada abusador. Va a depender del tipo de contacto sexual en el que esté buscando y lo que creen que pueden hacer para salirse con la suya.

La idea que el abuso sexual ocurre abruptamente por la fuerza es un concepto incorrecto. Esto ocurre como resultado de un proceso de preparación y es una serie progresiva. A lo largo de cada etapa, se desarrolla más la confianza entre el abusador y su víctima. El abusador engaña al niño para que guarde secretos de sus padres. El abusador los atrae y una vez que el abuso tiene lugar, el niño teme decirle a alguien. Creen que serán ellos los que se meterán en problemas. La preparación perpetúa el abuso.

El abusador tiene que ganarse la confianza de los padres para tener acceso al niño, y también los preparan. Es por ello que comúnmente hay casos en los que el abusador es el novio de mamá o la novia de papá. Se trata de acceso al niño y con la confianza incorporada es que obtienen el acceso inherente al menor.

Los dos casos más grandes de pedofilia en serie recientes son: el caso Jerry Sandusky y el escándalo que involucra a decenas de sacerdotes católicos. ¿Qué tenían esas situaciones similares a muchos casos de pedofilia? Los abusadores tenían acceso incuestionable a los niños y eran intrínsecamente de confianza como resultado de sus posiciones.

Jerry Sandusky fue entrenador de fútbol, asistente bajo el entrenador Joe Paterno en la Universidad Estatal de Pensilvania. Fundó la Segunda Milla, una organización sin fines de lucro que servía a jóvenes desfavorecidos y en riesgo. Como parte de Second Mile, organizó varios campos de fútbol juvenil en el verano.

Su organización así como su poder y autoridad en la comunidad, le dieron pleno acceso a los niños. Muchos de los cuales eran vulnerables debido a sus circunstancias económicas. La vulnerabilidad se utilizó como una herramienta para explotar y silenciar a las víctimas y perpetuar el abuso. Nadie se atrevió a interrogar a Sandusky porque era un entrenador de fútbol de alto perfil en un programa de buen calibre y campeonato nacional.

Los escándalos que asombraron a la Iglesia Católica fueron cortados con una tela similar. Los sacerdotes tienen acceso a los niños a través de programas extracurriculares, actividades religiosas y organizaciones benéficas. Las personas dentro de la comunidad rara vez sospechan de ellos porque son vistos como paragón de virtud y son venerados como tal.

El acceso a los niños y la presunta confianza son claves para las posiciones que muchos pedófilos buscan y mantienen en su comunidad o familia. Abusarán de este nivel de confianza y explotarán el acceso que les da a los niños.

Mi hijo Lawrence asiste a una clase de Tae Kwon Do con un grupo de aproximadamente 50 niños, entre las edades de 4 a 8 años. Su maestro Jon es adorado por los estudiantes y los padres por igual. Tiene una posición de poder que no es cuestionada.

Durante una de sus clases, Lawrence tuvo que vestirse en su uniforme gi, y la esposa del maestro Jon lo llevó al baño para cambiarlo. Cuando vi esto, las campanas y las luces intermitentes se prendieron en mis antenas maternales. Caminé por la clase y frente de todos en el estudio, incluyendo a los padres, abrí la puerta del baño y los seguí. Salí y mi esposo me miró con media sonrisa y me dijo: "tan pronto te levantaste, supe exactamente lo que ibas a hacer".

La mirada de shock y desconcierto en los rostros de otros padres mostró que pensaban que estaba loca, pero no me importó, ese es mi hijo. Un error que veo frecuentemente es que los padres se preocupan demasiado por lo que la gente piensa de ellos. Lo que los padres deben tener en cuenta es que en 10 años no importará lo que esa gente pensaba de ti. Lo que importa es el bienestar de su hijo.

Unos meses después, llevé a Lawrence a clase y el maestro Jon lo saludó con un beso en la mejilla. De nuevo, los silbidos y las luces se prendían en mi cerebro de mamá. Pensé que eso era muy inusual y para mis estándares era francamente raro, así que me aseguré de volver la semana siguiente para ver si volvía a pasar.

Observé el mismo comportamiento la semana siguiente, así que le pregunté a mi hijo después de clase: "¿te gusta el maestro Jon?" "Sí", dijo, sin pensarlo y mirando pasar coches por la ventana. "¿Es bueno contigo?" "Sí", respondió de nuevo. "Muy bueno"

Les comenté a mis padres sobre la situación y les pedí que vinieran conmigo a la siguiente clase para que pudieran observar por sí mismos. Tal vez estaba exagerando, así que pensé que era una buena idea traer un par de ojos extra. Ellos pensaron que, si era un poco extraño, pero parecía ser normal y puede ser que yo exageré un poco. Eso estuvo bien, podría aceptarlo, pero iba a investigar. Prefiero hacer un escándalo de nada que fallar en mi debida diligencia como padre para mantener a mi hijo a salvo.

En el proceso de investigación y traer a mis padres para una segunda opinión, también estaba aumentando mi visibilidad. Aunque me mantenía en silencio, estaba siendo intimidante y asertiva, demostrando que era más problemática de lo que valdría cualquier proceso de preparación. Esto también era parte de mi estrategia. Los abusadores eligen al niño al que se le presta la menor atención o al que nadie creerá. Lo último que quieren es lidiar con padres fajones.

Una semana después le pregunté a mi hijo si el maestro Jon alguna vez lo hizo sentir incómodo. Luego, unas semanas después de eso, le pregunté si el maestro Jon alguna vez lo hizo hacer algo fuera de la clase de Tae Kwon Do. Espacié todas estas preguntas en el curso de semanas a propósito para no alarmar a mi hijo o crear un miedo dentro de él. Todas esas respuestas fueron "no" a mi satisfacción.

Si alguna vez te encuentras en una situación que activa tu alarma parental y tienes que hacer las mismas preguntas que le hice a mi hijo, busca consistencia en las respuestas. Si un niño se avergüenza y huye o exclama "¡No!" y luego huye, algo puede estar mal, vale la pena investigar más a fondo. Los adolescentes, especialmente no quieren discutir nada sexual con sus padres, y pueden responder con un "no, eso es asqueroso", pero más tarde cambiar los detalles de su historia. Cualquier cosa fuera de lo común o inconsistente con el comportamiento normal de su hijo es algo a lo que debes prestar atención.

Estar disponible para sus hijos es la mejor manera de prevenir la preparación y el abuso. Pase tiempo de calidad con sus hijos y escúchelos. Conozco a muchos padres que siempre están ansiosos por dejar a su hijo con amigos o familiares para poder disfrutar un tiempo bien merecido solos. Es una parte normal de la vida, pero si su hijo comienza a decir cosas como: "no quiero ir allí" cada vez que lo deja, eso es una señal roja. Si su hijo le dice que alguien los hace sentir "incomodos" o algo similar, pregunte más. No lo ignores. Los padres de Robert no estaban prestando atención a la incoherencia en él y su alrededor.

El primer abuso de Robert tuvo lugar cuando tenía 4 o 5 años por un grupo de niños entre 12 y 13 años. Durante un juego de verdades o retos, Robert se atrevió a realizar un acto sexual con una de las chicas.

El abuso sexual con la adolescente fue significativo por varias razones, todas relacionadas con el condicionamiento. Para mi esposo, esto condicionó la falta de control en situaciones sexuales. Le decían que no tenía el poder de decir no. Ella fue también la primera mujer que abusó de él. Entiendo que esto creó vulnerabilidad al abuso posterior de su tía porque ahora tenía la experiencia de no poseer el control en las situaciones sexuales con mujeres mayores. La puerta a un comportamiento inapropiado posterior estaba abierta. Los límites apropiados de la exploración sexual de la edad de él, que se suponía que estaban presentes fueron destruidos por el abuso sexual. Cuando su tía lo sedujo, no tenía ningún punto de referencia para los límites. No tenía poder para decir que no. Robert hizo lo que todos nosotros hacemos: repetir los comportamientos que aprendemos a lo largo de nuestras vidas.

Hay una cierta inocencia y aturdimiento que viene con la exploración sexual normal cuando uno es adolescente. Coqueteas, luego te vas de la mano y tal vez después de un par de citas al cine, te besas. Hay un proceso de exploración. Este tipo de inocencia y proceso se había ido para Robert. Hubo actos sexuales en lugar de un proceso natural. No hubo ninguna inocencia, sino más bien una maldad secreta de la relación. Además, estos actos se lo hicieron a él en vez de con él. Fueron traídos a él por la fuerza en lugar de a través de su propia voluntad. Robert estaba condicionado como muchos sobrevivientes que el sexo es algo "sucio" o "malo" y debe mantenerse en secreto.

El tercer abusador de Robert fue su tía, que comenzó a abusar de él a los 16 años. El abuso duró entre seis a ocho meses. La abusadora era bien astuta y lo convenció a mudarse a su casa para continuar el abuso, donde vivía con su esposo y sus dos hijos. La madre de Robert se enteró del abuso, y años después dijo: "no puedes quitarle el sexo a un adolescente". Este fue otro acto el cual fue: ignorado, minimizado y cargado con un equipaje emocional adicional que un joven tuvo que desempacar y resolver más adelante en la vida. Después de este abuso, Robert intentó suicidarse a la edad de 16 años. Como tantos otros, buscaba el fin del sufrimiento emocional que estaba pasando. Robert se cortó las muñecas delante de su novia. El padre de su novia lo llevó a la casa de su tía y tío, y lo llevaron al hospital.

Esto le da luz a un tema que he visto en muchos hombres donde hay múltiples casos de abuso. Usualmente hay una disfunción en el ambiente infantil que actúa como una incubadora de abuso. Los padres, que no están presentes para sus hijos como resultado de la adicción, la enfermedad mental o el abandono, crean ambientes en los que es más probable que el abuso ocurra.

Cada vez que surgen noticias de algo horrible, ¿qué dice siempre todo el mundo? *Nunca sospeché nada. Nunca fue el tipo de persona de hacer eso. Siempre fue tan amable.* Los abusadores difícilmente van a anunciar: "¡Aquí estoy!", ni llevan un letrero. Se mezclan en la sociedad. Se parecen a ti y a mí. Lo mismo ocurre con las víctimas. A menudo no le dicen a nadie lo que han experimentado. Muchos sobrevivientes se llevan su secreto a la tumba.

Por cada víctima conocida de un pedófilo, hay más que son desconocidos. Descubrimos esta información de delincuentes primerizos que son acusados de agresión sexual con un menor de edad. Por lo general quieren un acuerdo para una sentencia más ligera con el fiscal, por lo que confiesan otros asaltos con la esperanza de que su cooperación los pondrá en una posición más favorable. Hace poco me senté con un prisionero que fue condenado por un crimen sexual con un menor de edad por primera vez. Me confesó otras fantasías que tenía y el hecho de que había actuado en algunas de ellas, pero nunca lo habían arrestado. Delincuentes como estos son típicos y con frecuencia pasan a través del sistema de justicia penal. Desafortunadamente, no nos enteramos de ellos hasta que cometen un crimen y son arrestados.

Muchas víctimas pasan por la vida con pocas señales exageradas de su abuso. Por ejemplo, en lugar de episodios emocionales obvios, el estudiante con las calificaciones más altas comienza a abandonar la escuela. Empiezan a consumir drogas. Esa es la historia de mi esposo. Asistió a una buena escuela privada y fue un estudiante inteligente y atlético. Después del abuso de su tía que comenzó en la adolescencia, su vida cambió. Reprobó la escuela privada, se trasladó a una escuela secundaria pública y empezó a usar drogas. Creo que su vida dio un giro por un camino mucho más duro de lo que habría sido si el abuso no hubiera ocurrido.

Los abusadores también atraviesan un camino oscuro, escondiéndose en las sombras que nuestra cultura les proporciona. La píldora más difícil de tragar para nosotros como sociedad es el hecho de que nuestra cultura fomenta y perpetúa el abuso de las víctimas masculinas. Sin saberlo, proporcionamos refugio a los abusadores con nuestras normas sociales para los hombres.

Nuestra sociedad culpa a las víctimas masculinas de abuso sexual, con más dureza que cualquier otra víctima demográfica. Hemos estado acostumbrados a creer que los hombres no pueden ser violados - sólo pueden violar. Si un hombre cuenta su historia de abuso, es silenciado, rechazado e ignorado. Esto puede crear traumas adicionales. Igual de frustrante y frecuente es cuando un hombre víctima tiene una abusadora mujer y le dicen: "deberías estar feliz de haberte acostado con ella".

La gente está acostumbrada a una cierta norma cultural sobre los hombres. Las expectativas de género para las mujeres han cambiado radicalmente en los últimos 50 años, pero el concepto de ser hombre se ha mantenido casi tan rígido como hace un siglo. Se supone que los hombres son fuertes e independientes y no tienen emociones consideradas "femeninas" como la tristeza y la ansiedad. Por lo general, se les dice a los hombres que "se aguanten" y dejen de quejarse.

¿Qué tipo de mensaje envía esto a los hombres víctimas de trauma sexual? Les dice que no son importantes y que no son escuchados. Si un hombre viola a otro hombre, muchas veces a la víctima se le dice que: " lo hubieras empujado". Es lo contrario si una mujer viola a un hombre. A ese hombre se le dice que debería haberle gustado o que los hombres no pueden ser violados. Este tipo de respuestas, que son comunes en nuestra sociedad, proporcionan los puntos ciegos culturales en los que se esconden los abusadores. Es por esta razón que tantos hombres víctimas guardan silencio sobre su abuso.

Muchas de las peleas que he tenido con Robert han sido el resultado de su sensación de que no lo escuché. Como pareja de un sobreviviente, probablemente pueda relacionarse con eso. Ellos sienten que nadie los oye y que no tienen voz. Crea un resentimiento masivo que frecuentemente afecta las relaciones cuando ellos se ponen a la defensiva. Es un tema común entre los hombres víctimas y está directamente relacionado a la cultura que hemos creado basada en ideas antiguas de la masculinidad y sexualidad masculina.

La idea de la masculinidad en nuestra sociedad no verbaliza la emoción, "aguántate", si no que reconoce la necesidad de tener un gran apetito sexual – lo que puede hacer que los hombres se sientan inferiores. Esos estigmas pueden aumentar la presión que un sobreviviente ya siente y obligarlo a guardar su silencio.

Pudo existir un momento en el pasado en que el sobreviviente a quien amas le reveló su historia a alguien y recibió una respuesta ignorante o menospreciante. Tal vez decidieron que nunca se lo volverían a decir a nadie. Este muro de silencio y la idea de lo que un hombre debe ser, evita que muchos sobrevivientes digan su secreto, especialmente a su pareja. La culminación de estos factores tóxicos llevó a Robert a un intento de suicidio, décadas de silencio y destrucción en su vida que estaban relacionados a traumas que no fueron trabajados ni resueltos.

Cuando trabajo con los encarcelados, a veces tengo la suerte de ser la persona que se cruza con un sobreviviente durante esa oportunidad crucial y única en la vida, donde están listos para revelar. Cuando estoy cara a cara con un hombre que es un sobreviviente y comienza a filtrar partes de su historia, todo lo que tengo que hacer es sentarme y escuchar. No hay palabras especiales que deba decirle. Por el contrario, cualquier cosa que diga puede hacer que vuelva a su caparazón con su secreto, retrocediéndose en la oscuridad.

Este hombre puede haber tratado de revelar su historia varias veces sólo para ser recibido con creencias de la norma social de la persona a quién le dijo. Me siento en silencio y dejo que suelte poco a poco su historia hasta que sale el secreto. Esto no toma ningún entrenamiento especial o grados, sólo la voluntad de escuchar. Escuche con compasión y comprensión. No interrumpas a un sobreviviente en medio de una revelación, y agradécelo por revelarte cuando termine. Se abrirá una nueva dimensión en su relación, y todo un campo de crecimiento interpersonal florecerá, el mismo estará disponible para los ambos.

Capítulo 4

Tipos de abusadores

Antes de seguir adelante, tenemos que ponernos de acuerdo sobre las definiciones de abuso y trauma. Hay tantas definiciones y matices de ambos que puede ser fácil para que las personas malinterpreten unos por otros. Para nuestros propósitos, prefiero usar la palabra "trauma" sobre "abuso".

El trauma puede ser cualquier evento o ser testigos de un evento que causa mucha angustia. El trauma abarca todo, desde ser víctima de una agresión o abuso sexual hasta presenciar a otra persona siendo agredida. Todas estas posibles angustias están cubiertas bajo el paragua del trauma.

El abuso implica que otra persona le haya realizado una acción que lo angustia. Desde mi punto de vista, esta definición es limitada en su alcance y por lo tanto prefiero utilizar la definición general más abarcadora de trauma. Para el propósito de este libro, el trauma se puede aplicar de una manera más precisa que la palabra abuso. Sin embargo, cuando se refiere a casos específicos de trauma que incluyen acciones físicas como agresión, la palabra abuso se utilizará ya que permite la especificidad.

Los abusadores se pueden dividir en dos categorías bajo las cuales existen otros subconjuntos: pedófilos y ebofílicos. Los pedófilos se sienten atraídos sexualmente a los niños pre-pubescentes, mientras que los ebofílicos se sienten atraídos por los niños que han comenzado la pubertad. El tratamiento abusivo y las modalidades pueden ser muy similares. La diferencia principal está en la apariencia física de los niños que buscan. Los ebofílicos prefieren a los niños entre 11 y 14 años que tienen cuerpos más maduros con algunas características adultas. Los pedófilos se sienten atraídos por los niños pre-pubescentes que no poseen una forma corporal adulta.

Mi esposo fue abusado sexualmente por ambas categorías de abusadores. Cuando tenía 6 años, su abusador era un pedófilo; su abusador a los 16 años era un ebofílico. Es un concepto erróneo y muy común que sólo los adultos pueden ser pedófilos. Los adolescentes, como Samuel, también pueden ser pedófilos.

La pedofilia es una tendencia innata que está conectada al cerebro. Mientras que los pedófilos pueden frenar sus tendencias y tomar medidas preventivas para evitar actuar como minimizar las situaciones de alto riesgo, siempre tendrán una atracción innata hacia los niños.

La atracción hacia los niños proviene específicamente de la inocencia de la infancia. Muchos pedófilos se sienten atraídos por esa inocencia y quitándole su inocencia es que encuentran estos conceptos eróticos.

Hay un concepto erróneo llamado el "mito vampiro" que mencionaré aquí brevemente, pero se aborda más adelante en su propio capítulo. El "mito vampiro" afirma que una persona que es abusada de niño tiene mayor probabilidad de convertirse en un abusador más adelante en su vida. Esta afirmación se basa en estudios de personas que fueron encarceladas por delitos de abuso sexual, creando resultados que limitados y sesgados. Estudios con datos de la población en general han desacreditado el mito de los vampiros.

Mientras que la pedofilia es una tendencia innata conectada al cerebro, puede ser modificada conductualmente evitando: personas, lugares y cosas que los active. Enfoques como la terapia cognitiva-conductual son efectivas para que un pedófilo pueda ver sus activadores y logre evitarlos. La clave es que el pedófilo quiera cambiar, pero muchas veces no creen que lo que están haciendo es malo. Creen que la sociedad está equivocada o que la sociedad no los acepta por lo que son.

Cuando entrevisto a un pedófilo o violador, primero tengo que establecer que no los estoy juzgando. Si no establezco un espacio seguro y sin juicios, entonces no recibiré la información que necesito de ellos. Cuando trabajo con pedófilos, uno de los ejercicios que realizo los hace recordar al revés desde el momento en que abusaron a un niño por primera vez. Les pido que recuerden un minuto antes del abuso, y un minuto antes de eso, y hago esto para encontrar el ritual y los activadores en su abuso. Una vez que encontremos esta información, podemos trabajar en cambiarla. Como psicóloga esta información también es crucial para entender su psique y ayuda mejor en mi trabajo.

Dentro de la clasificación de los pedófilos, hay tres subconjuntos que generalmente describen las características que los pedófilos prefieren en una víctima: regresivo, fijo y mixto.

Un pedófilo o ebofílico regresivo cree que el niño al que abusan tiene la misma edad que ellos. Creen que el niño es lo suficientemente maduro como para desear y por lo tanto dar consentimiento una relación sexual o íntima con ellos. Retroceden y llevan al niño a su edad, por lo tanto se utiliza el término "regresivo". También encuentran placer en la creencia de que están mostrando a un niño inocente los caminos del mundo. Trabajando con pedófilos y ebofílicos regresivos que están en la cárcel, los he oído decir declaraciones como: *"Ella me sedujo"* o *"Ella lo quería"*. Algunos incluso compraron la ropa de boda del niño creyendo que el niño era lo suficientemente maduro para casarse con ellos.

Los pedófilos fijos prefieren ciertas edades específicas, por ejemplo, niños de 6 a 11 años. Buscan víctimas dentro de su rango preferido y cuando el niño supera la edad, las descartan y buscan una nueva víctima. Los pedófilos fijos también prefieren un cierto tipo de aspecto. Esto se puede especificar por: raza, color de cabello, preferencia de ropa, o cualquier número de atributos que se relaciona con un estilo que alguien tiene. He visto pedófilos fijos que fueron abusados cuando eran niños, he intentan tener algún aspecto para tratar de reclamar el ser atraídos por la infancia que se perdieron. En este grupo, el pedófilo se fija generalmente en la edad a la que él o ella fue abusado.

Los pedófilos mixtos tienen una combinación de ambas clasificaciones. Pueden preferir un cierto aspecto o rango de edad, pero también pueden creer que un niño está funcionando al mismo nivel cognitivo que ellos. La pedofilia mixta combina las características físicas que un pedófilo fijo desea, pero con el funcionamiento cognitivo en el que un pedófilo regresivo cree que un niño está operando.

Los pedófilos y ebofílicos también se pueden clasificar como violadores. La mayoría de los violadores que actúan en abuso sexual, pueden clasificarse en categorías de control y poder, sádicas y ritualistas por sus diversas características. El abusador de control de poder se siente poderoso y superior a la víctima. Este es el tipo más común de los violadores y el abuso normalmente tiende a orbitar la dinámica de control y poder. Los abusadores de control y poder no quieren el consentimiento. Ellos quieren que la víctima luche para poder dominarla y les dé la sensación de que han tomado algo de su víctima. La mayoría del abuso sexual tiene una dinámica de control y poder. A lo largo de los años, he hablado con miles de violadores y pedófilos y en muchos de sus crímenes el deseo y la presencia del control fue uno de los elementos principales.

El abuso sádico se centra en infligir dolor y herir a la víctima. También hay una dinámica de control y poder en el abuso sádistico, ya que el abusador tiene el poder de infligir dolor a la víctima.

Uno de mis primeros casos fue un violador sádico-ebofílico al que llamaré John. John y un cómplice secuestraron a una chica de 14 años que era una conocida mutua. La obligaron a subir a una van y mientras el cómplice conducía, John la ató y comenzó a violarla y golpearla. John era tan violento que le arrancó el pecho de la niña de su cuerpo durante el curso de la agresión sexual y física. Esta fue una violación sádica con la intención de infligir un gran dolor a la víctima.

El abuso con ritual conlleva un ritual o ceremonia detrás del acto que a veces, pero no siempre es de naturaleza religiosa. El abusador tiene que atar a su víctima o tienen que torturarla hasta que le suplican por su vida. Algunos violadores sangrarán o mutilarán a sus víctimas porque creen que Dios las purificará. El ritual se ve muy diferente en cada caso de abuso, pero completarlo de la manera correcta es necesario para que un abusador ritual logre satisfacción. Es como un antojo o un apetito que tienen que satisfacer.

El abusador de niños busca el control de la relación y del niño. Físicamente, el abusador es probablemente mucho más grande que la víctima. Esta diferencia de tamaño entre el abusador y la víctima crea un trauma psicológico. Una respuesta típica a este factor psicológico es que los sobrevivientes masculinos no son conscientes de su tamaño en la edad adulta. Siempre sienten que tienen que demostrar que son más grandes que todos los demás y por lo tanto físicamente seguros.

El abusador de niños busca el control de la relación y del niño. Físicamente, el abusador es probablemente mucho más grande que la víctima. Esta diferencia de tamaño entre el abusador y la víctima crea un trauma psicológico. Una respuesta típica a este factor psicológico es que los hombres sobrevivientes no son conscientes de su tamaño en la edad adulta. Siempre sienten que tienen que demostrar que son más grandes que todos los demás, y por lo tanto físicamente seguros.

Robert mide 6 pies de altura y pesa 300 libras. Jugó fútbol durante el curso de su vida y todavía parece que podría ser un guardalíneas en un equipo de fútbol profesional. Es un hombre grande y poderoso. Pero él no es consciente de esto y piensa que es físicamente pequeño en estatura. En respuesta, lleva un chip en su hombro con el deseo de demostrar que es físicamente más grande que todos los demás al hinchar su pecho y pararse derecho. Esto puede ser favorecedor para él pero puede intimidar a los demás. La mayoría de las veces ya es el tipo más grande de la habitación. No hay necesidad de probar su tamaño con nadie. Para el sobreviviente, una idea de inferioridad física está profundamente arraigada en su psique como resultado del abuso infantil y la diferencia física en el tamaño de su abusador.

El abuso puede clasificarse como emocional, físico o sexual, pero pocos casos encajan completamente en una categoría sola. La mayoría contiene elementos de dos o más categorías.

Para propósitos de este libro, es necesario identificar los otros tipos de abuso que afectan las relaciones humanas. El abuso físico es un contacto intencional que causa trauma, como puños, bofetadas o patadas. Un niño que crece en un hogar violento siempre camina sobre cáscaras de huevo. No saben cuándo va a ocurrir la próxima explosión o qué es lo que podrían hacer que lo cause. Constantemente se preguntan cuándo el otro zapato va a caer, siempre están hipervigilantes y hace todo lo posible para no ser el centro de la violencia.

Imagínese ser un niño de 5 años que vive en una casa con un alcohólico, donde uno de los padres constantemente viene a la casa borracho y golpea al otro padre. A esa edad la capacidad cognitiva no puede entender completamente los factores causantes, por ejemplo: la enfermedad de la adicción, los ciclos de violencia doméstica y los problemas de salud mental. En cambio, la casa se convierte en un campo de batalla y la violencia es variante e impredecible.

Este niño no tiene seguridad en su casa y simplemente se concentra en sobrevivir. Una técnica de supervivencia típica de un niño pequeño es esconderse debajo de la cama. Cuando oyen a mamá o papá llegar a casa tarde en la noche de la cantina y el sonido de cosas de la casa quebrándose, se esconden debajo de la cama, lejos de la violencia fuera del dormitorio.

Los mecanismos de superar cosas que funcionaron para nosotros como niños tienden a ser nuestra manera de manejar nuestros problemas como adultos. Para el sobreviviente del abuso físico, "esconderse debajo de la cama", como he venido a etiquetarlo, es un traspaso de este comportamiento de manejar nuestros problemas. Piensa en los momentos en que tú y tu pareja discutieron o cuando hubo tensión que se convirtió en una discusión. De a repente deciden ir en un viaje de pesca por dos semanas o salen de casa y no contestan sus mensajes de texto o llamadas durante varios días. Es como si hicieran un acto de desaparición a la primera señal de conflicto, a pesar de que no hay amenaza de violencia física. Sus cerebros están programados para evitar conflictos actuando de esta manera a través de su comportamiento. Para las parejas, el comportamiento parece una locura; no podemos empezar a entenderlo. Empezamos a preguntarnos: ¿Dónde estará? ¿Con quién estará? ¿Quién será *ella?*

Cuando Robert y yo estábamos en las primeras etapas de nuestra relación, vivíamos en un pequeño pueblo rural a las afueras de Chicago. Era una ciudad típica del Medio Oeste con una calle principal y una luz de tráfico. Todo el pueblo parecía estar diseñado en el gran campo de maíz que lo rodeaba.

Yo estaba en la escuela de posgrado en ese momento y durante uno de los descansos planeamos unas vacaciones. Como parte de nuestros preparativos, tuvimos que ir al banco y retirar dinero para el viaje.

En el banco, descubrimos que Robert había cometido un error con nuestras finanzas por un error nos faltaban $300. Para un par de estudiantes que vivían con sueldo a sueldo, esto era mucho dinero para perder. En el viaje a casa, estaba visible y verbalmente molesta. "No podemos estar haciendo esto, eso es mucho dinero", le dije. Robert se molestó con en ese comentario. Lo tomó como si lo estuviera atacando a quien era él fundamentalmente como persona. Pero en lugar de gritar, esperó hasta que nos detuvimos en un semáforo, luego abrió la puerta del coche, corrió al otro lado de la calle y desapareció. Estábamos menos de 30 millas de casa. Pasé casi 20 minutos buscándolo en vano. Estaba en total incredulidad, así que lo dejé. Después de algún tiempo, Robert apareció, de la nada, y volvió al coche. Manejamos a la casa en silencio. No lo ridiculicé ni me enojé. Sabía que se había "escondiendo debajo de la cama".

Los sobrevivientes de trauma, especialmente el abuso físico, tienen dificultades para conectarse con otras personas y, a menudo, arruinan amistades y relaciones. Como los niños que no cumplen con las expectativas resulta en violencia. Por ejemplo, si lo hacían mal en la escuela, eran golpeados. Si se les cayó la pelota en el partido de fútbol, se les dijo que eran una decepción. Las situaciones son variadas, pero el tema común es que la violencia se utilizó cuando no se cumplieron las expectativas. Para la mayoría de los niños, los errores son oportunidades de aprender, pero para los sobrevivientes son una fuente de terror, ya que el abuso usualmente los ciega.

Como adultos, sobrevivientes a nivel subconsciente, la vida se convierte en evitar la violencia que experimentaron cuando eran niños. Se esfuerzan por ser los mejores, y no quieren aceptar o buscar ayuda porque en sus mentes eso es señal de debilidad. Cuando cometen un error o sienten que la tensión se acumula, la herramienta más familiar que tienen es alejarse y estar totalmente solos. Si están solos, no hay nadie a quien defraudar y no hay violencia que sufrir. El sobreviviente aleja a la gente y construye muros de una milla de altura y lo hace sin darse cuenta de lo que están haciendo y porque. Las parejas interiorizar este comportamiento en lugar de enfrentarlo porque mantendrá la paz en el hogar o no quieren empeorar la situación.

Cuando el abuso sexual es parte de la historia del sobreviviente, la pasión y el sexo se separan unos de otros. El amor se ve muy diferente a la concepción de uno que no es sobreviviente. Le falta contacto sexual y físico. Cuando se involucra en cualquier tipo de actividad sexual, el sobreviviente puede parecer desprovisto de emoción y el sexo puede llegar a ser mecánico. Un hombre sobreviviente de trauma sexual ha sido condicionado a pensar que el sexo es algo malo. He hablado con miles de sobrevivientes a lo largo de los años y describen las mismas dos cosas: malas y sucias. Esas son las dos palabras que vienen a la mente para la mayoría de los sobrevivientes cuando están hablando de sí mismos en relación con el sexo. Es difícil revertir ese tipo de condicionamiento hacia el sexo, pero es posible.

El sexo y la intimidad es algo que tiene que ser explorado entre usted y su esposo. Hablo con parejas sobre esto con frecuencia y los animo a que vayan a terapia de pareja para mejorar sus vidas sexuales. Por lo general, no les gusta la idea de hablar con un extraño sobre los problemas en el dormitorio. Es incómodo, pero la mayoría de las parejas vuelven a mí después de un período de tiempo y me agradecen por salvar su matrimonio. Como pareja, nuestra tendencia es pensar que hay algo malo con nosotros, o no somos atractivos o lo suficientemente buenos. Eso no es cierto, y la terapia le ayudará a ver el error en esa forma de pensar. Me llevó años darme cuenta de que no era la razón de los problemas que Robert y yo tuvimos con respecto al sexo. Espero que no tengas que sufrir con esos pensamientos autodestructivos mucho tiempo como yo lo hice.

El trauma emocional puede estar asociado con un trauma físico o sexual o puede ocurrir por sí solo. Para el sobreviviente, pocas personas son confiables o consistentes. Los sobrevivientes pueden confiar en los demás hasta cierto punto, pero rara vez dejarán que otros miren las sombras profundas de su corazón y su alma. Ese es un lugar prohibido que pocos, si los hay, verán. Cuando comencé a hablar con mi esposo durante el proceso normal de noviazgo, nunca hablamos de su infancia. Le preguntaba cómo era, y me daba una respuesta genérica como: *"fue una infancia normal"*. No estaba listo para dejarme ver lo que había detrás de esa puerta. Los sobrevivientes mantienen a las personas, especialmente a sus parejas a distancia de un brazo, y tienen mucho cuidado de no dar demasiada información, si es que la hay. Muchas parejas creen que esto es una acusación de ellos, que no son dignos o lo suficientemente buenos como para confiar con esta información. Ese no es el caso, y realmente no tiene nada que ver con la pareja en absoluto. Los sentimientos de culpa, vergüenza e ineptitud del sobreviviente hacia sí mismos pueden mantenerlos encerrados de los demás.

El género del abusador tiene mucho que ver en como el abuso afecta a un hombre sobreviviente. El abuso de hombre a hombre deja a el sobreviviente con una vergüenza profunda social, basada en nuestras ideas de lo que es la masculinidad. Para que un hombre admita que otro hombre abusó sexualmente de él es vergonzoso. Gran parte de la sociedad todavía cree que los hombres no pueden ser violados.

Cuando hay penetración anal, el abuso es mucho más dañino para la persona. Ser penetrado por la fuerza por otro hombre crea un enorme pozo de vergüenza para el sobreviviente. Si se produce penetración, los efectos a largo plazo del abuso generalmente se manifiestan mucho más intensamente, tanto social como emocionalmente, que el abuso de besar, acariciar o incluso el sexo oral. El trauma y los problemas asociados con el tipo de trauma interfieren y perturbar la vida del sobreviviente mucho más en casos de penetración anal. Nuestra cultura refuerza este trauma diciendo a las víctimas que deberían haber hecho algo para prevenir el abuso. Se supone que los hombres son fuertes, y permitir que otro hombre los viole de esa manera es visto como una debilidad o homosexualidad. La violación de hombre a hombre afecta a la persona de una manera que crea sentimientos de vergüenza tóxica como que es un "fracaso" o "menos hombre". Probablemente se manifestará de muchas maneras: distanciar las relaciones o evitarlas, disfunción sexual, o no cumplir con el potencial y la falta de éxito en la vida. Reginaldo Chase Espinoza, Psy. D. discute esto más a fondo:

"Cuando un hombre cree que no ha podido protegerse a sí mismo o 'superar' un acontecimiento doloroso, asume la responsabilidad indebida de la tragedia. La falta de protección percibida es una de las lesiones más impactantes de la psique masculina. El miedo y la creencia de que uno ha sido inadecuado para protegerse a sí mismo o a los demás es una de las principales razones por las que los hombres luchan por revelar experiencias de victimización (Tener & Murphy, 2015). Los hombres que se culpan irracionalmente de sus traumas pueden volver su coraje hacia ellos mismos y puede resultar en comportamientos autodestructivos y una vida de castigarse mentalmente. El sobreviviente también puede llevar un enorme coraje hacia su(s) abusador(es), que puede ser mal dirigido si no se procesa efectivamente. El coraje desplazado puede dirigirse a cualquier persona que represente una amenaza o hace de menos su determinación o habilidad de superar. Gran parte de la desorientación y desregulación del coraje está influenciada por la idea de la masculinidad por parte de la sociedad, que debe ser desafiada durante los procesos de recuperación y autorrealización del sobreviviente después del abuso".

Los hombres también son mucho más propensos a admitir que una abusadora mujer los abusó, porque las normas de la sociedad dictan que el sexo con una mujer es algo que se supone que un hombre debe estar haciendo. Muchas veces, los sobrevivientes masculinos de abuso de mujeres contra hombres ni siquiera interiorizan el hecho de que han sido violados. Incluso pueden negar que fue violación. Cuando un niño es forzado a tener relaciones sexuales con una mujer, afecta cómo se manifiesta ese trauma, causando problemas de intimidad sexual. El sobreviviente relaciona el sexo con algo que está mal.

Las predadoras femeninas crean un daño psicológico que difiere de los abusadores masculinos. Esto es el resultado de las cosas que las mujeres dicen mientras abusan de los niños. Para los hombres el sexo es típicamente un acto físico y para las mujeres el sexo es un acto más emocional. Los hombres me han dicho que las mujeres que abusaron de ellos dijeron cosas como: *"sé que me querías, me recuerdas a tu padre, eres más hombre que mi esposo",* o hace comentarios sobre el tamaño de su pene. Comentarios como estos causan cicatrices emocionales a un muchacho joven de tal manera que por lo general no ocurre con un depredador masculino. El resultado de este tipo de abuso psicológico sistemático es emascular a un joven, ya que se les está haciendo sentir inferior, o débil.

También puede haber una discriminación de género significativa para los sobrevivientes masculinos de mujeres abusadoras. He trabajado con muchas sobrevivientes que tienen una aversión firmemente arraigada a las mujeres, que es un crecimiento del abuso que sufrieron cuando eran niños.

Las depredadoras femeninas tienden a enmascarar su abuso detrás de un velo de ser nutridos o maternales. Como sociedad no buscamos depredadoras femeninas porque nadie sospecha que las mujeres se comportan de esta manera. Es demasiado difícil o incómodo para nosotros creer que una figura materna podría ser capaz de abusar de un niño. La reacción que tenemos en una mujer que lleva a un niño gritando al baño es muy diferente a la reacción hacia un hombre que lo hace. Sospechamos mucho más de los motivos del macho. Incluso podemos llegar a cuestionar si el niño es realmente suyo. Este tipo de sospechas rara vez se plantean hacia las mujeres, que casi siempre obtienen el beneficio de la duda. Esto es algo que la sociedad permite que suceda.

Los abusadores, independientemente del género, buscan el acceso a los niños. Muchas mujeres abusadoras que han estado en las noticias en los últimos años han sido maestras. Al igual que el sacerdote y el entrenador de fútbol, la maestra está en una posición de confianza que le brinda acceso incuestionable a los niños.

Cuando el abusador es alguien que se supone que debe estar cuidando de usted, como un miembro de la familia, se produce una relación amor/odio llamada apego desorganizado. Por ejemplo, imagina que el abusador es tu padre. Amas a tu padre y siempre lo harás. No hay elección consciente en el asunto porque él es el que te proporciona comida y refugio. Pero también odias a tu padre porque él es la fuente de abuso.

Los roles de género como la sociedad los define declaran a los hombres los protectores y a las mujeres las cuidadoras. Cuando se abusa de un niño, estas normas de género son violadas al niño. Las mujeres ya no se nutren y los hombres son lo opuesto a los protectores, por lo que el niño crece perdido. Han sido traicionados por la gente a su alrededor y no tienen sensación de seguridad. Los roles maternales y paternales les han fallado.

Una dinámica familiar que se juega en los hogares que tienen abuso sexual y ocurre dentro de ellos es similar al tipo de dinámica que está en juego en un hogar alcohólico, presenta: ciclos de abuso, normalización, y el abuso se convierte en un secreto familiar. Al igual que con una familia alcohólica, una víctima del abuso tendrá que ser la que rompe el ciclo para las generaciones siguientes.

El abuso de Robert llegó en ciclos a los 4, 6 años y luego a los 16 años por un miembro de la familia. Para su tía, era una forma normal de sexualizar un adolescente. El proceso de preparar a la víctima y el abuso posterior, condicionan al niño a pensar que este comportamiento inapropiado es normal.

El abuso de cualquier tipo, no sólo el abuso sexual, puede convertirse en una norma cultural. Cuando tenemos una falta de diversidad en nuestro entorno, tendemos a ver lo que nos rodea como normal. Siempre uso el ejemplo del granjero de nabos. Hay un granjero de nabos que cultiva nabos en una pequeña ciudad rural en el centro de América. Se le enseña a mantener sus cultivos, así como ciertas normas culturales. Se le ha enseñado que estas son las claves para una vida feliz. Su visión del mundo está estructurada por los valores de la cultura en la que ha crecido. Un día el granjero de nabos es arrancado de su parcela de tierra en centro América rural y cayó en el medio de Times Square, Nueva York. ¿En qué está pensando? Está en completo shock cultural. Nunca ha visto nada igual. La ciudad está repleta de edificios que se extienden hacia el cielo. La gente y sus manerismos son muy diferentes a las personas con las que creció a su alrededor. Naturalmente, es una escena loca para él. Es tan radicalmente diferente de lo que ha crecido alrededor.

Si todo lo que alguien sabe es abuso porque eso es con lo que se ha criado, entonces esa persona crecerá para creer que su experiencia de vida es normal. Esa es su visión del mundo y han sido adoctrinados desde una edad temprana para creer que es el punto de vista correcto. También están condicionados a no confiar en nadie fuera de la familia porque los extranjeros no entienden su forma de vida o sus normas culturales. Se les dice que nunca divulguen los secretos de la familia, a saber, el abuso, porque los extranjeros no lo entenderán. El resultado es el ciclo de abuso que se perpetúa. El individuo seguirá viviendo las normas que se les han enseñado.

Se necesita a alguien en la familia para cuestionar el adoctrinamiento, para rebelarse contra las normas culturales, y romper el ciclo. Mi madre se crió en una familia alcohólica en Texas y estaba rodeada de violencia cuando crecía. Su madre y su tía intentaron matar a alguien con un hacha debido a la violencia doméstica. Todos en la familia pensaban que este tipo de comportamiento era normal y lo continuaron, perpetuándolo a lo largo de generaciones hasta que llegó a su fin con mi madre. Vio la locura a su alrededor y dejó a la familia. Se casó con mi padre, y se fueron a California poco después.

Este mismo escenario se lleva a cabo en familias de abuso. El abuso sexual se convierte en una norma. En raras ocasiones, los niños que son abusados pueden ser abusadores cuando alcanzan cierta edad. Sin embargo, la mayoría de los sobrevivientes rompen el ciclo de abuso y no terminan el mismo comportamiento traumático que soportaron.

Capítulo 5

Manifestaciones del Trauma

Trauma se refiere a cualquier situación o evento que ocurrió en el pasado que afecta su crecimiento actual. El trauma puede afectar el funcionamiento social, cultural y emocional de una persona y puede impedir que participen en actividades de desarrollo personal.

El trauma no sólo daña la relación romántica entre usted y su pareja; es dañino a lo largo de la vida del sobreviviente. El evento traumatizante se convierte en la historia definitiva de la vida del sobreviviente y todas las relaciones quedan atrapadas en el enredo emocional que crea el trauma.

Si el sobreviviente aún no ha tratado de procesar su pasado, puede tener multitud de problemas, incluyendo: financieros, sexuales y físicos, pero el sobreviviente no es completamente consciente de este impacto.

Esta fuerza definitiva en la vida de los sobrevivientes afecta la manera en que eligen a sus parejas. A menudo eligen a alguien similar a ellos, ya que un alcohólico encontrará a otro alcohólico. Saben lo que esa persona trae a la relación porque es un trauma o dolor similar. Un sobreviviente podría ir en sentido contrario y elegir a alguien que sea totalmente diferente de ellos -como dice el refrán, los opuestos atraen. Esto es porque ellos piensan que esa persona será capaz de arreglarlos. Las mujeres son raramente capaces de cambiar a sus parejas. Él es lo que es, cuando lo conoce, aunque subconscientemente quiere encontrar a alguien que pueda arreglarlo. Sé intuitivamente que mi esposo me encontró porque pensó que yo podía arreglarlo o ayudarlo a navegar su pasado.

Antes de que estuviéramos juntos, estuvo casado con otra mujer durante 15 años que no pudo arreglarlo y yo tampoco puedo. Nunca he intentado cambiar a mi esposo, y tampoco trato de cambiar a ninguno de los sobrevivientes con los que trabajo. Les doy el espacio para que trabajen en sus problemas ellos mismos. Los acepto por lo que son y pongo mis propios límites.

En los hombres sobreviviente, el concepto de unión con otro humano se distorsiona ya sea en una relación romántica u otra. La forma en que un sobreviviente se apega a una pareja y los valores que tienen en una relación han sido significativamente moldeadas por el abuso. Reginaldo Chase Espinoza, Psy.D. habla un poco más de esto:

"Los sobrevivientes pueden tener puntos de vista distorsionados de uniones y el abuso, debido a las traiciones históricas que resultaron en trauma (Alaggia & Ramona, 2014). Estos hombres, particularmente con múltiples traumas de traición, pueden haber asociado la traición y el abuso con relaciones cercanas normales (Gobin, 2011). Como resultado, el abuso puede ser algo esperado y la honestidad y confianza no son algo que ellos buscan activamente o una parte del sistema de valores en las relaciones (Gobin, 2011) En tales casos, los sobrevivientes pueden experimentar varias relaciones abusivas como adulto.

"La unión del trauma es un término que se utiliza para describir la importancia del estrés intensivo y el miedo en fortalecer los sentimientos de conexión hacia otra persona. El unirse a otra persona puede intensificarse cuando la identidad del sobreviviente es definida por la relación, incluso cuando el costo es tremendo. La unión del trauma ocurre principalmente entre personas que tienen baja autoestima, miedo de no encontrar a alguien que lo cuide o lo ame, y un fuerte ciclo de culparse ellos mismos por su sufrimiento (Katz, Arias, & Beach, 2000). La función negativa de la unión por trauma sirve para mantener a la persona en una relación con una pareja que causa o está asociada con eventos traumáticos".

Como humanos, repasamos el trauma de nuestros padres y la infancia en nuestras primeras relaciones. Por lo general, no es hasta la tercera o cuarta relación que comenzamos a hacer las cosas bien. La primera esposa de Robert no había tratado con su propio trauma, al igual que Robert no había tratado con el suyo. Se buscaron el uno al otro en un nivel inconsciente. En el transcurso de 15 años, repasaron gran parte de su trauma entre ellos. Robert sufrió abusos que casi le cuestan la vida al final de su relación, ya que ella amenazaba con envenenar su comida, diciéndole que "debería ver lo que come por aquí". El Dr. Espinoza también afirma:

"Especialmente entre los hombres con historias de abuso infantil, un autoconcepto fracturado puede provocar vulnerabilidades que son difíciles de comunicar, tolerar y cambiar. Muchas víctimas interiorizan el abuso y lo explican que está relacionado con la culpa, mereciendo castigo, debilidad o fractura. (Draucker et al., 2009)."

Este tipo de relación con un compañero sadístico está muy fuera de lo normal para alguien que no tiene antecedentes de abuso, pero para el sobreviviente, esto puede ser normal. Dado que la relación con el abusador no es inherentemente igual porque el abusador que tiene una posición de poder sobre el sobreviviente, esto crea sentimientos fundamentales de inferioridad y baja autoestima, estos sentimientos son familiares y por lo tanto cómodos a pesar de que no son de saludables.

A medida que el niño crece, no sabe lo que es estar en una relación donde el es igual que su pareja. Perpetuará la creencia fundamental de la inferioridad buscando relaciones que no son saludables o socios a los que pueda aplazar el poder, como el que Robert tuvo con su primera esposa.

Si el abuso emocional está presente, casi siempre ocurre si hay otras formas de abuso. El sobreviviente manifiesta sentimientos de inferioridad al volverse dependiente de su pareja. El deseo de un niño de recibir el amor y la atención positiva de los padres es igual al deseo de alimentos y agua. Es una necesidad. Cuando no reciben afecto de los padres o reciben atención negativa, lo buscan en parejas románticas a lo largo de sus vidas.

He notado un ciclo en Robert, que he visto en muchos otros sobrevivientes. No quiere sentir que lo culpen. Este complejo viene de la creencia que el abuso fue su culpa. El abusador, como una forma de preparación, podría haber creado esta creencia en ellos, o podría ser uno que crearon dentro de sí mismos. Hay muchas veces en las que Robert no quiere tomar responsabilidad si las cosas van mal.

Tomar grandes decisiones como comprar una casa, un coche o las finanzas del hogar es una fuente de enojo para Robert. Como parejas podemos permitir esto cuando nos encargamos de las finanzas de la familia o tomamos decisiones sobre el próximo coche o casa para comprar. Por supuesto, cada persona es única, y esto puede manifestarse de manera diferente en su esposo, pero he encontrado que un hilo similar corre a través de la tela de la mayoría de los hombres sobrevivientes.

He cambiado el hecho de que estoy permitiendo un mecanismo de afrontamiento que no es saludable para que corran las cosas más suaves un nuestro hogar. A veces es necesario hacer compromisos como este para mejorar el funcionamiento del sistema familiar, pero nadie debe ser un tapete. En cualquier matrimonio se necesita una cierta delicadeza para averiguar dónde dar y tomar.

Conocí a Robert seis meses después de que él y su esposa se separaron. Creo que la búsqueda de Robert para encontrar a alguien que pudiera ayudarlo con su trauma lo llevó a mí, también creo que su deseo de ayudar a otros con su trauma lo llevó a las tres chicas maravillosas a quien el adoptó, que también son sobrevivientes de abuso. Robert tiene un pedazo del dolor de cada una de sus hijas y las tres juntas suman todo el dolor de Robert. Cuando me casé con él, también me casé con esas chicas.

Un rasgo común de los sobrevivientes es tratar de arreglarse a sí mismos, a través de arreglar a otras personas. Ciertos eventos pueden activar a un sobreviviente a que sienta de emociones que han estado dormidas. El nacimiento de un niño es uno de esos eventos que pueden activar a alguien. Cuando Robert y yo tuvimos a nuestro hijo Lawrence, salieron emociones en Robert que nunca había visto en nuestra relación. Tenía una ansiedad que rondaba en la paranoia de que Lawrence tendría el mismo tipo de infancia que el tuvo. Siempre estaba en el borde y las explosiones emocionales eran frecuentes en nuestra casa.

Los problemas de rutina que los padres trabajan se convirtieron en argumentos acalorados. A veces los ataques se sentían muy personales y como esposa así es como se sentía. Pero sé que mi esposo estaba reaccionando desde un lugar de miedo y trauma que no fue explorado y nunca se trató.

Explosiones emocionales como estas pueden parecer inmaduras o incluso infantiles. Cuando Robert gritaba, era como un niño de 16 años haciendo un berrinche. Nunca había visto este grado de enojo de él antes. Las emociones que el nacimiento de Lawrence producía en Robert venían de ese niño de 16 años dañado. Los hombres sobrevivientes actúan de esta manera que son típicas de la edad emocional de cuando ocurrió el trauma.

Las explosiones llegaron a su punto cuando un día Robert me estaba dejando en el salón de belleza. Estábamos buscando estacionamiento y señalé un lugar, que el tomó como un ataque a su forma de conducir. Empezó a gritar de tal manera que parecía que su adolescente interno se hizo cargo. "¡Siempre haces eso! ¡No me escuchas!", exclamó. Eso resultó ser la última gota que colmó el vaso. Necesitaba lidiar con su trauma o me iba a ir.

Esta es nuestra historia. Cada sobreviviente tiene su propia historia única, sin embargo, existen muchos puntos en común entre aquellos con historias traumáticas de abuso. Estos puntos en común incluyen una variedad de necesidades y consecuencias específicas que deben abordarse en muchas áreas de la vida de los sobrevivientes. El Dr. Espinoza analiza este punto más a fondo:

"una gran proporción de sobrevivientes tienen traumas agudos y/o múltiples, que se asocian con diversos grados de estrés traumático. Las respuestas de estrés traumático pueden tener muchas dimensiones distintas, no todos los sobrevivientes experimentan los mismos síntomas. La re-experiencia de los síntomas implica la activación de miedos intensos situacionales, pánico y sentimientos inseguros, incluso incluyendo la experiencia del abuso otra vez. Los síntomas de evitación implican que la persona evite pensamientos, sentimientos, personas y situaciones relacionadas con eventos traumáticos intencionalmente. Los síntomas de excitación implican el secuestro del cerebro, en el que el sobreviviente se encuentra periódica o persistentemente en un estado de hipervigilancia, debido a una profunda necesidad de protegerse de posibles amenazas. Los síntomas disociativos implican que el sobreviviente se desconecte de su alrededor, de los demás e incluso de sí mismo. El entumecimiento, la baja capacidad de respuesta, el mal contacto con la realidad y la dependencia de la fantasía pueden apoderarse de los procesos mentales del sobreviviente".

Los hombres sobrevivientes experimentan una tasa más alta de trastornos psiquiátricos que los hombres sin antecedentes de abuso (Sparato, Mullen, Burgess, Wells, & Moss, 2004). Los hombres con historias de abuso también son más propensos a ser víctimas en la edad adulta, en comparación con los hombres sin tales historias (Desai, Arias, Thompson, & Basile, 2002). Pensamientos suicidas, trastorno de estrés postraumático, ansiedad crónica y depresión se encuentran entre las principales enfermedades mentales entre los sobrevivientes masculinos (George & Yarwood, 2004; Romano & De Luca, 2001). La pérdida de confianza, la autoestima, la desconfianza hacia los demás, la culpabilidad, la vergüenza, el miedo, los sentimientos de quebrantamiento y la confusión son consecuencias frecuentes del abuso que puede persistir hasta que se emprenda la sanación intencional (Mejía, 2005; George & Yarwood, 2004). Estas condiciones y consecuencias pueden reducirse y controlarse con el tiempo, especialmente con la ayuda de recursos claves como la psicoterapia y la farmacoterapia.

"El dolor, la impotencia y las amenazas pueden reaccionar durante varios años, incluso toda una vida, después de sobrevivir al abuso (Draucker et al., 2009). En los hombres, tales experiencias pueden ser respondidas con agresión y enojo. Los hombres con experiencias traumáticas de vulnerabilidad que no pueden escapar pueden sentirse más seguros al transformar las emociones vulnerables en coraje. Pueden encontrar que una máscara de insensibilidad puede mantener la vulnerabilidad y los sentimientos de dolor a una distancia predecible. Algunos sobrevivientes pueden usar comportamientos agresivos aprendidos como método de ejercer el poder y el control para evitar posibles amenazas y "debilidad" situacional. Gran parte del enojo es comprensible, ciertamente con mérito, como el coraje hacia el abusador o personas cercanas que no protegieron al sobreviviente del abuso. Sin embargo, el enojo puede llegar a ser de mayor alcance, evidente en formas y situaciones que son inapropiadas".

Los sobrevivientes pueden usar sustancias que alteran la mente, como el alcohol, las drogas y los medicamentos recetados, para suprimir muchos de los problemas resultantes de la historia de abuso. Los sobrevivientes de trauma, de hecho, tienen una de las tasas más altas de abuso de sustancias de cualquier población con problemas psicológicos. Para sus seres queridos y parejas románticas, el consumo de sustancias puede agregar una capa de complejidad, preocupación y obstáculos a la relación.

El abuso de sustancias no es el único comportamiento adictivo o anormalmente consumido que puede resultar de la angustia relacionada con el abuso. Algunos recurren a la comida como un medio para medicar su dolor y malestar. No es casualidad que las tasas de obesidad sean mucho más altas entre los sobrevivientes masculinos y femeninos que en la población general. Un cuerpo grande crea un "espacio seguro", una barrera física entre ellos y otros. En su mente, su tamaño los protege del abuso, ya sea porque otros no los desean o porque son mucho más grandes que el abusador. Algunos pueden centrarse excesivamente en el trabajo o otras actividades que pueden causar una acumulación de estrés. Otros sobrevivientes pueden desarrollar tendencias obsesivas compulsivas como respuesta compensatoria a la pérdida de control experimentada durante y después del abuso. Las adicciones conductuales son un síntoma de un problema más profundo, como la incapacidad para manejar emociones intensas o la falta de amor propio. Por lo tanto, deben ser vistos desde un lugar de empatía y paciencia. Algunas adicciones también pueden traer comportamientos como: irresponsabilidad financiera, adicciones al juego y no asumir la responsabilidad por sus acciones. Actuar sexualmente es otra manifestación común que ocurre con sobrevivientes. La adicción al porno, la promiscuidad, la falta de interés sexual y los fetiches son algunos de los problemas sexuales comunes que he visto. Muchas de estas manifestaciones sexuales son el resultado de límites que se cruzan durante el abuso sexual.

El control es otra manera que los sobrevivientes utilizan para afrontar a su abuso. No me refiero al tipo de control que prevalece en las relaciones abusivas, sino más bien al tipo de control que hace que una persona se sienta segura. Cuando los sobrevivientes fueron abusados cuando eran niños, no tenían control sobre lo que les sucedió. Como adultos usan el control para protegerse. Muchos sobrevivientes, Robert incluido, quieren controlar la relación. Manipulan cuidadosamente la dinámica, como que tan cerca te permiten llegar a ellos y lo que piensas de ellos. Tal vez limitan la frecuencia con la que se ven unos a otros o cada cuánto tiempo. Quieren controlar cómo funciona la relación para ponerse en una posición en la que perciban que no pueden ser perjudicados, física, emocional, financieramente o de otra manera.

Otros hombres sobrevivientes, no usan ninguno de medios y en su lugar alejan a la gente. Cuando intentas profundizar en una relación, se retiran. Cuando llegas al interior para ver lo que hay, se evaporan como el vapor, nunca permitiéndote acercarte lo suficientemente para ver su lado verdaderamente vulnerable.

El sufrimiento y las consecuencias del abuso no discriminan. Toca a hombres de todas las edades y todos los orígenes. El dolor del sobreviviente y cómo su abuso ha impactado su vida puede ser visto de manera poco clara o como "equipaje". Aunque esto no sea completamente cierto, se puede entender como una actitud de alguien que no conoce algo mejor. Puede que no esté listo para comprometerse con alguien que tiene tal pasado o ver a los hombres como teniendo una gran vulnerabilidad. Muchas mujeres encuentran relaciones significativas y duraderas con personas que han sufrido abusos y continúan el proceso de su sanación de consecuencias del trauma.

Capítulo 6

¿Debo quedarme o debo irme?

"¡DETENTE!" Le grité a Robert mientras frenaba el carro. Robert y yo estábamos histéricos, yo estaba con miedo y él enojado. Todo el trauma que había experimentado salió de él en ese momento. Nuestro hijo Lawrence, de 3 años, permaneció tranquilo en el asiento trasero del coche, analizando la situación en busca de una solución, lo que usualmente hace.

Momentos antes, un carro se nos atravesó en el tráfico, pero el coraje de Robert no se trataba de eso. Se trataba de todos los que lo habían hecho de menos. Mientras conducía, se estaba enojando más. Pude ver el dolor en sus ojos mientras me gritaba que no le dijera que hacer.

Era mi cumpleaños ese día, y habíamos pasado el día en el Condado de Orange con mi familia celebrando. Antes de irnos esa mañana, Robert dijo que odiaba el Condado de Orange porque "la gente de allí abajo es pretenciosa". El comentario me llamó la atención en ese momento como absurdo, pero más tarde, vi que había sido una proyección de sus sentimientos y una premonición de lo que estaba por venir. A lo largo del día, sus percepciones de la gente del Condado de Orange se infundan en su mente y se consolidaron. El otro conductor era simplemente el antecedente de la explosión y el desahogo de sus sentimientos.

Estaba más molesta con él de lo que nunca había estado. No estaba enojado, sino profundamente triste y decepcionada. Él se había permitido perder su temperamento de una manera dramática, con nuestro hijo sentado en el asiento trasero. Lawrence podría haber sido gravemente herido, posiblemente ver a su padre ser arrestado o al menos experimentar algún tipo de trauma, él mismo. Todas estas posibilidades corrían por mi cabeza, poniéndome más molesta a medida que pasaban los segundos.

Lawrence trató de ayudar, exclamando varias veces: "¡ve por ahí!", señalando a casa. Aquí estábamos Robert y yo llenos de adrenalina, listos para disparar con un niño de 3 años tratando racionalmente de calmarnos. Pero mi cerebro me recordaba el hecho de que su seguridad estaba en riesgo. Era un pensamiento que no podía dejar, y que toco un nervio en mí.

Si hubo algún tiempo que iba a dejar a Robert, era entonces. Francamente, si no fuera por Lawrence, me hubiera bajado de ese auto y nunca habría mirado atrás. Me hubiese desconectado y desaparecido por completo, que es algo en lo que soy buena cuando quiero a una persona fuera de mi vida. El evento me afectó tan profundamente que me puso en una situación de tener que decidir si quedarme con mi marido o irme para siempre.

Había mucho que pensar en el viaje a casa y aún más cuando llegamos. El se sentó en el dormitorio mientras yo me derrumbaba en las piernas de mi padre y lloré por varias horas. Durante los días siguientes, Robert y yo no nos hablamos excepto por necesidad, y eso me dio el espacio que necesitaba para sentarme en soledad y decidir honestamente lo que sería mejor para mí y mi familia.

Pensé en todas las razones para quedarme y marcharme, cómo sería la vida sin él, y si estuviera dispuesto a aceptarlo. El peso de esta decisión fue una carga pesada que llevé durante las siguientes semanas. Era tan pesada que parecía que lo llevaba físicamente. En uno de esos días, estaba sentada en mi oficina tratando de trabajar cuando me desvié a la memoria de cuando nos conocimos.

Yo vivía en California, él vivía en Chicago, y hablamos durante varios meses en línea antes de reunirnos en persona. La conferencia de la Asociación Americana de Psicología estuvo en Chicago ese año y yo estaba planeando viajar, ir a la conferencia y conocer a Robert.

Cuando aterricé en Chicago, me encontró en el aeropuerto para saludarme, pero no dejé que me recogiera. Tengo una hipervigilancia que ha empeorado con los años como resultado del trabajo que hago. No iba a dejar que un hombre que no conocía me recogiera del aeropuerto. En vez de eso, alquilé un coche y me fui a mi hotel. Me pareció muy amable de su parte venir a saludarme de todos modos.

Al día siguiente Robert me recogió y tuvimos nuestra primera cita. Manejamos hasta Indiana para ver la casa de Richard Speck. Speck fue un asesino de Chicago que mató a ocho mujeres en los 60's. Después, me llevó a una pizzería para almorzar. Mientras me senté en esa pizzería, supe, en medio de un pedazo de pizza, que me iba a casar con ese hombre. La cita puede haber sido extraña para la mayoría de la gente, pero mi trabajo se ha centrado en la fascinación de los extremos de la psicología humana. Me encanta la pizza. Robert sabía que disfrutaría de la salida porque había reconocido el tipo de persona que era, mis gustos e intereses. Había prestado atención a quién era yo.

El dinero y cosas como restaurantes de lujo, brillo y "glamour" no significan nada para mí. Todo eso es divertido de ver y participar de vez en cuando, pero son novedades superficiales. Eso no me interesa. Quiero conocer a la gente en maneras más profundas: averiguar qué los motiva, descubrir sus alegrías y miedos.

Robert me dio algo que ninguna cantidad de dinero podía comprar, lo más valioso que poseemos: tiempo. También sabía intuitivamente lo que tenía peso en mi alma. Fue sin esfuerzo, como si ya estuviera programado para saber esto sin tener que pensar en ello. Sólo hay un puñado de veces en mi vida que he conectado instantáneamente con alguien en un nivel más profundo. Me convenció de que me casaría con él. Estos recuerdos se concentraron en mi cabeza durante días, incluso aparecieron en mis sueños. Estaban lado a lado con la realidad del inventario de nuestro matrimonio que tuve que tomar.

Después de analizar honestamente nuestra relación, tomé la decisión de quedarme. Mire profundamente su comportamiento, cómo trata a Lawrence y cómo me trata a mí. Llegué a darme cuenta de que preferiría vivir con el trauma de Robert y trabajar con él a que cortar lazos y empezar de nuevo.

La primera pregunta que alguien debe hacerse al decidir si permanecer o irse de una relación es: ¿es esta relación abusiva o tiene el potencial de ser abusiva? Para mí esa respuesta fue un "no" inequívoco. Robert nunca abusaría de mi hijo o de mí, ni ahora, ni nunca.

La verdad es que un comportamiento como el que Robert exhibió en el Condado de Orange sólo había estado ocurriendo desde que Lawrence nació. Robert siempre tenía una ficha en el hombro, queriendo ser el tipo más grande y duro de la habitación, pero después de tener a Lawrence se hizo más grande y frenético. Todo y todos se convirtieron en una amenaza para nuestro hijo, que se manifestó por el trauma que Robert llevaba. Este tipo de reacción y comportamiento podría ser tratado a medida que Robert fue más allá en su procesamiento de su trauma de la infancia.

Robert es un padre fenomenal para nuestro hijo. Va más allá para proporcionar una experiencia única para él que ningún hombre podría duplicar. Ningún hombre puede ser el padre que Robert es para Lawrence. Siempre está presente en la vida de nuestro hijo. Los fines de semana desaparecen durante horas en el garaje para jugar y construir cosas. Le enseña, lo lleva a actividades extracurriculares y le da a Lawrence una presencia masculina que yo no puedo darle como madre. Nunca confiaría en nadie más que en Robert para criar a nuestro hijo.

Robert y yo también tenemos una conexión que no se puede duplicar. A pesar de nuestras diferencias somos muy similares en nuestros gustos y mentalidades, especialmente cuando se trata de criar a nuestro hijo. Nuestros papeles como padres son iguales y entrelazados; sacar a uno de nosotros de la dinámica sería dañino para Lawrence.

Nunca he conocido a otro ser humano con el que me conecte como Robert; él es realmente mi mejor amigo. Nuestra relación es completamente abierta y honesta; no tenemos secretos y compartimos todo. Sé que no hay absolutamente nada que no pueda decirle. Me entiende a un nivel mental, emocional y espiritual profundo.

Una conexión como la que tenemos es extremadamente rara en la vida – algunas personas nunca la encuentran – y sé que si lo dejara nunca volvería a tener una relación como esta.

Pensé en todo lo que Robert hace por nosotros, en las verdaderas expresiones de su amor, en las cosas que no se pueden medir, sino que marcan la diferencia. El verano pasado estuve hablando en Ginebra en las Naciones Unidas sobre el tema del trauma masculino y cómo se relaciona con la intervención de pandillas, otra cuestión que me apasiona. La conferencia de la Naciones Unidas tenía una duración de cinco días a principios de julio, que es también cuando se celebra la conferencia SCRIPT para sobrevivientes masculinos. Iba a volar de Los Ángeles a Ginebra el martes, regresar un domingo y asistir a SCRIPT, que configuré y administré, de arriba a abajo, el martes por la mañana. Por si fuera poco, mi hijo de 4 años y mis padres tuvieron que ser conducidos desde nuestra casa hasta el centro de Los Ángeles, un viaje de dos horas. A pesar de mi deseo de controlar y manejar las situaciones, tuve que levantar las manos sobre esta situación. No había manera de que pudiera estar en dos lugares a la vez.

Robert manejó todo, desde los grandes detalles de la conferencia hasta los pequeños detalles de la ropa de Lawrence e incluso la mía. Cuando llegué al hotel en el centro de Los Ángeles, Robert tenía mi vestido azul en un gancho en el armario. El tenía una lista con todo lo que se tenía que hacer. Tenía un plan para mi familia que venía a la ciudad para la conferencia. Tuvo a Lawrence y a mi madre listos y los llevó a Los Ángeles. Sin su ayuda, esa conferencia de SCRIPT habría sido una pesadilla para mí, una de las pocas veces que admitiré que no podría haber hecho eso por mi cuenta.

Pero ese es Robert: hace un esfuerzo extra para nuestra familia sin duda alguna. Eso es lo que cuenta y en mis ojos eso es lo que es el amor. Elijo concentrarme en las cosas que amo de él, por qué me enamoré de él en primer lugar. Ese es el 80% de nuestra relación. Cuando hice eso, la respuesta para quedarme se hizo obvia para mí.

Después de tomar esa decisión, necesitábamos usar algunas herramientas para hacer la relación más saludable y sostenible. Después de haber estado con Robert casi 15 años, sé algunas cosas sobre que lo hace andar y sé que ha hecho progresos significativos lidiando con su trauma a través de los años.

Cuando lo conocí por primera vez, no había tratado con él en absoluto. Estábamos en la zona cero y él estaba recién salido de un matrimonio de 15 años con una mujer que era más o menos otro abusador, así que había mucho para trabajar. Hicimos grandes progresos juntos, navegando los problemas lentamente, entonces Lawrence nació. Mientras el nacimiento de Lawrence hizo florecer ciertas áreas de nuestra vida, desenterró el trauma que Robert no había tratado y lo había llevado al frente y al centro. Esto creó un nuevo desafío para nosotros y una oportunidad para crecer de una nueva manera juntos que aun todavía trabajamos hasta el día de hoy.

Lo primero que tuve que darme cuenta, y con lo que todos los padres tienen que llegar a un acuerdo, es que cuando nació mi hijo, la vida ya no se trataba de mí. La vida cambia para siempre el día en que tenemos hijos. Nuestras propias necesidades tienen que tomar un asiento de atrás a las necesidades de ellos.

Cuando se trata del trauma de Robert y cómo se manifiesta, mi primer pensamiento no puede ser *bueno, esto me ofende* o no me *gusta eso*. Tuve que centrarme en lo que importaba: mi hijo y la unidad familiar. En primer lugar, tenemos que hacer la pregunta de "¿cómo le afecta esto a mi hijo?" y segundo: "¿cómo nos afecta esto a nuestra unidad familiar?" Cuando cambio mi enfoque y empiezo con estas dos preguntas, me permite lidiar con cualquier problema que surja de una manera honesta y productiva que siempre mantiene el bienestar de mi hijo primero. Ponerme en segundo lugar es necesario. Cuando llega el momento de abordar cómo me afectan los problemas de Robert, soy capaz de verlos desde una perspectiva diferente. Cuando pienso en nuestra relación, a veces vengo de la mentalidad de que Robert no puede funcionar sin mí. Yo manejo las finanzas y tomo decisiones por él. Antes de conocerme existía, pero no vivía. Sus relaciones eran disfuncionales, como la de su primera esposa. Cuando él y yo nos conocimos, quedó claro que nos completamos el uno al otro.

Para que nuestra relación funcionara, tuve que aprender a separar "el trauma" del hombre. No puedo cambiar su trauma porque no tiene nada que ver conmigo; estaba presente mucho antes de que me conociera, y las manifestaciones de ese trauma no están dirigidas a mí personalmente. Tuve que dejar de intentar cambiarlo y – aceptarlo por quién es, todo lo bueno y malo. No le causé su trauma, no puedo curarlo y no puedo controlarlo; necesita tener su propia experiencia y proceso con el trauma.

Lo único que puedo controlar es a mí misma, mis acciones y mis reacciones. Muchos de nuestros argumentos y peleas fueron el resultado de pequeños desacuerdos que eventualmente terminamos los dos gritando.

Discutimos sobre cosas como Facebook. Me dice cosas como, "todo lo que haces es publicar fotos de ti misma", a lo que yo respondería "no es tu Facebook". Claramente, este es un argumento inútil. Sólo tiene el potencial de rodar y convertirse en una bola de nieve mucho más grande. Me di cuenta de que, si no participaba en ese tipo de intercambio, no habría explosiones. Así que empecé a elegir, dejar que momento es importante y dejar que sus comentarios sin sentido pasen sin involucrarme en ellos. ¿En un día, una semana o un mes esto importará? Si puedo responder "probablemente no" a esa pregunta, me alejo de los argumentos.

Es mucho más importante para mí ser feliz que tener la razón. Elijo ser feliz por tener razón, incluso si tengo la razón, y nuestra relación ha mejorado dramáticamente debido a ello. Tienes que elegir tus batallas. Cada pareja tiene argumentos frívolos. El truco es no continuarlos en una manera que se conviertan personales e hirientes.

Añadir experiencias positivas de unión es otro cambio profundo en nuestra relación. No estoy interesada en simplemente evitar las experiencias negativas. Quiero crear otros recuerdos nuevos y positivos para nosotros y Lawrence.

Siempre comparto con la gente que mi sueño es tener a todos los que amo viviendo en la misma casa para que nunca tenga que vivir sin ellos. Quiero estar cerca de mi familia y amigos todo el tiempo. Aunque es sólo un sueño feliz, he hecho parte de esto una realidad con Robert y Lawrence. Hacemos todo juntos. Tenemos una gran vida social visitando amigos y familiares, haciendo excursiones de un día a Disneylandia o al zoológico. Disfrutamos activamente de pasar tiempo unos con otros. Esto ayuda a aliviar el estrés que cualquiera de nosotros siente en nuestras vidas porque existe la experiencia común de que estamos juntos.

También es importante para Robert y para mí tener nuestro propio tiempo e intimidad entre nosotros. Unas cuantas veces al mes tenemos una noche de citas donde salimos a cenar o vemos una película. La intimidad emocional y física es difícil para él, las noches de citas pueden ser estresantes para él poder planear, así que tomo la iniciativa con ellos. Nos ayuda a relajarnos y acercarnos unos con otros, aunque a veces no podemos esperar para llegar a casa con nuestro hijo.

También uso la actividad como una herramienta para la distracción cuando tengo que hacerlo. Si sé que Robert está de mal humor, sugeriré que todos hagamos algo – Disneylandia, películas, cualquier cosa – que lo saque de su cabeza y se concentre en lo que estemos haciendo.

Gran parte de mi éxito en elegir quedarme y luego hacer crecer nuestra relación ha sido el resultado de cambiar mi percepción. Me concentro en las cosas que me encantan de Robert las razones por las que me enamoré de él y me casé con él en primer lugar, y todo lo que hace por nosotros. Cuando actúa en un comportamiento errático, lo reconozco como un trauma y le permito el espacio que necesita para expresarse. Trato de mantenerme en mi lado de la calle, conscientemente tomar el control sobre mis palabras y acciones – no puedo controlarlo. He llegado a entender que él ve el mundo a través de ojos diferentes a los míos y que ha crecido nueva compasión y crecimiento en mí.–

Capítulo 7

¿Debería quedarse o debería irse?

Loren M. Hill, Ph.D.

The Chicago School of Professional Psychology
Los Angeles, CA.

La pregunta de: "¿debo quedarme o me debo ir?" ha corrido a través de la mente de la mayoría de las parejas de sobrevivientes masculinos. Puede ser un conflicto profundo en tu mente que resulta en frustración en una pareja que busca desesperadamente una respuesta. Niños, finanzas, familia extendida, ¿por dónde empiezo? ¿Cómo puedo irme? e incluso más confuso: ¿cómo puedo quedarme? Navegamos por este proceso paso a paso, pensando en cada pregunta honesta y cansadamente, utilizando herramientas para darnos una mejor visión de nuestra relación y de nosotros mismos.

Sea lo que sea que usted elija, quedarse o irse, tiene que sentirse seguro de que ha tomado la mejor decisión posible para usted y su familia. Al explorar las opciones, usted tiene, una situación única, usted se da la mejor oportunidad de ser feliz y saludable.

El abuso puede ser físico, verbal, emocional o incluso financiero. El abuso físico incluye: golpear, abofetear o patear a su pareja y presenta la amenaza más inminente para su seguridad. El abuso verbal y emocional como el insulto, el lenguaje vulgar y las amenazas pueden ser tan perjudiciales psicológicamente (o más) que el abuso físico y no deben ser minimizados.

El abuso financiero ocurre cuando su pareja restringe el dinero. Por lo general, en una relación una de las personas es mejor con el manejo de las finanzas y asume esa responsabilidad (esto no es abuso). Una relación financieramente abusiva es una relación donde una de las partes no tiene voz en asuntos financieros. Cuando una pareja controla el dinero de una manera que implica: miedo, control, amenazas, se considera abuso financiero. Si alguien tiene miedo de gastar dinero porque será golpeado, abusado verbalmente, está experimentando abuso financiero. Si "deben" entregar su cheque de cobro y se les da solo una porción mínima sin dejar que tome decisiones financieras, eso es abusivo.

La esencia de la relación abusiva es que no es una asociación. Hay una persona que domina y controla la dinámica de la relación a través del miedo y la coerción. Coerción significa control o dominio sobre otra persona a través del abuso físico, emocional o sexual.

Hay pocas conversaciones en una relación abusiva. Son conversaciones instructivas en las que el abusador regaña a la otra persona. Una conversación sobre el dinero podría hacer que el abusador llame por sobrenombres a su pareja o diciéndoles lo estúpidos que son para pagar la renta con dinero que estaban ahorrando para comprar un automóvil.

En una relación que no es abusiva, las conversaciones son discusiones amistosas en las que los dos trabajan juntos para lograr un objetivo común. Esa misma conversación sobre el dinero será constructiva, incluso en tiempos de conflicto. *"Estamos en un presupuesto porque necesitamos ahorrar para un coche nuevo"* es un ejemplo de la misma conversación sobre el dinero, hablada con una perspectiva mucho más constructiva.

He trabajado con parejas que han tenido una relación abusiva. Dicen cosas como: *"nada de lo que estás describiendo está fuera de la norma para nuestra relación"*.

No podemos definir las cosas como normales o no normales, porque el abuso puede ser la norma para esa relación. En su lugar, tenemos que mirar la dinámica de la relación desde la perspectiva, saludable a no saludable.

Usando el ejemplo de las finanzas, ya que es un tema que cada pareja trata y a menudo puede producir discusiones y altercados, una conversación saludable es un diálogo compartido de porque podemos o no podemos comprar algo. No usamos este tipo de conversaciones rutinarias con nuestra pareja como campos de batalla para descargar el estrés que hemos acumulado a lo largo de nuestro día.

Una conversación que no es saludable resulta en que una parte ignore a la otra, haciéndola sentir inferior, o menos inteligente y puede escalar a: gritos, amenazas, intimidación y violencia. Decidir si quedarse o irse podría ser la pregunta más importante a la que te enfrentes en tu vida. Es importante que pienses todo a fondo y sin distracciones externas.

Las personas tienden a perderse en sus relaciones, especialmente si han estado con esa persona durante una parte significativa de su vida. La vida de dos personas se entrelaza tanto que tal vez no sepan quiénes son como individuos. Muchas veces las personas sacrifican sus necesidades por el bien de la relación. Cuando te enfrentas a la posibilidad de estar sin esa otra persona, es necesario que te explores a ti mismo. Sus necesidades ahora pueden ser muy diferentes a las que tenía cuando conoció a su pareja. Sin duda ha cambiado desde entonces y se ha convertido en una persona diferente. Es esencial para su bienestar explorar eso.

Hay muchas herramientas que puede usar para ayudar a explorarse a sí mismos y a la dinámica de su relación. Esas herramientas serán cruciales para tomar una decisión sólida de cuál es su mejor opción. He encontrado en mi trabajo clínico, así como en mi vida personal, que no hay nada mejor que poner la pluma en un papel o los dedos al teclado. Las cosas se vuelven mucho más claras para nosotros cuando las escribimos en lugar de simplemente pensarlas en nuestras cabezas. Se vuelven permanentes y reales, podemos vernos a nosotros mismos trabajar a través de los problemas de una manera tangible.

Un gran lugar para comenzar es creando una lista de pros/contras, pero hágalo dos veces de diferentes perspectivas. La primera lista será: a favor *¿por qué debería quedarme?* en contra *¿Por qué debería irme?* Esta lista tendrá cosas como: me encantan mis hijos, mi casa y mi estilo de vida actual o no me gusta mi estilo de vida actual. Esto es más pertinente a la situación específica de la vida en la que se encuentra y tendrá en cuenta los muchos factores externos que influirán en su elección. La segunda lista es mucho más personal y debería titularse: a favor *¿por qué estoy con él?* en contra *¿por qué no debería estar con él?* Será específico a la relación entre usted y su pareja. En esta lista escribirá cosas como: amo a John o John es abusivo en contra de mí. De esta manera: emocional, física, sexual o financiera.

Otra gran herramienta es escribir cómo puede ser su vida si se queda vs. lo que podría ser si se va. Usted querrá preguntarse: *si me voy, ¿a dónde iré? ¿A quién se lo diré? ¿Dónde trabajaré?*

Muchas veces las personas abandonan las relaciones de repente, a veces por necesidad, como en el caso de las relaciones abusivas, sin pensar en las otras decisiones serias de la vida que se deben tomar cuando la vida se arranca y cambia drásticamente. Los detalles deben ser trabajados de antemano, como: poner a los niños en una nueva escuela y asegurar el primer y último mes de alquiler para un apartamento. Los detalles deben ser elaborados de antemano para hacer la transición más fácil para usted y los niños. Las actividades diarias y la rutina de todos los involucrados pueden cambiar drásticamente, y usted debe estar preparado para ello.

Sin embargo, si usted está en una relación abusiva, no escriba nada. Su pareja puede encontrar lo que usted ha escrito, lo que podría resultar en daño físico a usted o a sus hijos. Su primera prioridad es mantenerse a salvo. En su lugar, busque ayuda de inmediato de una línea directa de violencia doméstica. Los consejeros lo guiarán en una estrategia de salida segura y le proporcionarán los recursos que usted y sus hijos necesitarán al salir de la relación.

Por último, si necesita hablar con alguien, hable con alguien fuera de la relación que sea imparcial y no juzgará el resultado de la relación. No es prudente contar estas ideas a amigos y familiares. Aunque quisieran hacer bien, tendrán un apego emocional a la situación de una manera u otra y sus consejos pueden estar empañados por sus emociones. Es mejor hablar con un terapeuta o alguien similar, no necesariamente un consejero de parejas, sino un terapeuta individual, ya que esta decisión es específica para usted. Si desea probar primero con el asesoramiento de parejas, eso podría ser beneficioso. Puede darle una imagen más clara de la situación y apuntar con más confianza en la dirección de permanecer en la relación o irse de ella.

Es importante tener en cuenta que este es un proceso solitario. Es en su mejor interés pensarlo sin ninguna interferencia externa - positiva o negativa. Tenga en cuenta la discusión sobre su exploración de quedarse o irse con su pareja. Le puede decir a su pareja que se quiere ir, esperando que le ruegue a quedarse. En vez de eso, le dice que hagas las maletas y se vaya. En realidad, está respondiendo de un lugar de miedo, buscando aislarse y sin querer lidiar con sus propios problemas.

A lo largo del proceso de tomar decisiones es necesario mantener las conversaciones fluyendo y fomentarlas en la medida de lo posible. Innumerables mujeres me han dicho: *"este sigue siendo el tipo que amo. Acabamos de dejar de hablar"*. No habrá un factor mayor en su decisión que sus hijos. Su bienestar es primordial y todas sus decisiones deben tomarse pensando en esto. Muchas personas dicen que tienen que quedarse por los niños y con demasiada frecuencia las parejas permanecen en relaciones tóxicas por lo que perciben es el mejor interés de los niños. Esto no es necesariamente cierto. Si cada señal le muestra que se vaya, y lo único que le retiene son los niños, lo mejor sería irse. Permanecer por los niños creará una relación tóxica a largo plazo, que será perjudicial para todos los involucrados, incluyendo a los niños. Si es posible, siempre puede ser co-padre.

Los niños imitan el comportamiento que ven cuando crecen y lo actúan con futuras parejas. Si una casa está llena de discordia, entonces eso es lo que aprenderán. Todas las cosas son iguales, mantener la familia es una buena idea, pero si el hogar es tóxico y no es saludable, este será el comportamiento aprendido que los niños captan, y las repercusiones podrían durar toda la vida.

Los niños no reciben suficiente crédito por su inteligencia. Toman el mundo sobre una base de contexto en lugar de contenido. Esto significa que aprenden muy bien las señales no verbales y pueden saber cuándo las palabras no coinciden con las acciones. Se dan cuenta de la incoherencia de las acciones de las personas. Los niños son como pequeñas antenas parabólicas tomando toda la información a su alrededor. Se dan cuenta de todo.

El punto es que usted tiene que evaluar honestamente el tipo de relación que los niños están aprendiendo. Usted está modelando el comportamiento para ellos todos los días, positivo y negativo. Así que, los niños no deben ser el único factor para quedarse, también pueden ser un gran motivo para quedarse, ya que podrá mostrarles una relación saludable donde usted y su esposo/pareja están trabajando en sus problemas y estableciendo límites saludables.

Si usted toma la decisión de irse, usted todavía tendrá la oportunidad de mostrarle a sus hijos interacciones saludables a través de la forma en que usted y su expareja se comunican. Además, demostrar cómo defenderse de una situación abusiva esto representa una lección invaluable.

Una conversación con su esposo/pareja sobre los detalles de la crianza conjunta hará que la transición sea más fácil para los niños, así como para ambos. Cuestiones como dónde vivirán y dónde irán a la escuela son necesarias para trabajar juntos, con suerte de una manera amistosa. Si una conversación constructiva no es posible, puede presentar documentos en el Tribunal de Familia y dejar que un juez decida la custodia física/legal y de órdenes vinculantes sobre la custodia.

Si usted consigue un divorcio/separación, usted no puede irse fuera de la cuestión de la corte. Los niños formarán parte del proceso judicial, pero deben estar protegidos de las discusiones sobre lo que está sucediendo. La custodia también será parte del proceso legal. Cuando sea posible, usted y su pareja deben hacer todo lo que puedan para resolver los problemas de custodia entre ustedes dos. Recuerde que el objetivo principal de la corte es determinar lo que es en el mejor interés de los niños y no lo que es más conveniente para los padres.

Las reglas de compromiso son cruciales para la crianza conjunta de una manera sana y constructiva. Pregúntele a su ex qué espera de usted como padre y dígale lo que usted espera también. Despejar sus intenciones y establecer límites firmes son importantes para evitar disputas legales o de otro tipo, en el futuro. Tengan un acuerdo de que ambos estarán plenamente presentes en la vida de los niños. Quieren ver a sus padres en sus actividades, como juegos de béisbol y recitales de baile. Este acuerdo incluye las cosas divertidas y no tan divertidas, lo que significa que ambos tendrán que disciplinar a los niños también. No debería haber el "cuando voy a la casa de mamá/papá, me deja hacer lo que quiero". La consistencia y la continuidad deben mantenerse en la forma en que disciplina a cada uno de sus hijos.

A veces las circunstancias son tales que es casi imposible ser co-padre con su ex. En situaciones como esta, la prioridad siempre debe ser proteger a los niños. La forma más fácil de proteger a sus hijos es legalmente a través del sistema judicial. Si su ex es violento o teme que pueda ser abusivo, ¡consigue una orden de restricción! Las órdenes de restricción cubrirán su hogar, trabajo, la escuela de los niños y cualquier otro lugar que usted identifique.

Las visitas supervisadas por la corte son otra herramienta útil. Usted puede arreglar con la corte que su ex debe ser monitoreado cuando está con los niños.

Lo más importante es recordar que los niños están fuera de los límites en las disputas entre usted y su ex. No los reclute de su lado o proyecte sobre ellos sus sentimientos negativos acerca de su ex. No le hable de una manera despectiva acerca de su ex a sus hijos tampoco. Todo esto crea una confusión significativa en la vida y el trauma del niño que su hijo tendrá que procesar más adelante como adulto. Los límites saludables entre usted, su ex y los hijos son claves para la crianza conjunta; poder desahogarse saludablemente (en terapia) le ayudarán a mantener esos límites.

Las salidas saludables para todos, especialmente los niños, pueden hacerse mucho más fácil. Fomentar respuestas emocionales saludables para todos. Si su hijo tiene ganas de llorar, déjelos llorar. Darles su espacio y permitirles procesar las emociones de una manera que consideren adecuada, les ayuda a resolver la situación. Los niños son mucho más resilientes de lo que pensamos.

Esté abierto a hablar con sus hijos y sea honesto acerca de la situación. Ellos reconocen lo que está pasando de todos modos. Involucrarlos en conversaciones apropiadas para la edad sobre lo que está pasando con mamá y papá es beneficioso para su crecimiento y bienestar.

Un plan saludable para permanecer y herramientas que ayudarán a fomentar una relación saludable, se combina con la decisión de permanecer. Primero, pregúntele a su pareja si quiere que se quede. Esto puede parecer obvio, pero a menudo es una idea posterior. Ustedes dos necesitan trabajar en equipo. Valdrá la pena saber que él desea su presencia en la relación y está en la misma página acerca de tomar los pasos necesarios para crear una relación saludable. Decide lo que es capaz de aceptar, y llega a un entendimiento de lo que es y no es aceptable para usted en la relación.

También hágale saber por qué quiere quedarse con él. Cuando piense en las razones por las que se quedó, piense en las razones por las que se enamoró de él en primer lugar. También es saludable y beneficioso volver a visitar estos recuerdos de vez en cuando. Ayuda a mantener la relación en perspectiva. A medida que recuerdes esas razones, recuérdale también la perspectiva positiva. Dígale porque lo ama y porque quiere quedarse con él. Recuerde que él ve el mundo a través de lentes diferentes a los de usted, gran parte de esa visión del mundo se basa en el trauma que sufrió cuando era niño.

El trauma hace que los hombres sobrevivientes se retiren y puede hacer que se sienta inadecuado, como si estuviera fallando. A medida que trata de extraer información de él a través del curso de sus interacciones diarias, si se retira, es importante entender que no tiene nada que ver con usted. No es un ataque personal contra usted. Un sobreviviente masculino no ha podido abrirse con nadie. No tiene las habilidades para verbalizar eficazmente cómo se siente.

Usted ha tomado la decisión de quedarse y él ha dado su compromiso con el proceso. Tendrá que encontrar una manera de comunicar sus sentimientos, revelar su abuso pasado y buscar tratamiento. Esto se puede hacer a través de terapia de pareja, terapia individual o grupos de apoyo.

El tiene que buscar su propia forma de sanar y estar abierto a ese proceso. Como cónyuge, todo lo que puede hacer es apoyar ese proceso. No sucede de la noche a la mañana, es un proceso que en gran medida se presenta como tres pasos hacia delante y dos pasos atrás. Cada relación saludable utiliza una variedad de herramientas para aumentar la intimidad, desactivar el estrés y fortalecer los lazos formados entre dos personas. Para el cónyuge/pareja que está en una relación con un sobreviviente masculino, estas herramientas son más importantes que las de cualquier otra relación.

Los problemas con la intimidad, tanto emocionales como físicos, son problemas distintivos en las relaciones con los sobrevivientes masculinos. Crear un espacio para que la intimidad crezca es una herramienta poderosa para usar en su relación. La intimidad es física, emocional y mental y no siempre tiene que culminar en las relaciones sexuales. Cuando se trata de fomentar la intimidad sexual, no hay necesidad de forzarla. La intimidad se verá diferente para cada pareja. El punto es que están pasando tiempo de calidad el uno con el otro.

La intimidad sexual puede ser difícil para los sobrevivientes masculinos y como cónyuge/pareja, recuerde que no se trata de usted. Algunos días será activado más que otros días. Debe haber un código mutuo de entendimiento, no se trata de una falta de atracción hacia usted, sino más bien de la ansiedad innata que la intimidad sexual puede producir en los sobrevivientes masculinos. Todavía puede tener un crecimiento positivo en la intimidad física con abrazos, caricias, o simplemente una conversación íntima. Todos estos son beneficiosos en el panorama general de la creación de intimidad física con su pareja.

El rechazo es un sentimiento común para los cónyuges/parejas de sobrevivientes masculinos. No hay manera de caramelizarlo. Se siente terrible porque crees que eres el problema. Simplemente no puedes arreglarlo. No tiene nada que ver contigo. Tu esposo/compañero podría tratar de hacerlo sobre ti: *"No te atraigo. No haces las cosas que solías hacer"*. Entonces tratas de hacer esas cosas y todavía no funciona. Tengo que enfatizar este punto – no se trata de usted, su apariencia, rendimiento, o cualquier otra cosa.

Tengan un espacio en su calendario dedicado a ustedes dos, como una noche de citas. Ambos pueden decidir lo que van a hacer esa noche. Si la casa distrae, vete. La salida no tiene que ser extravagante o lujosa. Si todo lo que puede presupuestar es McDonald's, ve a comer a McDonald's, pero entra en el restaurante, siéntase con su pareja y coman juntos. Lo único que importa es que estén pasando tiempo solos y disfrutando de la compañía del otro. Debe ser un tiempo sagrado.

También debe haber una noche designada de la semana donde pasen tiempo juntos en familia unidos. Podría ser una noche de juegos, una noche de cine o una noche de deportes. El objetivo es construir intimidad entre sí como familia – aprender a hablar entre sí en un nivel más profundo, lo que significa apagar los teléfonos celulares, los videojuegos y guardar los dispositivos electrónicos. Cenar juntos como familia donde todos hablen de su día. Puede sonar básico, pero en la era digital, parece que hemos perdido esta conexión con los miembros de nuestra familia a través de distracciones como los teléfonos.

También reserva tiempo para hablar sobre tu relación con tu pareja. Cada semana, tener un proceso de inventario entre sí. No tiene que ser largo, sólo una hora a la semana servirá. Discuta cosas como lo que está y no está funcionando en la relación o haga una revisión semanal del presupuesto, si las finanzas son un asunto comunal de disputa. Cómo hacer este proceso de inventario semanal será una cuestión de prueba y error. Usted puede encontrar una manera de trabajar, mientras que otra persona no. La única manera de averiguarlo es hacer un esfuerzo y probar diferentes estilos hasta que uno sea el mejor. El estilo de un horario semanal establecido es beneficioso porque asegura que ambos se sentarán y hablarán.

Cuando un sobreviviente masculino se enoja, es difícil para ellos verbalizar lo que están sintiendo. Puede parecer que se queda ciego de rabia, incapaz de explicar lo que está pasando dentro de ellos. Hablar de esto durante un inventario semanal es extremadamente beneficioso porque los elimina en ambos la emoción del momento. Puede volver a la situación durante el inventario y revisarlo con una mente más tranquila y una perspectiva diferente. Si se enojan durante el proceso de inventario, lo mejor es cerrarlo y alejarse. No podrán escucharse de una manera significativa y la conversación puede degradarse rápidamente. Muchas veces, el cónyuge tira involuntariamente los estresores que desencadenan al sobreviviente masculino. Necesita tener la idea de alejarse y volver a ella más tarde cuando las cosas se hayan enfriado. No se trata de usted. La forma en que interactúan entre sí es el mayor ajuste que tendrán que hacer los dos. Si la forma en que solía interactuar no funcionaba y creaba mucho estrés dentro de la relación, necesita establecer nuevas reglas de interacción.

Como cónyuge/pareja, usted tiene que ser sensible a la distancia a la que puede empujar a su cónyuge/pareja a hablar sobre su abuso y discutir sus sentimientos. Es como pelar una cebolla capa por capa. Ocurrirá con el tiempo, pero obligar a su cónyuge a hablar de algo con lo que se siente incómodo, no es beneficioso para ninguno de los dos, y en realidad es contraproducente, ya que puede tener la tendencia a encerrarse más en su caparazón.

También hay un tiempo y lugar para abordar los conflictos con su cónyuge. Algunos cónyuges sienten que están siendo atacados cuando se enfrentan a conflictos en público. Otros no quieren involucrarse delante de los niños. Tiene que encontrar el momento adecuado para lidiar con el conflicto. La reunión de inventario semanal puede funcionar, pero no deje que esto se convierta en una sesión de quejas rutinarias o perderá su valor. La reunión semanal es para procesar las cuestiones, avanzar y crecer a partir de ellas. Las emociones a menudo nos influyen para actuar en el momento. Sentimos que tenemos que decir algo de inmediato, pero eso no siempre es cierto, de hecho, por lo general no lo es. A veces es beneficioso sentarse con el momento y dejarlo pasar. Que sea el momento sólo eso, un momento. No es realista desconectarse cuando estás molesto, pero puedes tomar medidas para mitigar el daño.

Una gran herramienta para usar son las tres preguntas: *¿hay que decirlo?, ¿tiene que ser dicho por mí? o ¿necesita ser dicho por mí en este momento?* Esta sencilla herramienta es útil para evitar peleas innecesarias y puede cambiar toda la dinámica de su relación.

Llegar a un acuerdo sobre las reglas de compromiso es un código compartido. No se deshumanicen unos a otros a través de insultos o blasfemias, menospreciándose o faltándose el respeto. Participen siempre de una manera humanizada que muestre respeto el uno por el otro. Este código compartido no es uno que se establece al principio de la relación y luego se olvida. Tiene que ser constante. Como cónyuge/pareja, usted debe mantener su lado de las reglas de compromiso y mantener esos límites firmes. Declaraciones como: *"por favor, no me hablen así. No toleraré el lenguaje abusivo"*, son formas saludables de mantener ese código compartido. Si se pasa de la línea, lo mejor es desconectarse y marcharse. Mantener las reglas de compromiso – su código compartido – tiene que caer sobre usted, el cónyuge/pareja. Cuando un sobreviviente masculino es activado y entra en ese estado de ira, todo lo demás está bloqueado.

La mayoría de las herramientas que cubrimos no requieren cambios importantes en su estilo de vida, sino que son pequeños ajustes que son simples en la naturaleza y fáciles de implementar, pero tienen resultados profundos en las relaciones. También le capacitarán como cónyuge/pareja para establecer y hacer cumplir los límites. Con estas herramientas puede tomar un enfoque activo para curar su relación y plantarlo en un terreno más saludable, dándole las condiciones que ambos necesitan para crecer.

Capítulo 8

El enojo es el motor

El enojo es el motor que impulsa muchos de los arrebatos, aislamiento y distanciamiento que he descrito. Es la semilla de la que crecen todos los demás temas.

Tuve un coraje contra los abusadores de Robert. La mayor parte lo he trabajado y algo de eso no lo he hecho. Pero durante años cargué la furia contra la gente que dañó a mi marido, y eso le afectó a él, a nuestro hijo y a mí.

La única persona con la que no tenía coraje fue con su primera esposa. Podría ser extraño por el trauma que ella le hizo pasar, pero ella era tan insalubre como él. Ella estaba diagnosticada con el trastorno bipolar y él era un sobreviviente masculino cuyo trauma aún no había comenzado a salir a la superficie. Eran dos personas insalubres que se habían encontrado y estaban viviendo una relación poco saludable. No estaba equipada con herramientas para lidiar con el trauma de Robert. Su relación no tuvo la oportunidad de ser exitosa y saludable.

Yo era hija de padres que estaban divorciados y vueltos a casar. Al crecer, tuve los ejemplos de mi madre trabajando junto con su exmarido para criar a mis hermanos. Mis padres nunca usaron a sus hijos como peones, enfrentando a los niños en contra del otro. Eran buenos modelos para seguir en la crianza de los elementos secundarios.

Nunca tuve mucha ira hacia Sammy, quien abusó de Robert a la edad de 12 años. Para un niño hacer eso, claramente tenía algunas dificultades profundas. Probablemente fue una víctima de abuso y simplemente estaba actuando lo que sabia.

Mi fuente de enojo profundo y al rojo vivo estaba dirigida a los adultos que abusaban de Robert porque no podían controlarse a sí mismos. Sus acciones condujeron directamente a los problemas de toda la vida de Robert, con los que tengo que lidiar a diario. La mayor parte de ese enojo estaba dirigido a la tía de Robert. Ha sido un viaje difícil de navegar por esa ira porque el abuso de la tía es la fuente de todos los problemas de Robert que rodean a las mujeres que realmente afectan mi vida. El trauma del abuso actúa en todos los aspectos de la vida de un sobreviviente.

Otra fuente profunda de mi enojo, que con toda probabilidad compartes como cónyuge, fue mi esposo. Los orígenes de esta ira provienen del hecho de que Robert sabía que tenía problemas y sabía que estaban profundamente arraigados en el trauma. Sin embargo, pintó un cuadro para mantenerlo unido. Con toda justicia, su retención no fue deliberada. Alguien no va a salir y decirte que es un sobreviviente masculino durante el proceso de cortejo. Así no es como funciona. No sabía el efecto dominó que su trauma tendría en todos los aspectos de nuestras vidas y todavía no se da cuenta como yo. Tengo que vivir con las consecuencias de su trauma, y vivo en el extremo receptor.

Mientras que un sobreviviente masculino puede tejer una apariencia de normalidad en sus vidas, el trauma es un hilo que corre a través de él, que si se tira, los enredará. Durante años pensé que estaba loco. Pensé que todo estaba en mi cabeza. Una vez que la verdad sale a la luz, la ira es uno de los sentimientos más apropiados que se me ocurren. Eso fue en mi caso.

El hilo que atraviesa la vida de los sobrevivientes es el trauma. Cuando el hilo del trauma es tirado, intencionalmente o no, el sobreviviente masculino actúa en comportamientos asociados con la ira, por ejemplo, "esconderse bajo las sábanas", o la agresión pasiva. Ese hilo es la fuente de gran inestabilidad e imprevisibilidad. En mi relación, como en muchas relaciones de los sobrevivientes masculinos, el ciclo se ve así: hay un período de normalidad, donde son atractivos, abiertos y comunicativos. Eventualmente haces algo que ellos perciben como crítico o insensible. Tal vez no estás escuchando o le dice que quieres un poco de espacio, estás agotado. Esta configuración de límite se percibe como un ligero, que inicia una fase de comportamiento agresivo-pasivo por parte del sobreviviente. Esto puede durar semanas. Eventualmente esto lleva al sobreviviente a explotar en un ataque de ira. *¡Nunca me escuchas! ¡No te importo!* o alguna variación de estos sentimientos. Finalmente, después de que se enfríe, todo vuelve a la normalidad y el ciclo se reinicia. En mi relación con Robert, cuanto más se sintiera conmigo a lo largo de los años, más desagradable sería para mí durante esas etapas de explosión. Como cónyuge, este ciclo puede ser miserable para vivir. A veces es inestable e impredecible y se convierte en un pozo de resentimiento y enojo.

Hay períodos de ira y caminar sobre cáscaras de huevo que parecen que nunca terminarán. Como cónyuge, me pregunto si me quiere cerca o no. Cuando está en uno de estos períodos, no hay nada que pueda decir que sea correcto. Cada comentario se convierte en un punto impugnado. Debe haber algo detrás de esto-una agenda oculta o manipulación. Haces una pregunta, una para la que no tienen una respuesta, y se enojan y se frustran, devolviéndote todo a ti – *¡Siempre me estás molestando! ¡Deja de molestarme!* Te agota, especialmente cuando no tienes idea de dónde viene. Es tan impredecible como el clima, cuando llega el huracán, no hay nada que podamos hacer más que subir las ventanas y esperar.

Este ciclo es sólo alrededor del 20% de nuestra relación. El resto del tiempo tenemos una gran relación. Pero durante esa fracción de inestabilidad, rara vez se parece al hombre que conozco. Se vuelve irritable y arremete con frecuencia o se enfada y es evitativo.

Como cónyuge, esa ira se acumula con los años. Tiene que ser liberado, o explotará. Puede ser un viaje solitario a veces ya que no eres capaz de expresar cómo te sientes. No puede hablar con su cónyuge, porque no quiere despedirlo en el calor del momento. Es difícil hablar con familiares y amigos porque teme que le juzguen o no lo entiendan. Mantener todos estos sentimientos dentro puede llevarnos a un lugar solitario y oscuro dentro de nosotros mismos. Lo digo por mí.

Cuando Lawrence tenía 6 meses, todo mi enojo explotó a la vez. Doce largos años de emociones embotelladas estallaron de manera catalítica. Mi visión se puso roja. Gritaba tanto que me dolía la garganta y me salía saliva de la boca. Lo extraño es que ni siquiera puedo recordar porque. Mi cerebro bloqueó la memoria. Pero fue cuando golpeé la base de mi enojo. A partir de ahí me di cuenta de que no podía tener un arrebato como ese otra vez. Tuve que cambiar. No estaba en él controlar esto. Depende de mí. Esta ira no me sirvió. Mi ira no podía permitirme volver al pasado y cambiar lo que le pasó a mi marido. No lo motivaría a cambiar o lidiar con sus problemas. Era una emoción vacía y veneno para mi alma.

Antes de que tuviera una comprensión de mi marido, su abuso y cómo se manifiesta, estaba completamente ciega por sus cambios de humor. No entendía que se derivaban del abuso que experimentó y de cómo el abuso arruina el sentido de sí mismo de un sobreviviente. Esta respuesta al trauma se convirtió en el hecho fundamental detrás de los cambios de humor por los que atraviesa mi esposo.

El abuso de mi marido tuvo lugar en el transcurso de varios años. Muchos comportamientos y percepciones deformadas se arruinan en una persona después de ser abusados durante cualquier cantidad significativa de tiempo. El abusador no tiene en cuenta el bienestar de la víctima. Lo que busca es el control emocional y físico. El abusador manipula a la víctima para creer que no tiene control. Como resultado, esencialmente pierde su sentido de sí mismo.

La falta de confianza es un efecto residual importante del abuso. Puede quedarse con un sobreviviente por el resto de su vida. Lo que es crucial y puede ser muy beneficioso para que usted entienda, es que no es sólo usted, el miedo de ser vulnerable es con todo el mundo. Los hombres de nuestra sociedad están entrenados para no mostrar una amplia gama de emociones. La sociedad les dice que sólo pueden mostrar dos emociones: felicidad e ira. Este mensaje constriñe a los sobrevivientes más fuerte que otros hombres.–

A un sobreviviente masculino no se le ha permitido expresar todas sus emociones. La sociedad le ha dicho que no está permitido y su abusador le dijo que sus emociones eran irrelevantes. Ese tipo de trauma muere duro. A menudo describo a mi esposo como que tiene una velocidad. El solo sabe cómo correr a 100 millas por hora. He descubierto que eso es común con muchos hombres, no sólo con sobrevivientes. Convertirse en vulnerable y permitirse expresar una gama completa de emociones es contra intuitivo para la mayoría de los hombres y más con el sobreviviente masculino. Es importante reconocer que los sobrevivientes masculinos tienen emociones como todo el mundo. Ahora bien, los sobrevivientes tienen más dificultades que los no sobrevivientes sacando esas emociones a la superficie y expresándolas.

El enojo hacia el abusador y hasta cierto punto ellos mismos, crea un ciclo de disfunción social y aislamiento. El sobreviviente tiene miedo de acercarse demasiado a alguien. No se dejarán llevar por la vulnerabilidad que se necesita para desarrollar una intimidad profunda con otro ser humano. El aislamiento se convierte en su mecanismo de defensa. Evita que otros los controlen. Cualquier pregunta o comentario de su parte puede ser percibido como una acusación o una manera de controlarlos.

Siempre va a haber algún nivel de confrontación en cualquier relación. Enfrentar a su esposo acerca de pequeñas cosas, como dejar el asiento o dejar correr el agua caliente, a los principales problemas como las finanzas son problemas universales con los que las parejas tratan. Una persona que no ha sufrido abuso es teóricamente capaz de expresar sus emociones de una manera reflexiva cuando se enfrenta. No es así con el sobreviviente masculino. Tienen dificultad para expresar sus sentimientos. En su lugar, los proyectan sobre su cónyuge y luego se retiran a lo que sea que los proteja de la emoción, por lo general la ira o el aislamiento.

Lo que los cónyuges tienen que recordar es que este problema estaba aquí mucho antes de que nosotros lo estuviéramos. Nuestros esposos han estado lidiando con estos temas toda su vida. Ciertamente, no puedo venir ahora – 30 años después del hecho – y cambiarlo. No puedo hacerle sentir emociones y no puedo curar su trauma. Cuando llegué a esa comprensión, pude ver a todo color de nuevo. Podría respirar de nuevo. Ya no tenía que llevar su carga sobre mis hombros. Me liberé al identificar el hecho de que no puedo cambiarlo. No recuerdo el momento exacto, pero recuerdo que sucedió durante una de nuestras peleas. Corrí al baño y me senté en el inodoro contemplando todo. Fue demente cuando se me ocurrió, no va a cambiar. Entonces, aprendo a amar lo que tengo, incluso la parte rota, o esto va a terminar de una manera muy volátil. A partir de ahí estaba libre de la carga que me puse encima. Podría abrazar lo roto, perdonar a lo roto y amar todo lo que es.

Mientras pensaba, se me ocurrió que había una ruptura en nuestra comunicación, cuando nos involucramos desde diferentes puntos de vista. Conversaciones rutinarias como decisiones financieras menores o a dónde ir a cenar, se convirtieron en peleas que continuarían durante días. Me aparté de la situación y pensé en esos encuentros, prestando especial atención a mi parte dentro del conflicto.

Casi todas las conversaciones fueron así: sugería un evento o situación que me molestaba. Me enfrentaría a Robert al respecto, y él respondía. Entonces dispararía una respuesta – luego él – luego yo –y así sucesivamente. No hubo interrupción en la acción. Fue una bobina de diálogo que se instó más tensamente a medida que cada uno de nosotros se enojaba. Una vez que identifiqué este patrón, implementé cambios en él. En lugar de responder inmediatamente a él – disparando una respuesta rápida tan pronto como vino a la mente – me detuve. Permití la conversación, respiraba. Lo oiría, le permitiría pasar su punto y dejarlo así. Esto no hizo nada para cambiarlo a él o a su respuesta. Dejé de intentar cambiarlo. Sin embargo, cambió por completo la forma en que respondí al conflicto. Desaceleré el flujo del diálogo, mantuve mi compostura y paz. Después que empecé a hacer esto, la ira explosiva por mi parte se volvió rara.

Recuerde, la perspectiva de un sobreviviente masculino tiende a provenir de un lugar de abuso. La percepción subconsciente de una posible amenaza se activa y el cerebro responde de acuerdo con esa amenaza percibida. Por lo tanto, los sobrevivientes masculinos pueden responder de una manera que te mantenga a distancia. No quieren lidiar con las emociones y se sienten amenazados. Su respuesta reflejará un deseo subconsciente de alejarte y se manifestará como cortarte o hablar sobre ti. Aquí es cuando me voy. La conversación sólo se deteriorará a partir de aquí y terminaremos en otra pelea.

Le sugiero que deje el conflicto y le permita digerir lo que le dijo. Al crear un descanso en la tensión y la acción, le da un momento para reflexionar y brindarle importancia plena a lo que dijiste. Deja que vuelva en su tiempo libre. Eso es crucial. Tiene que ser en su tiempo. No puede sentir que está siendo puesto en una esquina o controlado. Lo más probable es que la respuesta a una amenaza percibida sea la misma. Probablemente tampoco será instantáneo, al menos no ha sido en mi experiencia. Necesitan tiempo para sentir la emoción, digerirla y formular una respuesta reflexiva a lo que se dijo. Como cónyuge, entiendo lo difícil que es para usted.

Hay momentos en los que no consigo la reciprocidad consoladora o amorosa que quiero de inmediato. Regular las interacciones y alejarse de ellas cuando es necesario, ha mejorado significativamente nuestra comunicación mediante la creación de un entorno menos tenso.

Lawrence tenía un año cuando Robert fue diagnosticado con cáncer de tiroides. En un momento dado, era tan malo que tuvo que ser puesto en cuarentena para el tratamiento. Con toda honestidad, esto salvó nuestro matrimonio. Estaba lista para irme, pero no pude hacerle eso. El cáncer me obligó a echar un vistazo dentro de mí misma, y deshacerme de la ira que me estaba deteniendo.

Así que tuve que aprender a no enojarme, lo cual es más fácil decirlo que hacerlo. Pero tuve que hacerlo, con la misma necesidad que tengo de comer y beber agua. El enojo es veneno para el alma y yo sólo me estaba enfermando. Tampoco quería que mi hijo me viera enojada. Especialmente nunca quise que fuera testigo del tipo de explosión que tuve con Robert unos meses antes.

No soy una persona naturalmente enojona. Soy una persona de amor y luz. Me gusta hacer feliz a la gente, y en mi esencia veo el amor en el mundo. Pero empezaba a perder eso. Me estaba volviendo irreconocible para mí misma, y en su lugar, me estaba convirtiendo en un producto de la gente que abusó de Robert. Nunca podría dejar que tuvieran eso. La vida es demasiado corta para albergar la ira así. Ese hecho por sí solo es motivación suficiente. Si quiero un futuro mejor y ser libre, necesito perdonar y soltarme.

El primer paso fue la identificación. Empecé a prestar atención a mi mente, notando cuando esos sentimientos de ira y resentimiento estallaron. Durante tantos años, estuve a merced de mis sentimientos. Iban y salían cundo querían. Antes de que yo estuviera al tanto de ellos, tenían un control sobre mí. Pero ahora me preguntaba constantemente a mi misma para ver lo que sentía y pensaba. Pude ver la ira empezar a formarse cuando Robert decía algo que me molestaba, o actuaba de una manera que me sentía incómoda. Practicando esto lo suficiente, comencé a contraer la ira antes y más cerca del incidente que la precipitaba. Al hacerlo, podría detenerme antes de bajar por el agujero de la ira del conejo.

Después de conocer la forma en que mi mente estaba funcionando, traté de remodelar mis pensamientos y ver a Robert a través de un lente de amor y cuidado. Tuve que concentrarme de venir de un lugar de compasión, en el que me empujaron cuando le diagnosticaron cáncer. La mente es maleable y podemos cambiar nuestra forma de pensar. Para mí, simplemente ser consciente de los sentimientos que se avecinaban, y recordarme a mí mismo que el amor y la compasión era mi código, lo cambió todo.

Alrededor de este tiempo, empecé a hablar de mis problemas con la gente. Eso fue algo que nunca había hecho antes. Durante toda nuestra relación, pensé que estaba loca. Pensé que el problema principal era yo. Cuando consideré dejar a Robert, pensé que me convirtió en una mala persona y una mala esposa. Empecé a hablar con mis padres sobre mi relación y la de Robert. Empecé a usar situaciones de nuestro matrimonio como ejemplos en clase, pero sin decir que éramos Robert y yo. Entonces empecé a escribir este libro.

Cuanto más hablaba de ello con otros, más me di cuenta que no estaba loca. Otras personas validaron mi experiencia y me animaron diciéndome que estaba haciendo lo mejor que pude. No estaba presionando ni tirando de los gatillos. Esos botones y gatillos estaban presentes en Robert antes de que me conociera, y no puedo arreglar eso. Decidí que no me iba a enojar por algo que no causaba, no sabía o curaba. Su trauma, y sus manifestaciones en nuestras vidas, no tuvieron nada que ver conmigo. Esta fue una de las realizaciones más poderosas de mi vida, y el empoderamiento llegó cuando empecé a hablar de ello.

Cuando su madre me llamaba preguntándome cómo estaba Robert, lo cual hacía con frecuencia, le dije que debía llamarlo ella misma. No soy un cuidador ni su madre, y no tengo poder sobre él ni cómo reacciona a las situaciones.

También oré, mucho. Tuve que volver a mis raíces espirituales y confiar en Dios. Nunca oré mucho hasta que me enfrenté a esta adversidad. Sólo quería que mi ira y los sentimientos que engendró, se fueran. Ya no quería vivir en esta miseria. Le pedí a Dios que me "diera luz" otra vez. Una vez que me di cuenta de que iba a ser mi propia persona de amor y luz de nuevo, le pedí a Dios que lo hiciera así. Encontré fortaleza y consuelo en esta acción espiritual y me impulsó a través de los momentos más oscuros y solitarios de nuestro matrimonio.

Una vez que tuve ese despertar, que espero que usted también encuentre, tuve que mantener el espacio que se creó. A diario, tenía que ponerme en sintonía con mi nuevo despertar.

La gratitud es una forma sencilla de hacer esto. En lugar de centrarme en lo que faltaba nuestra relación o lo que sentía que no estaba recibiendo, comencé a hacer inventario y poner más énfasis en lo que tengo. Dejé de perseguir una fantasía de cuento de hadas, poco realista de cómo se supone que debe ser un matrimonio perfecto o un marido perfecto. Hoy, me quedo en la realidad y me doy cuenta de lo que tengo.

Ya que mostrar emoción puede ser difícil para Robert, tengo que ver lo que hace para entender y saber que se preocupa por mí. Trato de recordar el viejo cliché: las acciones hablan más fuerte que las palabras. Puede que recibas muy pocas palabras de tu marido, así que entrena tu ojo para ver lo que hace. Eso es lo que cuenta. Durante una semana antes de la segunda conferencia anual SCRIPT, Robert estaba corriendo como un loco con un propósito, ayudando a preparar todo. El planchaba manteles, fue a Home Depot a medianoche para comprarme un muñeco, se aseguró de que tuviera todos mis materiales listos y organizados.

La gente tiende a sentarse en la miseria porque es cómoda. Permanecen en malos matrimonios, trabajan y permanecen en relaciones tóxicas porque les resulta familiar. Sin embargo, no están presentes en sus vidas. Ellos "echan un vistazo" a través de puntos de vista tales como: asuntos extramatrimoniales, drogas y alcohol, o cualquier otra combinación de distracciones que lograrán el objetivo de sacar de su mente la negatividad en la que han elegido sentarse.

Este no es el caso de Robert. Puedo decir que es feliz y presente con su vida. Aunque tiene dificultades para expresar verbalmente sus emociones, lo demuestra por las innumerables horas que pasa con alegría con Lawrence; él está presente y disfruta cuando hacemos cosas juntos como una familia. Cuando nos estamos preparando para ir de vacaciones, estoy emocionada por una semana entera antes de irnos. Planeo con entusiasmo itinerarios enteros, pero Robert sigue siendo estoico. "¿No estás emocionado?" Se lo pregunto. El contesta: "sí. Lo espero con ansias", dice con su cara de póquer. Cuando llegamos al destino, él está comprometido e interesado en lo que estamos haciendo y contribuye al buen momento que tenemos como familia. Robert simplemente no es tan extrovertido emocionalmente como yo. Si no estuviera prestando atención, me perdería las pistas que me deja.

Parte de recoger estas pistas es entrenar mi intuición para buscarlas. Primero tuve que identificar que no era emocionalmente extrovertido y aceptar eso. Si llego a él con entusiasmo por los planes que tenemos, esperando obtener una respuesta emocionada a cambio, estoy pescando para una reacción que probablemente no recibiré. Eso no es su culpa; él es quien es. Estoy trayendo mis expectativas de sus reacciones a la mesa. Eso no es justo para él. Una vez que lo identifiqué, podría aceptarlo por quién es y estrechar mis expectativas de quién debía ser y cómo debía actuar. Mientras tanto, mi intuición me dice que busque diferentes signos de cómo me muestra que le importo. Este fue el comienzo de un nivel más profundo de comunicación y comprensión con Robert.

Sin embargo, sigue siendo una montaña rusa. Tendremos varias semanas en las que todo está bien, seguido de una semana de agitación desorganizada donde se activa, se enoja, aísla y "se esconde debajo de la cama". Pensaré: "¿estoy loca? ¿No fueron las últimas semanas tan buenas? ¿Estoy imaginando cosas? No, Deb, no estás loca y la forma en que está actuando no tiene nada que ver contigo".

Esos períodos de tiempo en los que todo parece caer en su lugar sin esfuerzo son maravillosos. Deseo prolongarlos. Viajo con frecuencia por mi trabajo, principalmente a prisiones de California y de todo el país al menos una vez al mes. Recargo mis baterías emocionales en estos viajes. Al crear espacio, mantengo mi equilibrio interno. Soy capaz de extender los períodos "normales" de nuestra relación. Encuentro que estos viajes crean equilibrio en mi vida y me permiten recuperar el aliento cuando siento que las cosas se aprietan.

No todo el mundo viaja por trabajo o tiene los medios para viajar regularmente. Pero todos tenemos los medios para crear un espacio saludable. Cuando no viajaba por trabajo, me puse en contacto con mi red de apoyo. Usé la misma herramienta que me dio mi despertar en primer lugar - extendiendo la mano y hablando con los demás. Llenar los huecos me hace sentir completa. También puedo descargar una gran cantidad de equipaje que de otra manera estaría llevando en el interior. Hablar con las personas de mi red de apoyo también es invaluable. Cuando necesito discutir una situación que creo que los problemas de Robert se me meten en el camino, voy a mi red de apoyo. Le digo más tarde – no tenemos secretos – pero en este momento, no siempre es productivo llevarle cada tema. A veces necesito ir primero a otras personas para resolver problemas.

También tengo otros pasatiempos que uso para mantener mi serenidad. Me encanta el arte y ser creativa. Dibujar con Lawrence o poner cristales a una funda de teléfono celular. Si estás utilizando un ordenador portátil o una tableta, intenta moverte a otra ubicación e inténtalo de nuevo.

Me he metido en ejercicios y boxeo recientemente. Durante dos horas, puedo poner mi mente en pausa y lo único en lo que tengo que concentrarme es en golpear la bolsa. No pienso en nada más. Poniendo mi mente en un estado meditativo, y salgo sintiéndome rejuvenecida y tranquila.

Finalmente, trato de ayudar a los demás siempre que puedo. Como psicóloga, tengo la suerte de tener la oportunidad de ayudar a los demás durante todo el día. Incluso cuando no estoy en el trabajo, llamo a amigos o familiares y les pregunto cómo están. Entonces me siento y los escucho. Ser de servicio a los demás– haciendo o escuchando – me saca de mi propia mente. Durante esos pocos minutos u horas en los que escucho a otra persona, o ayudo a hablar de un problema, no estoy pensando en mí misma.

Para usted, los animo a mirar las acciones de su cónyuge, y no juzgar basándose solamente en sus palabras. Mantenga el enfoque en usted, su comportamiento y en encontrar maneras de mejorar la comunicación. A veces esto significa alejarse por algún tiempo. Permita un periodo de enfriamiento. Cree una red de soporte porque no puede asumir todo esto por sí mismo.

Ojalá este capítulo le haya dado una imagen más clara de su cónyuge, lo que lo hace actuar de la manera en que se comporta y sus propias reacciones. Sólo hemos comenzado a aprovechar nuestro entendimiento y nuestros propios viajes individuales le revelarán más a usted. Mi deseo es que tengan las herramientas necesarias para navegar por los tiempos difíciles y maximizar los tiempos alegres.

Capítulo 9

SCRIPT – Conferencia sobre Resiliencia Comunitaria, Intervención, Prevención y Capacitación

Primera parte

Nikeisha Brooks, M.A.
The Chicago School of Professional Psychology
Estudiante de Psy.D.

Director Asociado de Coordinación
Conferencia SCRIPT

Al crecer en el centro de la ciudad estaba rodeado de sobrevivientes varones. Sobrevivientes de pobreza, negligencia, abuso, adicción, violencia de pandillas, brutalidad policiaca y encarcelamiento. Reconocí a una edad temprana que hay diferencias significativas en las experiencias de los hombres nacidos y criados en el centro de la ciudad en comparación con las mujeres. A medida que crecía, comencé a entender muchos de los factores de estrés adicionales de la vida diaria que los hombres de mi comunidad tenían que soportar y el impacto significativo que estos factores de estrés tuvieron en sus relaciones familiares, interacciones sociales y desempeño ocupacional. Personalmente puedo relacionarme con el impacto negativo en las relaciones familiares, ya que fui criado por una madre soltera. Mi padre fue parte de mi vida desde el nacimiento hasta los 6 años y luego no lo fue. Siempre residí con mi madre, pero antes de su partida, mi padre era una figura bastante constante en mi vida. Algunos de mis primeros recuerdos son de montar con él en su Harley con el olor de su cigarro en mis fosas nasales y pensar: "¡tengo el papá más genial del mundo!" No sabía que él y yo algún día seríamos extraños. Mi padre y yo nos reconectamos cuando tenía 25 años. En ese momento, no vi el punto, sin embargo, mi familia y sorprendentemente mi madre, insistió en que necesitaba verlo cara a cara como si se me debía una explicación.

No recibiría esa explicación por otros cinco años más o menos. Pasar tiempo con él me permitió la oportunidad de escuchar su historia, que consistía en negligencia, abuso físico, violencia de pandillas y drogas. Empecé a entender los patrones generacionales de disfunción, y cómo su falta de una figura paterna positiva en su vida le impidió aprender y entender lo que significa ser padre y cómo ser uno. Fue sólo después, que comprendí su experiencia y podía aceptarlo por lo que era y no tener expectativas de él. Aunque no es el padre típico, ha hecho esfuerzos constantes en los últimos 10 años para seguir siendo parte de mi vida no tanto como padre, sino como amigo y eso funciona para nosotros. Cuando se me presentó por primera vez la oportunidad de trabajar con SCRIPT, no tenía idea de dónde provenía mi motivación para estar de acuerdo, sin embargo, todo en mí me decía que la conferencia sería una parte significativa de mi viaje.–

Mi papel en el equipo de SCRIPT es director asociado de conferencias con mis principales responsabilidades que consisten en manejar todos los aspectos logísticos de la conferencia con el California Endowment Center en el centro de Los Ángeles, donde se lleva a cabo el evento. Prepararme para la primera conferencia fue una de las experiencias más estresantes pero gratificantes de mi vida. Recuerdo mi primera reunión con la coordinadora del Centro de Dotación y su fascinación al explicarle que el propósito de SCRIPT era proporcionar capacitación gratuita de intervención comunitaria y crear conciencia sobre la integración de los esfuerzos de múltiples agencias y organizaciones para apoyar la necesidad pública de atención de salud mental, intervención en crisis y servicios de apoyo en Los Ángeles.

Al final de nuestra reunión, el coordinador me dijo lo increíble que era el SCRIPT no sólo por ofrecer una conferencia comunitaria gratuita, sino también por centrarse en los sobrevivientes masculinos. Ella desconocía las altas tasas de trauma que los hombres en nuestras comunidades están experimentando. Fue en ese momento que comprendí por qué me sentía tan atraído por SCRIPT. Me di cuenta de que mi padre era un sobreviviente masculino y lo significativo que su trauma había afectado nuestra relación.

Ser parte del equipo de SCRIPT durante los últimos tres años no sólo me ha ayudado a crecer profesionalmente, sino que me ha impactado significativamente personalmente. He tenido la oportunidad de trabajar con hombres encarcelados, lo que me permitió comprender mejor cuántos de ellos fueron sobrevivientes de abuso y trauma y cómo los efectos residuales de ese trauma influyeron en muchas de las decisiones que tomaron en sus vidas. También he tenido la oportunidad de hablar con muchos de los asistentes durante las conferencias. Con frecuencia me han dicho lo valiente que es SCRIPT para abordar públicamente los problemas a menudo ignorados relacionados con los sobrevivientes masculinos. Esta enorme cantidad de comentarios positivos sólo ha alimentado mi pasión por SCRIPT.

En la comunidad afroamericana en la que crecí, rara vez se discutían la salud mental y el trauma, si es que alguna vez. La gran mayoría de la gente depende en gran medida de sus creencias religiosas y espiritualidad para ayudarles a superar sus problemas o desafíos. Además, a menudo hay un estigma asociado a la salud mental y a aquellos que reciben servicios de salud mental. Muchas personas no son conscientes de los recursos de salud mental que están disponibles para ellos en sus comunidades.

Uno de los principales objetivos de SCRIPT es involucrar a tantas organizaciones comunitarias de salud mental como podamos en un esfuerzo por presentarlas a la comunidad para que las personas sepan que existen. Al sensibilizar y educar a la comunidad sobre los beneficios de los servicios de salud mental, en particular los que se ocupan del trauma, podemos poner fin al estigma y la vergüenza que se asocia con la necesidad y la búsqueda de servicios de salud mental. Las posibilidades de SCRIPT, creo, son infinitas. Durante demasiado tiempo, la salud mental ha sido ignorada en nuestras comunidades. Sin embargo, SCRIPT se esfuerza por cerrar la brecha entre las personas y los recursos disponibles con el objetivo de mejorar la calidad de vida general en nuestras comunidades.

Segunda parte

Crystal Flores
The Chicago School of Professional Psychology
Estudiante de Psy.D.

Directora Asociada de Programación
Conferencia SCRIPT

Por mi querida amiga.

Debería empezar diciendo que no creo en las coincidencias, o mejor dicho, creo que todo sucede por una razón. Escuché por primera vez de SCRIPT durante mi segundo año de postgrado. La Dra. Warner, mi profesora en ese momento, anunció a la clase que estaba trabajando en un proyecto comunitario y que estaba buscando un equipo para ayudarla. Si alguien estaba interesado, podría enviarle por correo electrónico su resumé. Aunque realmente no sabía lo que implicaba el proyecto, estaba orientado a la comunidad y presentaba una oportunidad de crecimiento. Eso fue suficiente para mí. La Dra. Warner me llamó para una entrevista. Me enteré de que nuestro pequeño equipo, tres estudiantes más la Dra. Warner, estaría planeando y organizando una conferencia comunitaria gratuita sobre sobrevivientes masculinos de trauma y abuso. Pensé: *"aquí es donde el universo quiere que esté. Esta es una parte importante de mi viaje."*

Al principio, las ideas y métodos de la Dra. Warner parecían un poco locos, estaría mintiendo si dijera que nunca me pregunté: *¿por qué diablos estoy haciendo esto?* pero mantuve la fe. Sabía que estaba jugando un papel importante en algo más grande, tal vez el comienzo de mi propia carrera profesional.

Al principio pensé que mi interés en trabajar en SCRIPT se debía a mis propios antecedentes. Mi madre proviene de una familia de ocho hijos en los que el abuso era común, incluyendo: alcoholismo, violencia doméstica y abuso físico, verbal, emocional y sexual. De los seis niños, cuatro sufrieron abuso sexual y todos fueron testigos de violencia doméstica y alcoholismo. Algunos de ellos pasaron a perpetrar a otros miembros de la familia. En lugar de ira, tengo compasión y pasión por aprender más sobre su historia y los efectos de la exposición a la violencia y el abuso en el cerebro.

Me di cuenta que todo en mi vida, condujo a ese punto, estaba de alguna manera ligada a los sobrevivientes masculinos de trauma de mis experiencias personales, a la clase de psicología que tomé en la escuela secundaria, a mi sitio de pasantías, a la pérdida de un querido amigo. Es probablemente por eso que decidí seguir trabajando en la conferencia con la Dra. Warner y mis colegas, que también se convirtieron en mis amigos–.

Un día, entré a la oficina de la Dra. Warner poco antes de una de nuestras reuniones quincenales y me senté en su sofá de cuero rojo. Inmediatamente notó la mirada abrumada y derrotada en mi cara y me preguntó cómo estaba. Procedí a decirle mi dilema. Mi marido y yo habíamos perdido a uno de nuestros mejores amigos en un accidente de moto unos siete meses antes. Junto con la pérdida de nuestro amigo, también nos quedamos con la deuda de su motocicleta. La Dra. Warner dijo: "entonces, ¿por qué estás estresando? El dinero será pagado. Lo descubrirás, así que deja de estresarte". Al final demostró tener razón.

Avancé rápido al 2017. Finalmente estaba de luto por la pérdida de nuestro amigo y buscando el cierre. En medio de este proceso comencé a recuperar recuerdos y a discutir abiertamente la historia de nuestro amigo. Rápidamente me encontré conectando los puntos y me di cuenta de que él también era un sobreviviente. Su padre era alcohólico y extremadamente abusivo con él y su madre. Mi amigo fue testigo directo de la violencia doméstica y finalmente comenzó a defender a su madre, resultando en peleas frecuentes con su padre. Durante los 26 años de su vida, sufrió mucho, sobre todo en silencio. Encontró consuelo en compañía de su mejor amigo, pero siempre estaba buscando el amor. No pudo encontrarlo debido al trauma de la primera infancia que afectó su comportamiento, estado de ánimo y relaciones con las personas. Con frecuencia me pedía mi opinión, diciendo que me respetaba porque iba a la escuela y leía libros sobre psicología. También dijo que me admiraba por ayudar a los niños en mi trabajo en un refugio para adolescentes de emergencia. Después de firmar el préstamo de motocicleta para él, me dijo: "Gracias por creer en mí, por confiar en mí. Sólo otra persona ha creído en mí, un maestro de la escuela secundaria. Eso significa mucho para mí. Te prometo que no te voy a defraudar. Fue una de las últimas cosas que me dijo. Ahora sé que esta fue una gran razón por la que seguí trabajando en SCRIPT durante casi tres años.

Fueron años ocupados. Estaba recopilando datos para mi tesis, solicitando prácticas e internado, trabajando en sitios de práctica y completando cursos. Cada año aprendí más sobre mí misma a través de mis experiencias y no me di cuenta de cuántas nuevas habilidades había adquirido mientras trabajaba en SCRIPT, tanto personal como profesionalmente. El primer año fue un reto. Planificar y coordinar la conferencia implicó aprender un nuevo conjunto de habilidades. Si bien mi trabajo era principalmente administrativo, mis habilidades sociales y de comunicación también se pusieron a prueba. Mi tarea consistía en contactar a los presentadores, reunir biografías, resumé y crear el horario. No tenía idea de que la tarea sería tan tediosa y resultaría en un documento que tenía más de 50 páginas. También tuve que responder a los correos electrónicos y llamadas telefónicas de los huéspedes que se registran para asistir. Fue agitado y lento.

Un día la Dra. Warner y yo estábamos tratando de finalizar el horario. Mi esposo y yo acabábamos de mudarnos y no tenía acceso a Internet, así que tuve que ir a Starbucks para usar el WiFi. La Dra. Warner me envió el documento para más ediciones. Estaba avergonzada, pero finalmente tuve el valor de contarle mi situación. Ella dijo: "¿por qué no dijiste algo?" Fue otro momento en el que me di cuenta de la importancia de la comunicación y no tener miedo de decepcionar o parecer estúpido.

Este fue sólo uno de los muchos incidentes en los que me desafiaron a mejorar mis debilidades y desarrollar nuevas habilidades. Durante mi tiempo trabajando en SCRIPT, aprendí a planear una conferencia de principio a fin. También aprendí cosas como cuánto tiempo puede tomar obtener respuestas a los correos electrónicos, cómo trabajar con personas que tienen grandes egos y lo más importante, el poder de unir a las personas. En la ceremonia de clausura, me tomé el tiempo para inspeccionar la sala. Agentes de policía, miembros del equipo SWAT, exmiembros de pandillas, sobrevivientes, profesores, abogados y figuras públicas de todas las edades y etnias se habían unido para colaborar en la lucha contra los problemas relacionados con los hombres sobrevivientes de traumas y abusos. Luego ocurrió un momento inolvidable: un asistente se puso de pie y dijo que por primera vez en su vida reveló que era un sobreviviente durante la conferencia. Habíamos creado una plataforma donde las personas se sentían lo suficientemente seguras y cómodas como para compartir sus historias muy personales. Me di cuenta de que SCRIPT valía cada segundo de planificación y esfuerzo que había puesto en él, y era el comienzo de algo grande.

También aprendí más sobre los desafíos que enfrentan los sobrevivientes masculinos: problemas con la intimidad, violencia doméstica y problemas legales. En estos temas se trataba de parejas, cónyuges, compañeros de trabajo y miembros de la familia. Proporcionar a estas personas algún tipo de educación y apoyo podría ser extremadamente útil en el proceso de curación tanto para el sobreviviente como para las personas que lo rodean. Ambas partes tienen que lidiar con complejidades relacionadas con las experiencias y relaciones cotidianas. Aprender más acerca de los sobrevivientes en última instancia ayudará a cultivar la compasión y la comprensión, lo que resulta en mejores relaciones y felicidad para todos.

Conclusión

Debra Warner, Psy.D.
The Chicago School of Professional Psychology
Directora de la Conferencia

Mis objetivos en la creación de la conferencia SCRIPT fueron tanto personales como profesionales. Fue creado para mi esposo y para la comunidad – una carta de amor y un recurso.

Robert me dice que a veces no lo oigo. Esta es una declaración distintiva que he oído de muchos sobrevivientes masculinos. Como pareja, tal vez pueda relacionarse. Crear la conferencia SCRIPT fue mi manera de decirle a Robert que lo escucho. No sé hacer nada a pequeña escala. Hago todo a lo grande. No fue suficiente para mí decirle que lo escucho. Tuve que crear una conferencia entera para decírselo. El año pasado fue nuestra tercera conferencia exitosa consecutiva, y se ha convertido en mucho más de lo que originalmente imaginaba.

La declaración "no me oyes" es parcialmente precisa. Los sobrevivientes masculinos no son escuchados en nuestra sociedad. La masculinidad cultural tradicional exige que los hombres sean fuertes y resistentes. Deben estar libres de cualquier emoción que pueda ser percibida como femenina. Un hombre no puede ser violado. Debería haber sido fuerte y defenderse. Si fue violado por una mujer, debe haberlo querido, o incluso más enfermizo, especialmente en los casos en que un niño es abusado, simplemente "tuvo suerte". No, eso es incorrecto.

Esos sistemas de creencias son termitas a la psique de un sobreviviente masculino. Se devoran su identidad, le impiden revelar y le impiden recibir el tratamiento que necesita. Uno de cada seis niños es abusado sexualmente en la infancia. Pocos hombres revelan y reciben un tratamiento adecuado. Nuestra sociedad paga un precio enorme por no abordar este problema. ¿Cuántos hombres se pierden por la adicción a las drogas, el alcoholismo, el crimen y las enfermedades mentales como resultado del abuso infantil? ¿Cuántos niños crecen con padres ausentes o emocionalmente distantes debido a la falta de recursos? Relaciones tensas, divorcios, violencia la lista de ramificaciones continúa y sigue.–

Quería proporcionar un recurso gratuito para la comunidad, para aumentar la conciencia y la comprensión sobre los problemas que enfrentan los sobrevivientes masculinos. El año pasado, le pedí a tres presentadores y dos estudiantes que contribuyeran con sus historias sobre SCRIPT. Les pedí que respondieran: *¿cómo beneficia SCRIPT a la persona?* y *¿cómo beneficia a la comunidad?*

Al primer presentador que le pregunté fue Aquil Basheer, director ejecutivo y fundador del Professional Community Intervention Training Institute. Aquil y su equipo entrenan y certifican a las personas en el alcance de pandillas basado en la comunidad.

"En SCRIPT proporcionamos a las personas las herramientas para cambiarse a sí mismos. Una persona que utiliza estas herramientas, y crea un cambio dentro de sí mismo, puede tomar eso en la comunidad y el cambio de efecto. Si suficientes personas cambian, entonces la comunidad cambia. Ese es el concepto detrás de lo que estamos haciendo aquí. El proyecto que estamos creando para el individuo es la autoconciencia y la autoregulación. Mira tu comportamiento y pregúntate: ¿estoy actuando desde un lugar de trauma y dolor? ¿Me estoy comunicando de una manera efectiva? ¿Cómo puedo comunicarme más eficazmente?"

"Enseñamos a las personas cómo llegar a ser 'captadores descalzos'. No puedes entrar en una comunidad y simplemente crear un cambio. Tienes que quitarte los zapatos y sentir las grietas en la calle, la suciedad entre los dedos de los dedos. Tienes que aprender la cultura y las necesidades de esa comunidad específica porque cada comunidad es diferente".

"Si la única herramienta con la que estás familiarizado es un martillo, entonces cada problema parece un clavo. Proporcionamos una caja de herramientas más profunda".

"El objetivo es la normalidad. Queremos llevar a un individuo a una línea de normalidad donde pueda funcionar en una zona de comodidad que ha creado para sí mismo ir abordando su trauma. Entonces pueden mirar dentro de sí mismos e identificar sus necesidades y deseos y comenzar a trabajarlos. Por último, el objetivo es la estabilidad y mantener este espacio a largo plazo. Si proporciona herramientas temporales, el cambio es temporal. Estamos interesados en el largo plazo. Así es como los individuos se vuelven capaces de cambiar sus comunidades".

***

Ann Young fue una de las primeras mujeres negras en ser nombrada capitana en el Departamento de Policía de Los Ángeles. A lo largo de sus 35 años de carrera aprovechó el pulso de la ciudad en su trabajo policiaco. Después de retirarse del Departamento de Policía, cambió de carrera y ahora es profesora adjunta en la Escuela de Psicología Profesional de Chicago. Ha hablado en cada conferencia de SCRIPT y fue fundamental en la planificación de la conferencia de 2017.

"La conferencia SCRIPT reúne a individuos y comunidades para echar un vistazo y abordar problemas comunes. Específicamente llama la atención sobre los hombres y la violencia masculina. Hay pocas conferencias, si las hay, que hagan lo que hace SCRIPT. No hay recursos para que los hombres se ocupen del trauma, especialmente en las etapas preventivas. Muchos de estos hombres se sienten desconectados. No hay ningún lugar para ellos, no hay lugar para obtener ayuda. La mayoría de las veces los problemas de los hombres no se abordan hasta que explotan.

"Los individuos cambian una comunidad. Cuando el individuo cambie, también lo hará la comunidad. La conferencia SCRIPT llama la atención sobre los recursos que se necesitan para ayudar a las personas y a las comunidades de las que forman parte".

***

Chris Anderson es un teórico del trauma, defensor de sobrevivientes y un querido amigo mío. Ha hablado en la conferencia SCRIPT cada año desde su creación.

"Hay dos aspectos únicos sobre la conferencia SCRIPT. En primer lugar, al ser una conferencia que reúne a profesionales y defensores de comunidades desatendidas, rompe los estereotipos y barreras que nos impiden abordar el trauma en la sociedad.

"En segundo lugar, dado que su enfoque se centra en la victimización masculina y el trauma masculino, proporciona un lente a través del cual podemos ver el trauma. Los hombres son la mitad de la población. Es hora de que empecemos a abordar los problemas que afectan a la mitad de nuestra sociedad. SCRIPT nos da esa oportunidad.

"Todavía estamos en una posición cultural, social y políticamente en la que es difícil abordar los problemas que afectan a los hombres. Estos problemas no abordados afectan a toda nuestra sociedad".

***

Lo que estamos haciendo con SCRIPT es iniciar un movimiento. Cuando comencé la conferencia en 2015, no tenía idea de si se iría al suelo o a dónde llevaría. Tres años después, es evidente que nuestro movimiento tiene piernas. Hemos proporcionado un recurso desesperadamente necesario a individuos, comunidades, estudiantes y profesionales.

Mi esperanza para este libro es añadir profundidad y peso a nuestro movimiento. Hace tres años, no había recursos para las parejas de los sobrevivientes de trauma masculinos. Millones de ellos eran como yo, estaban haciendo lo mejor que pudieron con lo que tenían. Mi sueño para este libro es que proporcione inspiración y esperanza a los sobrevivientes masculinos, a sus cónyuges y a la sociedad en general. Mi alma se llena de alegría al pensar en una pareja leyendo esto y diciendo: "*yo también. Finalmente, alguien lo entiende*".

Al llamar la atención sobre esta cuestión, espero llevarla en primer plano nacional. Es hora de que proporcionemos recursos para los sobrevivientes varones y sus familias. Con el propósito de tener unas familias mejores, a su vez mejores comunidades y redunde en una sociedad mejor. Espero que este libro sea el primero de muchos, que despierte un movimiento tan fuerte que un día pueda retirarme del campo. Hasta entonces, cuídense unos a los otros, y recuerda, lo que sea que estés pasando, yo también.

Capítulo 10 Resumen

El estudio de las experiencias adversas en la infancia y los efectos en la salud

Como muchos grandes descubrimientos, la conexión entre el trauma a temprana edad y sus efectos en la vida fue descubierta por un error. De ese descubrimiento ha llegado el Estudio de Experiencias Adversas en la Infancia (ACES), que ayuda a los sobrevivientes a identificar su nivel de riesgo de desarrollar enfermedades crónicas.

Al igual que con mi esposo y la mayoría de los sobrevivientes, la experiencia de abuso ha terminado durante mucho tiempo, pero sus efectos se sienten durante años, incluso décadas, después y hay factores de riesgo del sobreviviente para el abuso de drogas y alcohol, obesidad, problemas cardíacos, cáncer y otros resultados negativos.

La puntuación de ACES ayuda a identificar el nivel de riesgo de una persona para que pueda tomar medidas con su médico. Todavía no se sabe si podemos revertir los riesgos, pero al menos podemos estar atentos a los problemas de salud en los hombres que amamos. En este capítulo, Christopher Anderson explica el pensamiento científico sobre la conexión entre los eventos traumáticos y la larga sombra que proyectan.

Capítulo 10

Las experiencias adversas de la infancia
Estudio y efectos en la salud

Christopher Anderson
Director Ejecutivo (Ret.), MaleSurvivor.org

En 1997 un médico en el sur de California hizo algo notable. Cometió un error.

El Dr. Vincent Felitti había estado supervisando, en ese momento, un programa de pérdida de peso tremendamente eficaz para las personas que luchan contra la obesidad crónica y mórbida. Los tratamientos en la clínica de obesidad funcionaron. Los pacientes estaban perdiendo constantemente más de 100 libras, y en algunos casos más de 600 libras. Sin embargo, a pesar de su eficacia probada, el programa tuvo una tasa de deserción inaceptablemente alta en torno al 50%. Felitti estaba desconcertado. ¿Por qué los pacientes que reciben un tratamiento exitoso para una afección potencialmente mortal abandonarían el programa una y otra vez? Algo no tenía sentido.

Tratando de llegar al fondo de lo que estaba yendo mal, el Dr. Felitti entrevistó a cientos de pacientes que habían recibido un tratamiento exitoso. Luego de dejar el programa recuperaron gran parte del peso que habían perdido. En las entrevistas, el Dr. Felitti trabajó con preguntas estandarizadas que les realizó a los pacientes. En el transcurso de decenas de entrevistas, no encontró nada que realmente explicara por qué tantos pacientes mostraban un comportamiento tan contraintuitivo. Un día, hizo un error al hacer una de las preguntas. En una entrevista, el Dr. Felitti explicó:

"Yo hablé mal... en lugar de preguntar: '¿cuántos años tenías cuando estuviste sexualmente activo por primera vez?' Le pregunté: '¿Cuánto pesaste cuando fuiste sexualmente activo por primera vez?' El paciente, una mujer, respondió: 'Cuarenta libras'."

Ese momento llevó a una admisión impactante por parte del paciente. Ella había sido abusada sexualmente por su padre a partir de los 4 años. Esta fue sólo la segunda vez en la carrera de Felitti que había recibido una revelación de incesto de una víctima y lo dejó aturdido. También le proporcionó una pieza de datos críticamente importante que no había sido contabilizada previamente: un trauma fundamental en la vida de esta persona. Los médicos simplemente no preguntaron (y por lo general todavía no lo hacen) si sus pacientes habían experimentado abuso o trauma en el pasado. A través del lente moderno de la patología médica, las enfermedades se clasifican y se entienden como disfunciones de las funciones biológicas normales. Las causas (aunque a menudo turbias son difíciles de diagnosticar con claridad) son de naturaleza física: un virus, un germen o una exposición a algún tipo de toxina física como el asbesto o el humo del tabaco. El trauma sólo se considera como un trauma físico – lesiones sufridas en el cuerpo como resultado de causas externas como un disparo o un accidente automovilístico. El papel de los traumas infantiles de abuso sexual, negligencia, o crecer alrededor de la violencia doméstica – no se consideran factores importantes que contribuyen a dañar más adelante en la vida. Si una persona sobrevive los traumas de la infancia, entonces cualquier enfermedad en la edad adulta debe estar relacionada con causas más contemporáneas.–

Después de haber cometido su "error", Felitti se volvió curioso. ¿Podría ser esta la pieza que falta? ¿Era realmente posible que muchos de sus pacientes en la clínica de obesidad tuvieran historias similares para contar si sólo se les preguntaba? En el transcurso de las semanas siguientes, Felitti y sus colegas descubrieron que muchos de los pacientes de su programa informaron de experiencias de muchos tipos de abuso infantil. Se hizo evidente que, al menos para algunos pacientes, había cierta conexión entre el abuso infantil, el abuso sexual y la obesidad. La razón de la conexión seguía siendo misteriosa. ¿Cómo podría la exposición a la violencia o el abuso en una edad tan temprana dar lugar a los tipos de disfunción biológica y conductual que estos pacientes presentaron?

Pronto otro paciente compartió una visión que ayudó a proporcionar una explicación. Una persona que había sido violada a la edad de 23 años y luego aumentó más de 100 libras le explicó al Dr. Felitti: "El sobrepeso es pasado por alto, y esa es la forma en que necesito ser". Se hizo evidente que, en cierto nivel, la conceptualización que los profesionales médicos estaban capacitados para analizar y tratar la obesidad, por extensión posiblemente otras condiciones de salud, era defectuoso. Los profesionales médicos fueron entrenados para ver el exceso de comida como una enfermedad, un comportamiento patológicamente poco saludable probablemente exacerbado por el funcionamiento inadecuado del sistema digestivo. Los pacientes, sin embargo, tenían una perspectiva radicalmente diferente. Al preguntarse realmente por qué comían tanto a pesar de las consecuencias físicas e indudablemente los riesgos para la salud, muchas personas informaron que el exceso era, en algún nivel profundo, una estrategia elegida que empleaban para su protección. Tan peligroso y desagradable como es ser obeso, se sentía mejor para ellos que la alternativa - no ser obeso y tener que enfrentar a poderosos sentimientos de ansiedad y miedo. En resumen, lo que Felitti reconoció fue que, cuando se ve desde la perspectiva de los propios pacientes, la sobrealimentación crónica no era un problema conductual o médico. En cambio, volverse peligrosamente obeso era una solución a otros problemas más profundos no diagnosticados y no tratados.

Por lo tanto, los profesionales médicos y conductuales etiquetaron erróneamente muchos comportamientos disfuncionales como "problemas" cuando estos comportamientos eran en realidad soluciones mal elegidas para resolver sentimientos negativos profundamente arraigados. Esta visión fundamental cambió la comprensión del Dr. Felitti sobre el papel que el trauma podría desempeñar en las enfermedades en la edad adulta. Sin embargo, carecía de datos suficientes para convencer a otros profesionales de la importancia crítica que el trauma a temprana edad jugó en la vida de muchos adultos. Después de un intento temprano de presentar sus hallazgos en una conferencia sobre la obesidad, el Dr. Felitti recibió la siguiente respuesta de un colega:

"Me dijo que era ignorante al creerle a mis pacientes, que es comúnmente entendido por aquellos más familiarizados con tales asuntos que estas declaraciones de pacientes eran fabricaciones para proporcionar una explicación de portada para vidas fallidas."[i]

Tales actitudes eran (y siguen siendo) comunes entre los médicos y médicos del comportamiento, afortunadamente no eran universales. Pronto el Dr. Felitti encontró colegas que querían recopilar los datos que nos permitirían comprender mejor el alcance del impacto que el trauma infantil podría tener en la salud. A partir de 1995, el Dr. Felitti, junto con la asistencia del Dr. Robert Anda de los Centros para el Control y las Enfermedades y otros, identificó: "10 experiencias adversas en la infancia" – abuso (físico, emocional, sexual); descuido (físico, emocional); violencia doméstica en el hogar; enfermedad mental en el hogar; abuso de sustancias en el hogar; encarcelamiento de un miembro del hogar; separación/divorcio de los padres. Luego comenzaron a preguntar a miles de pacientes en el Sistema de Salud Kaiser Permanente, donde se encontraba el Dr. Felitti, si habían experimentado alguno de estos tipos de eventos negativos en la infancia. En el transcurso de su estudio, más de 17.000 personas acordaron responder preguntas sobre lo que se llamaría el 10 ACES durante las entrevistas regulares de ingesta médica. Lo que encontraron los sorprendió y representa un cambio de paradigma en nuestra comprensión del papel que juegan los traumas a temprana edad en la salud general y la esperanza de vida.[ii]

Según su estudio, llamado Encuesta de Experiencias Adversas para la Infancia (ACES), el 60% de la población ha experimentado al menos una forma significativa de abuso y trauma infantil. Tal vez lo más importante, los investigadores han sido capaces de realizar un seguimiento de las historias médicas de los participantes del estudio a lo largo del tiempo. Está claro que existe una conexión innegable entre el trauma infantil y un aumento al riesgo de resultados negativos para la salud.

Felitti, Anda y otros han publicado docenas de artículos de investigación en las principales revistas revisadas por colegas. Lo que han demostrado es claro: los traumas infantiles están fuertemente correlacionados con los resultados negativos de salud en la vida. Las puntuaciones de ACES se reportan ampliamente en todas las edades, géneros y razas. De los que tienen una puntuación de ACES de 1 (lo que indica que habían experimentado 1 de los 10 ACES), el 87% de los que tenían una puntuación de ACES de 1 en realidad tenían una puntuación de ACES superior a 1 (lo que indica que experimentaron múltiples tipos de experiencias adversas en la infancia). Esto también significa que la mayoría de las personas que reportan al menos una experiencia adversa en la infancia tuvieron múltiples ACES en su pasado.

La investigación ha demostrado fuertes conexiones entre ACES y muchos resultados negativos para la salud, incluyendo:

Fumar

Obesidad Grave (IMC >/o 35)

Consumo crónico de alcohol

Falta de actividad física

Depresión

Abuso de drogas

Promiscuidad sexual; Enfermedad de transmisión sexual

Suicidios[1]

La lista anterior comprende lo que los investigadores de ACES enumeraron como *Factores de Riesgo de Salud para las Principales Causas de Muerte en Adultos*[4]. Los datos muestran una tendencia clara e inquietante: cuanto mayor sea la puntuación de ACES de una persona, mayor será su riesgo al tener uno o más de estos factores. Más de la mitad (56%) de las personas con una puntuación ACES de 0 no informan ninguno de los principales factores de riesgo para las causas más comunes de muerte, mientras que incluso una puntuación de ACES de 1 reduce esa cifra al 42%. Una puntuación de ACE más alta está correlacionada con más factores de riesgo. De los que tenían puntuaciones de ACES iguales o superiores a 4 (lo que significa que sobrevivieron al menos 4 tipos de trauma infantil), solo el 14% no mostró ninguno de los principales factores de riesgo para la salud de la muerte. Tal vez el hallazgo más impactante en toda esta investigación es que, en promedio, la esperanza de vida de las personas con puntuación ACES de 6 o más es 20 años más corta que las personas con una puntuación ACES de 0.

Desde que se publicó la investigación inicial sobre ACES en 1998, se han realizado más estudios en varios estados de los Estados Unidos. Todos muestran patrones similares en los datos. En resumen, hay una fuerte correlación entre el trauma y el maltrato infantil y un mayor riesgo de resultados negativos para la salud en la vida.

Referencias

1. Stevens, J.E. (2012, October 3) ACES News, The-Adverse Childhood Experiences Study-The largest-most-important public health study you never heard of-began in an obesity clinic. Retrieved from https://acestoohigh.com/2012/10/03/the-adverse-childhood-experiences-study-the-largest-most-important-public-health-study-you-never-heard-of-began-in-an-obesity-clinic/

4. Felitti, V.J. et al., Relationship of Childhood Abuse and Household Dysfunction to Many of the Leading Causes of Death in Adults. *American Journal of Preventive Medicine*, Volume 14, Issue 4, 245-258.

El Cuestionario ACE

Estimado colega:

A continuación, se muestra el cuestionario y una lista de publicaciones del Estudio de Experiencias Adversas en la Infancia (ACE). Estamos involucrados en el análisis prospectivo del estudio, que muestra las consecuencias biomédicas, emocionales y económicas en la atención médica de experiencias infantiles abusivas en promedio de siglos anteriores. Puede seguir publicaciones futuras o leer resúmenes utilizando el sitio web gratuito de la Biblioteca Nacional de Medicina, http://www.ncbi.nlm.nih.gov/entrez/query.fcgie ingresando: *Anda* o *Felitti* bajo 'nombre del autor'. El uso de Google Scholar también funciona muy bien, utilizando ACE *Study*. La información de interés se puede encontrar en los sitios web: www.ACEsConnection.com y en el sitio web del CDC: http://www.cdc.gov/ACE. En este último sitio, los resúmenes se pueden leer haciendo clic en los títulos.

Vincent J. Felitti, M.D.
VJFMDSDCA@mac.com

Encontrar su puntuación ACE

En su crecimiento, durante sus primeros 18 años de vida:
¿Un padre u otro adulto en el hogar seguido o muy seguido...
Lo insultó, maltrató, ¿o humilló? o
¿Actúo de una manera que le haya dado miedo de ser lastimado físicamente?
Sí No.   De ser sí, ingrese 1   _____

¿Un padre u otro adulto en el hogar seguido o muy seguido…
¿Lo empujó, agarró, abofeteó, o le tiró algo a usted?
o
¿Alguna vez lo golpearon tan fuerte que tenía marcas o se lesionó?
Sí No.   De ser sí, ingrese 1   _____

¿Un adulto o persona al menos 5 años mayor que usted...
¿Lo tocó o hizo que le tocara su cuerpo en una manera sexual?
o
¿Intentó o actualmente tubo relaciones sexuales orales, anales o vaginales con usted?
Sí No.   De ser sí, ingrese 1   _____

¿Seguido o muy seguido sentía que...
¿Nadie en su familia lo amaba o pensaba que no era importante o especial?

o

¿Su familia no se cuidaban el uno al otro, se sentían cerca el uno del otro o se apoyan el uno al otro?

Sí No.   De ser sí, ingrese 1 _____

¿Seguido o muy seguido sentía que...

¿No tenía lo suficiente para comer, tenía que usar ropa sucia y no tenía a nadie que lo protegiera?

o

¿Sus padres estaban demasiado borrachos o drogados para cuidarlo o llevarlo al médico si lo necesitaba?

Sí No.   De ser sí, ingrese 1 _____

¿Tus padres alguna vez se separaron o se divorciaron?

Sí No.   De ser sí, ingrese 1 _____

¿Su madre o su madrastra...

Seguido o muy seguido era empujada, agarrada, abofeteada, ¿o le tiraban cosas?

o

¿Seguido o muy seguido era pateada, mordida, golpeada con un puño o golpeada con algo duro?

o

¿Alguna vez fue golpeada repetidamente por los menos unos minutos o amenazada con un arma o un cuchillo?

Sí No.   De ser sí, ingrese 1 _____

¿Vivió con alguien que era un bebedor problemático, alcohólico o que usaba drogas?

Sí No.   De ser sí, ingrese 1   _____

¿Un miembro del hogar estaba deprimido o enfermo mentalmente, o un miembro del hogar intentó suicidarse?
Sí No.   De ser sí, ingrese 1   _____

¿Un miembro del hogar fue a prisión?
Sí No.   De ser sí, ingrese 1   _____

Suma sus respuestas "Sí": _____
Esta es su puntuación ACE.

Referencias

Felitti, V.J., Anda, R.F., Nordenberg, D., Williamson, D.F., Spitz, A.M., Edwards, V., Koss, M.P., et al. The relationship of adult health status to childhood abuse and household dysfunction. *American Journal of Preventive Medicine,* 1998; 14:245-258.Whitfield CL. Adverse Childhood Experiences and Trauma. *American Journal of Preventive Medicine, 1998;* 14:361-363.

Capítulo 11 Resumen

Un aspecto cultural sobre el abuso masculino

Erin Langdon, de la Escuela de Psicología Profesional de Chicago, comienza este capítulo cuestionando la posibilidad de una definición universal para el abuso. Ella hace un seguimiento presentando una cuestión de si podemos o no imponer sanciones universales para el abuso. A continuación, expone casos de todo el mundo, de diferentes culturas y sociedades, que participan en diversas formas de pasaje que nosotros, como occidentales, casi con toda seguridad clasificaríamos como abuso.

Sin embargo, para estas culturas, estos ritos de paso son pilares de su patrimonio cultural. Estos procesos se han transmitido a través de generaciones y sirven como un aspecto vital de la función de las sociedades. Muchos son considerados como pasajes necesarios a través de los cuales se alcanza la hombría.

Langdon entonces se centra desde una visión global en nuestro propio patio, mediante el análisis de la violación en la cultura del ejército de los Estados Unidos. Lo que todas estas culturas tienen en común, es la creencia de que estos rituales no son abusivos, sino que son parte de la vida.

Entonces, es posible (y si es así), ¿cómo crear leyes que definan estas prácticas como abuso y las penalicen adecuadamente?

Además, muchas partes del mundo ni siquiera reconocen que los hombres pueden ser víctimas de violencia interpersonal a manos de mujeres. Langdon cita ejemplos de culturas de todo el mundo en cuales sus leyes de violencia doméstica protegen a las mujeres de los hombres, pero no al revés. Incluso en los Estados Unidos, tenemos una visión primitiva de la violencia interpersonal. Todavía existe un fuerte estigma contra los hombres que son abusados por mujeres.

Por último, Langdon presenta una definición universal que ha sido aplicada al maltrato infantil por parte de la Organización Mundial de la Salud. Sin embargo, esta definición, su uso en la base de la ley y su aplicación depende totalmente de cada cultura y de lo que consideran abuso.

Robert es mexicano-estadounidense, parece güero y creció en el sur de Chicago. En su vecindario, tenías que ser grande y duro. La debilidad era una vulnerabilidad que sería presa de alguien más grande, más duro y más malo. Cuando era niño, tenía que usar una máscara que lo retrataba al mundo como alguien con quien no debían meterse. Lo hizo bien; él es un tipo grande y puede igualar la agresión con la misma o mayor agresión de ser necesario.

A puerta cerrada estaba siendo herido. La máscara fue removida durante el abuso. Esto va en contra del ritmo de la masculinidad, especialmente en la cultura en la que creció. Según las construcciones de lo que significa ser un hombre, no pudo protegerse a sí mismo, y no cumplió con esas normas.

Las creencias y valores de una cultura tienen un profundo efecto en el individuo. La sociedad no protegió a Robert porque era un hombre. Debería haberse protegido el mismo. Esas creencias se solidifican en la mente de un sobreviviente masculino. Cuando me dice que no es escuchado, aunque puede estar dirigido a mí, es realmente la sociedad quien no lo escucha.

Capítulo 11

Un aspecto cultural sobre el abuso masculino

Erin Langdon, M.A.
The Chicago School of Professional Psychology

La cultura desempeña un papel fundamental en las actitudes hacia la manifestación y ejecución del trauma y el abuso sexual masculino. La cultura no es sólo el sistema de una sociedad o nación, es el pensamiento grupal que pertenece a organizaciones como: el ejército, la familia, las instituciones, las pandillas e incluso las personas de afines que persiguen un objetivo (Stevens, 2007).

La mayoría, si no todos, los miembros de una cultura se aferran a las mismas creencias o similares, se relacionan con las mismas imágenes, símbolos o mitos. Una cultura tiene sus propios comportamientos idiosincráticos y métodos de aprendizaje, prejuicios y estereotipos. Las costumbres y tradiciones dictan cómo se debe tratar a los niños, las mujeres y los hombres, cuáles son sus funciones dentro de la sociedad (Stevens, 2007).

La lista de valores y creencias culturales es larga. Como lectores de actos de abuso sexual, trauma, ritos de paso, castigo corporal que conduce a lesiones graves, maltrato psicológico, emocional, o negligencia que causa desnutrición e incluso hasta la muerte. Hacemos juicios etiquetando los comportamientos asociados con el abuso. Sin embargo, la cultura es relevante no sólo para etiquetar el abuso, sino también para determinar si el acto es imperativo para la gente de esa sociedad o simplemente es una excusa para la violencia. El mundo es ahora más que naciones y culturas separadas; se considera en muchos sentidos, una colaboración de pensamientos, acciones, leyes, comportamientos y actitudes esperados. Como miembros de este mundo, ¿cómo se puede abordar el abuso bajo definiciones universales?, en caso de que se aborde, y ¿cuáles son los efectos del castigo impuesto en la cultura o tradición cultural de un pueblo?

Los Sambia son una tribu que habita en el borde de la provincia de las Tierras Altas Orientales de Papúa Nueva Guinea. Los pueblos son hortícolas, de montaña, y cazadores. Es una sociedad profundamente polarizada y sexualmente segregada (Herdt, 1982; Neikta, n .d.). El rito de paso que un niño soportará no sólo implica "ritual de homosexualidad" y prácticas de ingestión de semen, una práctica muy controvertida en el mundo fuera de Sambia, también se le enseñará que las mujeres representan una amenaza para su hombría (Herdt, 1982; Neikta, n.d.). Para los Sambia, el comportamiento heterosexual y el comportamiento homosexual no se oponen unos a otros. Los pueblos consideran el acto de la ingestión de semen una etapa con una sola secuencia de eventos en el desarrollo normal de un macho (Herdt, 1982; Neikta, n .d.). Los

Sambias creen que los niños no pueden convertirse en hombres sin la importante sustancia del *jurungdu* que se encuentra en el semen. Sin el semen, no pueden desarrollar una estatura muscular ni alcanzar el valor de ser un guerrero poderoso (Herdt, 1982; Neikta, n.d.).

En Sambia, un niño de 7 años, tiene su primera lección en seis etapas. Será separado de su madre e iniciado en un culto de hombres. Para comenzar su iniciación, experimentará su primera violación física cuando un palo afilado de caña se atasca profundamente en sus fosas nasales hasta que la sangre fluye libre y profusamente. Los Sambia creen que se trata de una forma de purificación o limpieza del niño de cualquier contaminación femenina. Su adoctrinamiento completo comienza cuando se le instruye a participar en el sexo oral con guerreros mayores y tragarse el semen. Durante las próximas tres etapas, dará servicio a los guerreros mayores y será azotado. En la cuarta etapa, se casa después de que se le advierte que las mujeres serán un peligro para él y se le enseñan métodos para repeler ese peligro (Neikta, n .d.), (Neikta, n .d.), (Herdt, 1982; Neikta, n.d.) . Con la quinta etapa, debe causar sangrado profuso en su nariz cada vez que su esposa menstrua con el fin de limpiarse de cualquier contaminación que pueda llevar a su masculinidad. En la etapa final, o sexta etapa, debe producir una descendencia y guardar los secretos de la secta para sí mismo para no ser asesinado (Herdt, 1982; Neikta, n.d.). Muchas culturas argumentarán que este proceso de rito de paso es inhumano y comportamiento homosexual, pero el pueblo sambio diría que están equivocados.

El pueblo Xhosa de Sudáfrica practica un rito de paso para los machos que es visto por ellos como místico (Bullock, 2015). Es un ritual secreto, se trata de convertir a los chicos en guerreros. Es intenso, doloroso y muchas veces conduce a la muerte de muchos hombres jóvenes. Al Jazeera (2013) informa que en 2012 fuero al menos 153 víctimas mortales reportadas principalmente debido a las circuncisiones fallidas agravadas por la negligencia y el asalto. El número de niños lesionados en un período de cuatro años, 2008 a 2012, supera los 1,800 (Al Jazeera, 2013).

En el invierno, los jóvenes (18 años o más) se reúnen para ir a las montañas o a un lugar cercano pero aislado de su aldea donde se convertirán en hombres (Al Jazeera, 2013; Bullock, 2015). Pasarán meses lejos de sus familias. Durante este tiempo, se someterán a la circuncisión masculina con un *assegai* (lanza) realizado por un cirujano con sólo la planta medicinal llamada *izichwe* aplicada a la herida para aliviar su dolor. No se pueden hacer sonidos de dolor para que no sean considerados cobardes. Nelson Mandela escribió: "un hombre Xhosa no circuncidado es una contradicción en términos de que no se le considera un hombre en absoluto, sino un niño. Un niño llorará, pero un hombre oculta su dolor" (Mandela, 1994, pág. 24). El niño circuncidado pasa siete días en el frío sin refugio, agua y poca comida (Al Jazeera, 2013; Bullock, 2015). Este proceso para convertirse en hombre es visto por el mundo exterior como cruel o abusivo, pero a los xhosas es necesario que un niño se convierta en un hombre. Se están creando leyes en Sudáfrica para controlar el medio ambiente y los procedimientos bajo los cuales se circuncidan a los niños. ¿Cambiará esto una tradición cultural y reducirá su significado y relevancia para la sociedad xhosa? ¿Funcionarán las leyes? (Bullock, 2015) & (Al Jazeera, 2013)

La violación ha sido reportada en el ejército de los Estados Unidos, que es una cultura en sí misma con estrictas reglas de conducta, reglas de compromiso y expectativas de comportamiento. En contradicción con esta cultura regulada es la incidencia de comportamiento tan fuera del ámbito de la comprensión que el ejército parece ignorar o descartar informes de agresión sexual masculina y femenina. Aunque los informes de las mujeres se toman más en serio (hay muchos), se predice, sobre la base de los casos reportados, que el 50% de todas las violaciones son de hombres a hombres. El ejército se enfrenta no sólo a la gravedad de la violación femenina, la agresión sexual o el acoso, sino también a abordar los múltiples problemas relacionados con la violación masculina o el trauma sexual en las filas. El mantra "no contar" sobre la homosexualidad en el ejército se extiende a los hombres sobrevivientes de agresión sexual. Los mitos de la violación masculina a menudo detienen la denuncia de la ofensa, y el miembro de las fuerzas armadas es incapaz de obtener la ayuda que necesita. Mitos como: "los hombres reales no son violados" o "los hombres reales se lesionan luchando contra el ataque", hacen que sea extremadamente difícil para las víctimas reportar el ataque o buscar atención médica (O'Brien, 2015; Asuntos de Veteranos, 2013-2015). La víctima masculina es humillada, avergonzada, o será considerada gay ya que se cree falsamente que la agresión sexual de hombre a hombre sólo ocurre con los homosexuales. El miembro del servicio masculino también tiene problemas para acusar a cualquier persona en su unidad, ya que puede ser visto como divisor y actuando inapropiadamente como miembro de su unidad (O'Brien, 2015; Asuntos de Veteranos, 2013-2015). El impacto del trauma sexual es la degradación de uno mismo como hombre. Sufriendo de trauma sexual, estos hombres sienten que otros los feminizan y buscan maneras de probar su hombría. Van a extremos de masculinidad estereotipada para recuperar su masculinidad, como dormir con un gran número de mujeres, unirse a bandas de motociclistas fortachones, o fijarse en el culturismo. Como se afirma en O'Brien, Keith & Shoemaker (2015), "las normas culturales son amplificadas y modificadas aún más por la cultura militar e impactan a los sobrevivientes de agresión sexual militar masculina para retrasar u obstruir su recuperación" (pág. 6), (O'Brien, 2015).

Pakistán es uno de los países menos tolerantes de la homosexualidad. Es ilegal serlo, y si usted es capturado y condenado, la sentencia es de 10 años en prisión. Entonces, ¿cómo explicamos el trauma sexual masculino abiertamente abusivo de los chicos que trabajan como asistentes de camiones en todo el país? No es un hecho oculto que los niños son reclutados para trabajar como: "limpiadores de camiones" y parte de su trabajo es servir a sus conductores. Los niños de tan solo 12 años son contratados para ayudar a los conductores y aprender el comercio. Sin embargo, como un niño afirma, "mi *ustaad* me dejó claro al principio que tener relaciones sexuales con él será parte de mis responsabilidades como limpiador de camiones" (de Lind van Wijngaarden, 2014. P. 14).

Los chicos se ven obligados a encontrar trabajo como limpiadores de camiones por muertes familiares, pobreza, o problemas sociales en el hogar que hacen el estar allí insoportable. Hay poca educación de alta calidad por lo que optan por el camino en lugar del aburrimiento. La mayoría de ellos no están preparados para la carga de trabajo adicional (intercambio sexual). En la mayoría de los casos, su primera experiencia es forzada y ocurre a una edad temprana. Sin embargo, en una entrevista con las víctimas, no consideraron esta violación o comportamiento homosexual. Muchos comienzan a disfrutar del acto, otros a despreciarlo, pero todos lo aceptan como parte del trabajo.(de Lind van Wijngaarden, 2014).

Entonces, ¿dónde está la sociedad en este abuso? ¿Cómo pueden las leyes ser tan estrictas y hacerse de la vista gorda ante la habladuría descarada de los conductores? Como en muchas culturas, el esconder cabezas en la arena proviene de la vergüenza o la deshonra para la familia, el tabú de hablar de temas sexuales al aire libre, parece ser una amenaza para la masculinidad del niño. Los crímenes contra estos chicos quedan impunes. Sin embargo, en Pakistán no es el único lugar que condenan la homosexualidad ni se dirige a los abusos sexuales de los niños pequeños (de Lind van Wijngaarden, 2014) & (Pappas, et al., 2001). En la India, donde la homosexualidad es un tema tabú, ciertos entornos sociales ven a los hombres adultos teniendo relaciones sexuales con niños jóvenes como una alternativa viable (objeto sexual) cuando no hay mujeres alrededor (Pappas et al. 2001). Ellos ven esto como la dominación sexual y la prueba de su masculinidad (Pappas et al. 2001). En las zonas del sur de Asia donde hay fuertes lazos entre personas del mismo sexo o hay segregación de hombres y mujeres, el acto sexual entre hombres y niños varones se considera bastante inocente y no se considera violación.

La violencia o el abuso de los varones no siempre es sexual. En las asociaciones domésticas, la mayoría de la gente piensa inmediatamente que la víctima es mujer. El Centro Nacional para la Prevención y el Control de Lesiones de los Centros para el Control y la Prevención de Enfermedades publicó un informe en 2010 llamado La Encuesta Nacional de Sudación De Parejas Íntimas y Violencia Sexual que encontró que 1 de cada 7 hombres dentro de los Estados Unidos ha sido víctima de violencia física grave o agresión psicológica por parte de un cónyuge o pareja doméstica. Esto no es sólo un problema en los Estados Unidos. En la India, los hombres son más propensos a ser víctimas de violencia doméstica más que en cualquier otro país (Hoff, 2012), (Swarup, 2016). Esto se debe a que las leyes de la India no reconocen a las mujeres ni reconocen la violencia machista como un crimen. Los casos legales en la India revelan lesiones graves e incluso la muerte, sin embargo, el sistema de justicia no tiene códigos penales para enjuiciar a las mujeres (Swarup, 2016).

El problema para los hombres que son víctimas de abuso de parejas íntimas, independientemente del país o la cultura, es superar tanto la falta de protección legal como el estigma social (Hoff, 2012; Swarup, 2016). Los valores culturales y las creencias conducen a la definición equivocada y a las expectativas de la masculinidad, que incluyen no ser vulnerables a la violencia doméstica. (Hoff, 2012; Swarup, 2016) Una mujer no podría infligir daño a un hombre, especialmente a su pareja doméstica. Las sociedades y las culturas no son comprensivas y tienden a ridiculizar a los hombres que son abusados, en lugar de encontrar respuestas (Hoff, 2012; Swarup, 2016). Estas barreras crean un mayor muro de silencio escondido detrás del orgullo y el miedo. Los hombres no emergen con seguridad en el abuso doméstico. La investigación demuestra que experimentan un trauma psicológico significativo. Este trauma psicológico se manifiesta como trastorno de estrés postraumático (TEPT), depresión, y a menudo pensamientos suicidas (Hoff, 2012).

Convertir a los niños en hombres a través de la violencia parece ser un tema en los países no occidentales (y en algunas culturas dentro de los Estados Unidos). En Sudán del Sur, Yemen, Uganda, Myanmar, Colombia y la República Democrática Oriental del Congo, los niños son reclutados, secuestrados o amenazados con servir como soldados para un lado u otro. El número total de niños soldados no está claramente registrado, pero se estima que es de alrededor de 300.000 en 30 conflictos en todo el mundo. Se ven obligados a unirse al "ejército" donde se utilizan como objetos sexuales o carne de cañón, luego se descartan cuando ya no son valiosos para la causa. Desde el momento del reclutamiento de un niño, es sometido a un nivel de abuso físico, psicológico y emocional que pocas personas podrían tolerar sin aceptar las demandas de los alistadores. "Cuando llegaron a mi aldea, le preguntaron a mi hermano mayor si estaba listo para unirse a la milicia. Tenía sólo 17 años y dijo que no; le dispararon en la cabeza. Entonces me preguntaron si estaba listo para firmar, así que podía hacer - no quería morir". Como niños soldados, los niños tienen la distinción de ser víctimas y violadores, lo que incluye, pero no limita a asesinato y violación. Los líderes mantuvieron a los chicos en línea con las amenazas de palizas" si dormías mientras estabas de guardia o si desobedeces, serás atado de manos y pies y golpeado hasta la muerte" (Trenholm, Olsson, Blomqvist, & Ahlberg, 2013, p. 10). Otras formas de fabricación de la masculinidad incluían la privación del sueño y la comida, sustancias que alteran la mente y marchas largamente impuestas (muchas veces descalzos). Los niños que se convirtieron en soldados en estas culturas era un entrenamiento basado en la gran voluntad de sobrevivir; "matar o ser asesinado" no sólo se aplica a su enemigo, sino a sus compañeros soldados y comandantes si intentaba desafiar a su autoridad o rompió su rango. Si un niño fuera ordenado asesinar a su mejor amigo, a un familiar o enemigo y no cumplió, él mismo sería asesinado por su propio grupo. (Trenholm, Olsson, Blomqvist, & Ahlberg, 2013, p. 10),(Bartoloni, 2012),(Allen, 2006).

La recuperación mental, física y emocional de los chicos que finalmente son rescatados o que se van voluntariamente son trascendentales. Estos chicos han visto palizas o torturas, muertes violentas, apuñalamientos, cortes y disparos de cerca. Han sido golpeados por las fuerzas armadas, han sido testigos de masacres a gran escala y obligados a matar (Drexler, 2011). Trauma, TEPT, depresión y muchos otros problemas de salud mental ahogan a estos niños en angustia. Por lo general, no son bienvenidos en su aldea debido a las atrocidades en las que participaron o temen de la aldea sobre las represalias del "ejército" o los rebeldes (Dexter, 2011).

La Organización Mundial de la Salud, un firme defensor de los derechos de los niños y la detención del maltrato nos da una definición internacional o mundial de maltrato infantil:

"El maltrato infantil es el abuso y la negligencia que se le produce a los niños menores de 18 años. Incluye todos los tipos de mal trato: físicos y/o emocionales, abuso sexual, negligencia y explotación comercial o de otro tipo, lo que resulta en un daño real o potencial a la salud, supervivencia, desarrollo o dignidad del niño en el contexto de una relación de responsabilidad, confianza o poder. La exposición a la violencia de pareja también se incluye a veces como una forma de maltrato infantil". Sin embargo, las leyes para restringir las violaciones de los derechos humanos parecen depender de la cultura y de la aceptación o no aceptación de la ley universal.

Claramente, el mundo se centra en los niños porque somos los protectores de los vulnerables. Tal vez, aplicar esta definición a través de la edad y el género ayudará a reducir los actos de agresión que son para ganancias financieras, emocionales, físicas, sexuales o psicológicas del perpetrador. Como se señaló en capítulos anteriores, estos no son temas fáciles de enfrentar para los hombres, independientemente de su etnia, orientación sexual, edad o cultura.

Referencias

Veterans Affairs. (2013-2015). *Military culture: Core competencies for healthcare professionals (Military organization and roles)*. Department of Veterans Affairs, Employee Education System and Department of Defense.

Al Jazeera. (2013, January 01). *Ndiyindoda: I am man.* Retrieved from Al Jazeera People and Power: http://www.aljazeera.com/programmes/peopleandp ower/2013/01/20131211736199557.html

Allen, K. (2006, July 25). *Bleak future for Congo's child soldiers.* Retrieved from BBC: http://news.bbc.co.uk/2/hi/africa/5213996.stm

Banyard, P. &. (2011). *Ethical issues in psychology.* New York, New York: Routledge, Inc.

Bartoloni, A. (2012, December 13). *Enduring scars: Child soldiers and mental health.* Retrieved from Irish forum for Global Health: http://globalhealth.ie/2012/12/13/enduring-scars-child-soldiers-and-mental-health/

Bullock, R. (2015, May 29). *A month with three initiates during the Xhosa circumcision ritual.* Retrieved from Africa Geographical Magazine: http://magazine.africageographic.com/weekly/issue-48/xhosa-circumcision-ritual-south-africa-its-hard-to-be-a-man/#sthash.4NvIcfjn.dpuf

de Lind van Wijngaarden, J. W. (2014). 'Part of the job': male-to-male sexual experiences and abuse of young men working as 'truck cleaners' along the highways of Pakistan. *Culture, Health & Sexuality, 16*(5), 562-574.

Drexler, M. (2011). Life after death: Helping former child soldiers become whole again. *Harvard School of Public Health.*

Galovski, T., & Lyons, J. A. (2004). Psychological sequelae of combat violence: A review of the impact of PTSD on the veteran's family and possible interventions. *Aggression and Violent Behavior,* 477-501.

Hanson, R. (2013). Hardwiring happiness: The new brain science of contentment, calm, and confidence. New York: Harmony Books.

Henry, S. B., Smith, D. B., Archuleta, K. L., Sanders-Hahs, E., Nelson Goff, B. S., Reisbig, K. L., et al. (2011). Trauma and couples: Mechanisms in dyadic functioning. *Journal of Marital and Family Therapy,* 319-332.

Herdt, G. (1982). *Rituals of manhood: Male initiation in Papua New Guinea.* Berkeley, CA: University of California Press.

Hoff, B. H. (2012, February 12). *National Study: More men than women victims of intimate partner physical violence, psychological aggression.* Retrieved from Stop Abusive and Violent Environments : http://www.saveservices.org/2012/02/cdc-study-more-men-than-women-victims-of-partner-abuse/

Meis, L. A., Kehle, S. M., Barry, R. A., Erbes, C. R., & Polusny, M. A. (2010). Relationship adjustment, PTSD symptoms, and treatment utilization among coupled

National Guard soldiers deployed to Iraq. *Journal of Family Psychology*, 560-567.

Neikta. (n.d.). *Sambia Tribe's initiation from boyz to men.* Retrieved from Orijin Culture: http://www.orijinculture.com/community/masculini sation-dehumanization-sambia-tribe-papua-guinea/

O'Brien, C. K. (2015). Don't tell: Military culture and male rape. *Psychological Services, 12*(4), 357–365.

Pappas, G. K. (2001). "Males who have sex with males (MSM) and HIV/AIDS in India: The hidden epidemic. *AIDS and Public Policy Journal, 16*(1), 4-17.

Schnarch, D. (2009). Passionate marriage: Keeping love and intimacy alive in committed relationships. New York: W.W. Norton & Co.

Stevens, M. J. (2007). Toward a global psychology: Theory, research, intervention, and pedagogy. . Mahwah, NJ: Lawrence Erlbaum Associates, Inc.

Swarup, S. (2016, October 11). *Domestic violence against men.* Retrieved from merinews: http://www.merinews.com/article/domestic-violence-against-men/15920158.shtml

Taft, C. T., Stafford, J., Watkins, L. E., & Street, A. E. (2011). Posttraumatic stress disorder and intimate relationship problems: A meta-analysis. *Journal of Consulting and Clinical Psychology*, 22-33.

Trenholm, J. O. (2013, January 16). Constructing soldiers from boys in Eastern Democratic Republic of Congo. *Men and Masculinities, 16*(2), 203-227.

Van der Kolk, B. (2014). The body keeps score: Brain, mind, and body in the healing of trauma. New York: Penguin.

Van der Kolk, B., McFarlane, A. C., & Weisaeth, L. E. (1996). Traumatic stress: The effects of overwhelming experience on mind, body, and society. New York: Guilford.

Capítulo 12 Resumen

Familia Extendida – No lo entenderán

La incredulidad, la minimización y la negación son las reacciones más comunes de los miembros de la familia cuando una divulgación es hecha por un sobreviviente de abuso. Es común que los padres ignoren los signos en sus hijos, el cambio en la personalidad, el rendimiento escolar o el aumento de peso. Los efectos que son tan obvios en retrospectiva – la baja autoestima, la depresión, el sentido de la vergüenza – no son abordados por la familia porque nadie quiere creer que un niño podría ser abusado por alguien en su círculo familiar cercano – es el "peligro extraño" del que todos estamos advertidos.

Pero la verdad es que la mayoría del abuso está dentro del círculo familiar o de algún familiar cercano. Eso fue lo que le pasó a mi marido.

Cuando finalmente le reveló a su madre, años después que ocurriera el evento, su primera reacción fue minimizarlo: "¿estás seguro de que no eran sólo niños jugando?" No es aceptable apoyar la minimización, pero necesitamos entender que sucederá. La familia instintivamente "cerrará filas" y cuestionará si el abuso fue realmente abuso. Como cónyuges, debemos reconocer cuándo está sucediendo una divulgación. Simplemente reconocer a nuestros esposos o socios es enorme para empoderarlos y validarlos.

Los hombres tienen miedo de admitir el abuso en primer lugar y tienen miedo de las reacciones, por lo tanto, por mayor tiempo ellos evitan hablar de ello. Cualquier cosa que podamos hacer para que estén ellos es crucial para su curación.

Capítulo 12

Familia Extendida – No lo entenderán

Jennifer Harman, Ph.D.
Colorado State University

Los sobrevivientes de trauma como resultado del abuso infantil (en sus muchas formas) enfrentan desafíos en sus relaciones familiares e íntimas. Muchos sobrevivientes luchan con la internalización de problemas de salud mental como la depresión (Lowe & Balfour, 2015) y la ansiedad (Grossman, Spinazzola, Zucker, & Hopper, 2017), la vergüenza, y la baja autoestima, todos los cuales se les hace difícil hablar con otros sobre su experiencia de abuso (Lowe, Willan, Kelly, Hartwell, & Canuti, 2016).

Las necesidades de los adultos sobrevivientes de maltrato psicológico, maltrato emocional y negligencia son aún menos conocidas que otras formas de abuso, por ejemplo: sexuales (Grossman, Spinazzola, Zucker, & Hopper, 2017). Estos sobrevivientes tienden a mostrar mayores impedimentos en su capacidad para formar y mantener relaciones saludables, y utilizan estrategias de afrontamiento menos adaptables para lidiar con su experiencia, tales como participar en mayores cantidades de autolesiones (por ejemplo, cortándose) y abuso de sustancias que aquellos con otras formas de abuso, particularmente los sobrevivientes masculinos (Cross, Crow, Powers, & Bradley, 2015). Aunque relaciones influyentes como: la familia y las parejas íntimas, pueden proporcionar apoyo social que puede servir como puntos de inflexión para que los sobrevivientes masculinos tengan trayectorias más saludables en sus vidas (Easton, Leone-Sheehan, Sophis y Willis, 2015). Los problemas de confianza que evolucionaron debido a las lesiones relacionales experimentadas como jóvenes hacen que sea difícil para los sobrevivientes sentirse seguros en sus relaciones adultas (Wells, Lobo, Galick , Knudson-Martin, Huenergardt,& Schaepper, 2017).

Desafortunadamente, muchos miembros de la familia extendida y parejas íntimas no entienden las necesidades del sobreviviente de abuso masculino adulto. Los sobrevivientes a menudo no revelan el legado de su abuso infantil hasta una edad mayor por temor a ser culpados o rechazados por los miembros de la familia por su experiencia (Davies, Patel, & Rogers, 2013). Muchas revelaciones de abusos pasados no son creídas, particularmente si el objetivo de la divulgación no sabe de otros que han experimentado traumas interpersonales (Miller & Cromer, 2015). Algunos miembros de la familia niegan la experiencia del sobreviviente por completo (Dorahy & Clearwater, 2012).

Los hombres son menos propensos a revelar su historial de abusos en comparación con las mujeres. Si lo hacen, lo hacen mucho más tarde en la vida (O'Leary & Barber, 2008). Por tal motivo, puede disminuir la credibilidad de su experiencia por parte de otras personas cercanas a ellas (*¿por qué tomó tanto tiempo para que me lo dijeras?*). Las normas masculinas han sido citadas como una de las razones de esta falta de divulgación, o retraso, ya que a menudo se espera que los hombres sean competitivos, autosuficientes, en control emocional y fuertes (Mahalik, Locke, Ludlow, Diemer, Scott, Gottfried, & Freitas, 2003). Ser víctima de abuso no es consistente con estas normas de género, por lo que muchos hombres luchan con conflictos de roles de género debido a su victimización (Lew, 2004). Divulgar o discutir conflictos de abuso infantil con la expectativa de que los hombres deben tener control emocional y ser fuertes. Los hombres sobrevivientes de abuso sexual por otro hombre también pueden experimentar vergüenza y miedo al estigma debido a las actitudes homofóbicas compartidas por otros en sus comunidades (Spataro, Wells, & Moss, 2001).

Las percepciones de la familia extendida y las parejas cercanas e íntimas también están influenciadas por las normas y sentimientos masculinos. Por ejemplo, las normas de que los hombres deben ser fuertes, pueden influir en la percepción de que los hombres que han sido abusados son débiles. La respuesta emocional del perceptor también puede influir en los estereotipos que tienen hacia las víctimas. Por ejemplo, las personas que experimentan un efecto desagradable cuando se enteran de que una persona ha sido abusada sexualmente (por ejemplo: ira, nerviosismo, miedo) evalúan a los sobrevivientes más negativamente que cuando experimentaron empatía por el sobreviviente (Zafar & Ross, 2013). Debido a que muchas experiencias infantiles de abuso ocurren dentro de la familia, es probable que los miembros de la familia extendida experimenten respuestas negativas a las noticias de abuso, dado que tienen relaciones familiares con el perpetrador, así como con el sobreviviente. El abuso psicológico y la negligencia no son formas tan visibles de abuso como el abuso físico, por lo que los amigos y la familia perciben esas formas de abuso como inofensivas o insignificantes porque no es tan visible como la violencia física (Seff, Beaulaurier y Newman, 2008). Debido a la percepción de que el abuso no es tan "grave", estas personas no pueden dar el apoyo social que necesitan a los sobrevivientes, haciendo que el sobreviviente crea que los miembros de la familia simplemente no los entienden.

Las intervenciones terapéuticas que utilizan un enfoque de sistemas familiares serían beneficiosas para facilitar una mayor comprensión de las necesidades del sobreviviente masculino, sentimientos sobre su experiencia e identidad como resultado de su abuso y apoyar la comunicación entre las personas cercanas a ellos. El abuso se transmite entre generaciones (Widom, 2017), por lo que este enfoque puede ayudar no sólo al sobreviviente, sino prevenir nuevos abusos potenciales dentro del sistema familiar.

Referencias

Cross, D., Crow, T., Powers, A., & Bradley, B. (2015). Childhood trauma, PTSD, and problematic alcohol and substance use in low-income African-American men and women. *Child Abuse & Neglect, 44*, 26-35. doi: 10.1016/j.chiabu.2015.01.007

Davies, M., Patel, F., & Rogers, P. (2013). Examining the roles of victim-perpetrator relationship and emotional closeness in judgments toward a depicted child sexual abuse case. *Journal of Interpersonal Violence, 28*, 887–909.

Dorahy, M. J., & Clearwater, K. (2012). Shame and guilt in men exposed to childhood sexual abuse: A qualitative investigation. *Journal of Child Sexual Abuse, 21*, 155-175. doi: 10.1080/10538712.2012.659803.

Easton, S. D., Leone-Sheehan, D. M., Sophis, E. J., & Willis, D. G. (2015). 'From that moment on my life changed': Turning points in the healing process for men recovering from child sexual abuse. *Journal of Child Sexual Abuse, 24*, 152-173.

Grossman, F. K., Spinazzola, J., Zucker, M., & Hopper, E. (2017). Treating adult survivors of childhood emotional abuse and neglect: A new framework. *American Journal of Orthopsychiatry, 87*, 86-93. doi: 10.1037/ort0000225

Lew, M. (2004). Victims no longer: The classic guide for men recovering from sexual child abuse. New York, NY: Harper Perennial

Lowe, M., & Balfour, B. (2015). The unheard victims. *The Psychologist, 28*, 118–124.

Lowe, M., Willan, V. J., Kelly, S., Hartwell, S., & Canuti, E. (2016). CORE assessment of adult survivors abused as children: A NAPAC group therapy evaluation. *Counseling & Psychotherapy Research, 17*, 71-79. doi: 10.1002/capr.12095

Mahalik, J. R., Locke, B. D., Ludlow, L. H., Diemer, M. A., Scott, R. P. J., Gottfried, M., & Freitas, G. (2003). Development of the conformity to masculine norms inventory. *Psychology of Men and Masculinity, 4*, 3-25.

Miller, K. E., & Cromer, L. D. (2015). Beyond gender: Proximity to interpersonal trauma in examining differences in believing child abuse disclosures. *Journal of Trauma & Dissolution, 16*, 211-223.

O'Leary, P. J., & Barber, J. (2008). Gender differences in silencing following childhood sexual abuse. *Journal of Child Sexual Abuse, 17*, 133-143. doi: 10.1080/10538710801916416

Seff, L. R., Beaulaurier, R. L., & Newman, F. L. (2008). Nonphysical abuse: Findings in domestic violence against older women study. *Journal of Emotional Abuse, 8*, 355-374.

Spataro, J., Moss, S. A., & Wells, D. L. (2001). Child sexual abuse: A reality for both sexes. *Australian Psychologist, 36*, 177-183.

Wells, M. A., Lobo, E., Galick, A., Knudson-Martin, C., Huenergardt, D., & Schaepper, H. (2017). Fostering trust through relational-safety: Applying socio-emotional relationship therapy's focus on gender and power with heterosexual adult-survivor couples. *Journal of Couple &*

Relationship Therapy, 16, 122-145. doi:10.1080/15332691.2016.1238795

Widom, C. S. (2017). Long-term impact of child abuse and neglect on crime and violence. *Clinical Psychology,* on-line first publication. doi: 10.1111/cpsp.12194

Zafar, S., & Ross, E. C. (2013). Perceptions of childhood sexual abuse survivors: Development and initial validation of a new scale to measure stereotypes of adult survivors of childhood sexual abuse. *Journal of Child Sexual Abuse,* 22, 358-378. doi: 10.1080/10538712.2013.743955

Capítulo 13 Resumen

Sobrevivientes de Trauma Masculino en la Comunidad LGBTQ

Este capítulo aborda las preocupaciones y problemas especializados de los hombres (tanto de género biológico como transgénero) en la comunidad de Lesbianas, Gays, Bisexuales, Transgénero y Queer (LGBTQ) que se enfrentan a una serie de traumas, desde la Violencia Interpersonal (IPV) hasta la intolerancia social y la discriminación institucional, el acoso e incluso el abuso.

Para los miembros de la comunidad LGBTQ, el hilo del trauma se extiende a través de sus vidas vinculando la intolerancia familiar y/o respuestas abusivas al decir su preferencia sexual, a abuso de pareja en las formas de control emocional, mental y financiero. Como grupo minoritario dentro de la comunidad de hombres que han sido abusados, el hombre gay, bisexual y trans tiene oportunidades adicionales para experimentar traumas en forma de homofobia interiorizada, homofobia externalizada de la sociedad e incluso de aquellos a quienes recurre para protegerse: la policía y los refugios de violencia doméstica.

Como mi esposo ha compartido, es difícil revelar en la mejor de las circunstancias cuando el perpetrador es otro hombre porque hay mayores preocupaciones de ser etiquetado como homosexual o bisexual. Cuando un sobreviviente llega a la policía, los incidentes de homofobia pueden manifestarse en lenguaje despectivo, incredulidad y, a veces, más abusos por la demanda de favores sexuales a cambio de protección. Los refugios contra la violencia doméstica no siempre están debidamente capacitados o equipados para manejar a sobrevivientes LGBTQ.

Para los hombres LGBTQ que son de color o inmigrantes, hay un nivel aún más profundo de potencial trauma involucrado en ser una minoría, dentro de una minoría. La mejor manera de reducir el daño continuo es educar a los proveedores de servicios. Lo hacemos hablando del abuso. Si el sobreviviente es homosexual, bisexual, transgénero o un heterosexual biológicamente, debemos arrojar luz sobre el problema para solucionarlo.

Capítulo 13

Sobrevivientes de Trauma Masculino en la Comunidad LGBTQ

Adam F. Yerke, Psy.D.
Ashley Fortier, M.A.
The Chicago School of Professional Psychology

Como se demuestra a lo largo de este libro, los sobrevivientes de trauma masculinos con frecuencia se ocultan en la sombra de las mujeres sobrevivientes. Los sobrevivientes de trauma masculino de la comunidad lesbiana, gay, bisexual, transgénero y queer (LGBTQ) son reconocidos aún menos. Este capítulo saca a la luz las experiencias de los sobrevivientes de trauma masculinos que se identifican como: gays, bisexuales, transgénero o queer. Los tipos de trauma experimentados por este grupo son distintos a los de las personas heterosexuales y cisgénero (no transgénero) como lo indica la preponderancia de los crímenes de odio, tácticas específicas de violencia de pareja, estrés persistente de las minorías e interacciones dañinas con las fuerzas del orden cuando se busca ayuda. En consecuencia, la salud mental y las relaciones íntimas para los sobrevivientes masculinos de la comunidad LGBTQ se ven afectadas de manera única. Una mayor comprensión de este tema fomenta la mejoría de los esfuerzos de prevención e intervención para los sobrevivientes masculinos de la comunidad LGBTQ, promoviendo así la curación para las personas afectadas y sus relaciones.

Este capítulo se centra en los sobrevivientes masculinos de la comunidad LGBTQ, incluidos los hombres que se identifican como: homosexuales, bisexuales, transgénero y queer. Sin embargo, es necesario considerar las limitaciones de agrupar a estos individuos, dada la diversidad dentro y entre cada una de estas poblaciones específicas. Cuando es posible, la distinción se hace al menos entre la orientación sexual y la identidad de género, lo que diferencia a las personas que son gays, bisexuales o queer comparado a transgénero. Además, el lector debe considerar que las personas a menudo toman múltiples identidades, como identificarse como transgénero y bisexuales. Las identidades a las que se refiere el acrónimo LGBTQ no reflejan todos los términos utilizados por esta comunidad más amplia, particularmente a medida que siguen surgiendo nuevas formas de definir la orientación sexual y la identidad de género. Por último, la información proporcionada sobre los sobrevivientes transgénero no es específico de los hombres transgénero y debe considerarse cuidadosamente, dadas lo desproporcionado en el trauma entre las mujeres transgénero.

Violencia basada en el odio

El trauma puede ocurrir para las personas LGBTQ en muchas de las mismas maneras que para las personas heterosexuales y cisgénero. Sin embargo, las personas LGBTQ también son atacadas por ideas contrarias a su orientación sexual y/o identidad de género. En 2015, aproximadamente el 18% de todos los delitos relacionados a las ideas contrarias fueron motivados por la orientación sexual, y casi el 2% de las 7,173 víctimas fueron atacadas sobre la base de la identidad de género (Oficina Federal de Investigaciones [FBI], 2016). Este tipo de violencia, conocida como basada en el odio, incluye violencia física, acoso verbal, violencia sexual y discriminación (Coalición Nacional de Programas Anti-Violencia [NCAVP], 2016a). En un estudio reciente de 1,250 sobrevivientes LGBTQ, los participantes que respaldaron experiencias de violencia basada en el odio citaron los tipos que experimentaron: acoso verbal (15%), discriminación (14%), violencia física (12%) y amenazas o intimidación (11%) (NCAVP, 2016a). La violencia basada en el odio dirigida a las personas LGBTQ tiende a ser más violenta, involucra a múltiples perpetradores y resulta en lesiones más graves, en comparación con crímenes violentos no cometidos debido a sesgo (Stotzer, 2016a).

La violencia basada en el odio es especialmente común para ciertos grupos LGBTQ. Los hombres homosexuales son los más atacados, incluso cuando se consideran todos los demás crímenes motivados por prejuicios, como la religión o la etnia (FBI, 2010; Herek, 2009). Incluso en comparación con las mujeres lesbianas y bisexuales, los hombres gays y bisexuales corren un mayor riesgo de sufrir violencia basada en el odio (Stotzer, 2016a). Por ejemplo, la investigación mostró que la mayoría de las personas LGBTQ que sufren violencia basada en el odio identificadas como gays (47%) en comparación con lesbianas (17%) o heterosexual (14%) (NCAVP, 2016a). El riesgo y la gravedad de la violencia basada en el odio aumentan aún más cuando las personas LGBTQ no son blancas. De las personas que experimentaron violencia basada en el odio, las personas LGBTQ de color tenían el doble de probabilidades que las personas LGBTQ blancas de experimentar violencia física (NCAVP, 2016a). El estatus migratorio también contribuye al riesgo, ya que las personas LGBTQ indocumentadas tenían cuatro veces más probabilidades de sufrir violencia física (NCAVP, 2016a).

Las personas transgénero, también son más propensas a recordar la violencia basada en el odio. En un estudio reciente de 27,715 participantes, las personas transgénero informaron de experiencias de acoso verbal (46%) y violencia física (14%) (James, Herman, Rankin, Keisling, Mottet y Anafi, 2016). Específicamente para la violencia sexual, casi la mitad (47%) de participantes denunciaron haber sido agredidos sexualmente y uno de cada diez participantes (10%) había sido agredido sexualmente en el último año (James et al., 2016). Los crímenes basados en el odio contra las personas transgénero tienden a implicar la perpetración por extraños, consiste en múltiples perpetradores y son más violentos, incluso en comparación con los crímenes basados en el odio contra los hombres homosexuales (Stotzer, 2016a). Además, las personas transgénero con frecuencia experimentan violencia basada en el odio varias veces (Stotzer, 2016a, p. 1245).

Violencia de pareja íntima

El trauma también puede ocurrir para las personas LGBTQ debido a la violencia de pareja (IPV). Una revisión de la investigación relevante mostró que los hombres que habían experimentado IPV, la mayoría eran bisexuales (37.3%), seguidos de heterosexuales (28.7%) y gay (25.2%) (Brown & Herman, 2015). Esto sugiere que los hombres, independientemente de su orientación sexual, no son inmunes a la IPV, y este es un problema frecuente para los hombres homosexuales y bisexuales. En un estudio de 1,976 sobrevivientes LGBTQ de IPV, los tipos más comunes de IPV citados fueron: violencia física (20%), acoso verbal (18%), amenazas e intimidación (13%), (NCAVP, 2016b).

De acuerdo con la información sobre la violencia basada en el odio, las personas LGBTQ marginadas son más vulnerables a la IPV, incluidas las personas de color, los inmigrantes indocumentados, las personas con discapacidades y las personas transgénero (NCAVP, 2016b). Las personas transgénero sufren tasas alarmantes de IPV como se indica en un estudio reciente en el que más de la mitad de los participantes (54%) expresaba haber experimentado alguna forma de IPV (James et al., 2016). Además, el 24% había sufrido "violencia física grave" por parte de una pareja en comparación con el 18% de la población general (James et al., 2016, pág. 13).

Hombres Gays y Bisexuales

Los hombres homosexuales y bisexuales experimentan IPV en múltiples maneras, igual que los hombres heterosexuales, como: a través de abuso verbal, emocional, físico, sexual o económico, así como el acecho (Rothman & Nnawulezi, 2016). Específicamente, Rothman y Nnawulezi (2016) informan en la Encuesta Nacional de Violencia Sexual y De pareja íntima de los Estados Unidos (NISVS, por sus datos) encontró que el 26% de los hombres homosexuales y el 37% de los hombres bisexuales habían sufrido violencia física, violación y/o acoso dentro de una relación íntima en comparación con el 29% de los hombres heterosexuales. Además, varios investigadores han encontrado que los hombres homosexuales y bisexuales son más vulnerables a una mayor gravedad de lesiones físicas en comparación con los hombres heterosexuales (Kuehnle & Sullivan, 2003; Merrill & Wolfe, 2000; Batholomew, Regan, White & Oram, 2008).

Más allá de las formas típicas de IPV, los hombres homosexuales y bisexuales a menudo soportan tácticas abusivas adicionales basadas en su orientación sexual (Rothman & Nnawulezi, 2016). Por ejemplo, un abusador puede ejercer poder y control amenazando con "salir" a su pareja, es decir, revelar la orientación sexual de la pareja a otros sin consentimiento. Un abusador también puede minimizar y negar acciones como abusivas, explicando que la IPV no existe en las relaciones entre personas del mismo sexo. Alternativamente, un abusador puede desafiar la orientación sexual de su pareja cuestionando si son "realmente" gays o bisexuales. Los abusadores también pueden monopolizar recursos, como informar a amigos y/o proveedores de servicios de que son la "real "víctima.–

En algunos casos, cada pareja puede ser víctima y agresor, lo que se conoce como abuso bidireccional. Las consecuencias pueden ser especialmente graves cuando esta dinámica ocurre ya que el abuso tiende a aumentar cuando ambos socios actúan agresivamente (Capaldi, Kim & Shortt, 2004; Ehrensaft, Moffit, Caspi, 2004; Landolt & Dutton, 1997). Además, los hombres homosexuales y bisexuales con frecuencia encuentran problemas al buscar servicios de apoyo debido a la dificultad de los proveedores para diferenciar entre abusador y víctima (Batholomew, Regan, White & Oram, 2008).

Personas transgénero

Las personas transgénero también experimentan los mismos tipos de IPV (físico, emocional, sexual y/o financiero) que las personas cisgénero. Sin embargo, cuando las personas cisgénero son abusivas hacia sus parejas transgénero en el contexto de una relación, tienden a utilizar vulnerabilidades únicas de ser transgénero para ejercer su poder y control (Brown, 2011; Yerke & DeFeo, 2016). Al igual que con el IPV entre los hombres homosexuales y bisexuales, el abusador puede amenazar con "salir" a su pareja al revelar su identidad de género o sexo asignado al nacimiento a otros (FORGE, 2011; White & Goldberg, 2006). Además, el abuso a menudo incluye un mayor enfoque en las características específicas del cuerpo y el género, como el pecho y los genitales. Por ejemplo, los socios abusivos pueden insultar aspectos del cuerpo de su pareja transgénero que les generan molestias (FORGE, 2011), y tales características pueden ser directamente dirigidas durante la violencia física (White & Goldberg, 2006). Una pareja abusiva también puede cometer abuso financiero reteniendo el dinero necesario para servicios médicos específicos de transgénero, como hormonas o cirugía, así como artículos utilizados para expresar su identidad de género, como ropa (FORGE, 2011; White & Goldberg, 2006).

Estrés minoritario

El trauma experimentado por las personas LGBTQ abarca más que la violencia. En un estudio de 2,283 personas LGBTQ, la gran mayoría (74%) han sufrido prejuicios o discriminación relacionados con la orientación sexual y/o la identidad de género (Kaiser Family Foundation, 2001). Por ejemplo, las personas LGBTQ reportan discriminación persistente relacionada con el empleo, la vivienda, la atención médica y el alojamiento público (hoteles, restaurantes y transporte público). Además, no siempre existen leyes para proteger a las personas LGBTQ de la discriminación como con otros grupos marginados. Incluso cuando existen leyes antidiscriminatorias, no siempre se aplican. Cuanto más se ven las personas discriminadas por ser LGBTQ, más consecuencias físicas y psicológicas sufren (Meyer, 2003; Whitman & Nadal, 2016)

Ser persistentemente discriminado debido al estigma asociado con la orientación sexual y/o la identidad de género, crea un estrés único para las personas LGBTQ, conocido como el estrés de las minorías (Meyer, 2003). Una consecuencia de este fenómeno es que las personas LGBTQ son más propensas a desarrollar problemas de salud física y mental, especialmente: ansiedad, depresión, trastorno de estrés postraumático (TEPT), trastorno de pánico, suicidio y abuso de sustancias (Whitman & Nadal, 2016). Además, el estrés de las minorías es aún más pronunciado para las personas marginadas dentro de la comunidad LGBTQ, incluidas las personas de color, las personas con diversidad funcional, los inmigrantes indocumentados y las personas transgénero.

Comprender la magnitud del estrés de las minorías para las personas LGBTQ requiere el reconocimiento de que la sociedad tiende a valorar las identidades heterosexuales y cisgénero y margina a las minorías sexuales y de género. Las personas LGBTQ reciben continuamente mensajes de que ser más heterosexuales y cisgénero las hace inferiores, conocidas como microagresiones (Whitman & Nadal, 2016). Estos ataques a las personas LGBTQ van desde ser intencionales a inconscientes por el agresor. Por ejemplo, usar un lenguaje para insultar a alguien por ser gay es comprensiblemente perjudicial. Sin embargo, las agresiones menores son llamativas, como indicar que todos los hombres gay tienen manerismos afeminados, son igual de dañinas. De hecho, la oleada constante de ataques microagresivos puede resultar en trauma para las personas LGBTQ como las experiencias de violencia.

Departamento de Policía

A pesar de la omnipresencia del trauma, las personas LGBTQ comúnmente están en contra de buscar ayuda en la fuerza de ley y orden. Por ejemplo, en un estudio reciente, sólo el 41% de las personas LGBTQ indicaron que reportaron sus experiencias de violencia de odio a la policía (NCAVP, 2016a). De los que solicitaron ayuda por parte de las fuerzas del orden, el 41% dijo que la policía respondió indiferentemente y el 39% dijo que era hostil. De los participantes que denunciaron conducta policial negativa, se encontraron con abuso verbal (33%), violencia física (16%), el uso de insultos o lenguaje sesgado contra ellos (8%) y violencia sexual (3%). Con respecto a la IPV, el 43% de los participantes LGBTQ reportaron interactuar con las fuerzas del orden debido a la IPV, pero solo el 33% hizo un informe formal (NCAVP, 2016b). De los que interactuaron con las fuerzas del orden, los participantes describieron a la policía como hostil (12%) e indiferente (13%), y se reportaron descontentos de los sobrevivientes (31%).

Las personas transgénero han estado aún más perturbadas por sus interacciones con las fuerzas del orden, disuadiéndolas así de buscar ayuda con el trauma. En un estudio reciente, James y otros (2016) informaron que el 57% de los participantes dijeron que se sentirían incómodos pidiéndole ayuda a la policía si la necesitaban. En el último año, el 58% de los participantes habían interactuado con la policía y de este grupo, se describieron los siguientes tipos de maltrato: uso repetido de pronombres de género erróneos (49%), acoso verbal (20%), oficiales hicieron preguntas sobre la transición de género (19%), los oficiales asumieron que eran trabajadores sexuales (11%), atacados físicamente (4%), agredidos sexualmente por oficiales (3%) y obligados a participar en actividades sexuales para evitar otras consecuencias (1%). Debido a sus experiencias negativas, las personas LGBTQ pueden correr el riesgo de futuras victimizaciones evitando el contacto con la policía.

Salud mental

Los efectos del trauma son devastadores para cualquiera. Sin embargo, las personas LGBTQ ya son más vulnerables a los problemas de salud física y psicológica como resultado del estrés de las minorías. Por ejemplo, las personas LGBTQ tienen tres veces más probabilidades de experimentar una condición de salud mental (National Alliance on Mental Illness [NAMI], 2016). Además, el abuso de sustancias es más frecuente, ya que entre el 20% y el 30% de las personas LGBTQ abusan de sustancias, en comparación con el 9% de la población general (NAMI, 2016). La población transgénero se identifica como peor y se estima que entre el 38% y el 65% de ellos han experimentado una ideación suicida (NAMI, 2016).

Cuando se exponen a trauma, las consecuencias más comunes para las personas LGBTQ incluyen: aumento de casos de suicidio, síntomas del trastorno de estrés postraumático (TEPT), depresión, consumo de sustancias y disminución de la confianza de los demás y de un mundo justo (Sotzer, 2016b). Específicamente para hombres homosexuales y bisexuales, los sobrevivientes de trauma comúnmente experimentan: depresión, ansiedad, síntomas de TEPT, trastornos alimenticios, consumo de sustancias, problemas académicos, infecciones de transmisión sexual (ITS), lesiones y muerte (Rothman & Nnawulezi, 2016). Las consecuencias más comunes para las sobrevivientes transgénero incluyen: suicidio, depresión, consumo de sustancias, síntomas de TEPT, riesgo sexual, riesgo de VIH y quejas de salud mental (Stotzer, 2016c).

Relaciones íntimas

El trauma afecta ampliamente la vida de las personas, incluidas sus relaciones íntimas. Para los sobrevivientes gays, bisexuales y queer, sus habilidades para formar relaciones tienden a verse negativamente afectadas como se observa por las dificultades en sus relaciones y la terminación más frecuente de las relaciones (Stotzer, 2016b, p. 1058). Los hombres gays, bisexuales, también sufren violencia basada en el odio debido a los prejuicios contra su orientación sexual; por lo tanto, dado a que sus relaciones íntimas se asocian con su trauma, hay presión adicional asociada con estar juntos. El simple paso en una relación entre sí puede aumentar la frecuencia y los tipos de discriminación que experimentaron.

La forma en que se manifiestan las dificultades de la relación puede ser similar a la de las relaciones heterosexuales en las que una o ambas partes han experimentado un trauma. Por ejemplo, el trauma a menudo conduce al desarrollo de cogniciones distorsionadas que afectan las percepciones de la propia identidad personal, los demás, la seguridad, la confianza, la autoestima, el control y la intimidad. La alteración de las percepciones entonces conduce a cambios de comportamiento (Ponce, Williams & Allen, 2004). Una de esas situaciones puede ser cuando los hombres gays, y bisexuales por miedo a su seguridad, deciden no salir por la noche o mostrar afecto a sus parejas en público (Stotzer, 2016b). Por lo tanto, su participación en la comunidad puede estar restringida por haber experimentado un trauma que lleva a una pareja a aislarse y retirarse de las fuentes de apoyo (Stotzer, 2016b). Estos patrones pueden perpetuar los síntomas de salud mental asociados con el trauma y el estrés de las minorías. Downs (2006) demuestra además la progresión de los desafíos para los sobrevivientes gays, bisexuales y hombres en las relaciones:

La presencia de trauma a una relación a menudo hace que sea difícil y a veces imposible, para la persona experimentar una relación satisfactoria. Está constantemente revisando la relación en búsqueda de signos de traición o abuso. Este gasto de energía por sí solo transforma una relación de una experiencia satisfactoria en un trabajo muy agotador. Como se puede imaginar, no es un pedazo de pastel vivir con un hombre que interpreta incluso las cosas pequeñas como la destrucción de relaciones o que asume en privado que la relación no existirá en el futuro. Lamentablemente, la víctima del trauma de la relación a menudo se comporta de tal manera que provoca más rechazo e incluso trauma de quienes lo rodean (pp. 134-135)

Las relaciones que involucran a una o ambas personas transgénero también son únicas, dados los factores de estrés asociados con ser transgénero. En respuesta al trauma, las personas transgénero con frecuencia ajustan sus comportamientos para evitar más victimización (Stotzer, 2016c). Por ejemplo, pueden cambiar entre expresar su identidad de género auténtica y su género asignado al nacimiento para gestionar el riesgo de violencia asociada con su entorno. Además, al igual que otros sobrevivientes, las personas transgénero pueden evitar salir por la noche y retirarse de las interacciones de la comunidad. En consecuencia, tales cambios de comportamiento podrían resultar en menos experiencias de violencia, pero a costa del aislamiento y la soledad (Stotzer, 2016c). Aquellos en relaciones íntimas con sobrevivientes de trauma transgénero pueden encontrar difícil hacer frente al miedo y la evitación continua de su pareja, particularmente cuando se dirigen a ellos.

Conclusión

Este capítulo ha presentado temas enfrentados por los sobrevivientes de trauma masculinos de la comunidad LGBTQ. Para esta población, el trauma viene en forma de violencia o discriminación basada en el odio, violencia de pareja, estrés de las minorías o experiencias negativas con la policía. Las consecuencias del trauma son diferentes para cada individuo, dentro y fuera de la comunidad LGBTQ, pero la salud mental y las relaciones íntimas están entre las más afectadas. La compleja interacción entre el género, la orientación sexual, el trauma y las relaciones merece una investigación más profunda para determinar las vías más efectivas para la prevención y la intervención. Mientras tanto, los proveedores de servicios de trauma (por ejemplo, oficiales de policía y defensores de la violencia doméstica) deben extender el apoyo a los hombres homosexuales, bisexuales, y transgénero con respeto y reconocimiento por sus desafíos y fortalezas únicos, iniciando así el proceso de curación.

Referencias

Bartholomew, K., Regan, K.V., White, M.A. & Oram, D. (2008). Patterns of abuse in male same-sex relationships. *Violence and Victims. 23*(5), 617-636.

Brown, N. (2011). Holding tensions of victimization and perpetration: Partner abuse in trans communities. In J.L. Ristock's (Ed.), *Intimate partner violence in LGBTQ lives* (pp. 153-168). New York, NY: Routledge Publishing.

Brown, T.N.T. & Herman, J.L. (2015). *Intimate partner violence and sexual abuse among LGBT people: A review of existing literature.* Retrieved from https://williamsinstitute.law.ucla.edu/research/violence-crime/intimate-partner-violence-and-sexual-abuse-among-lgbt-people/

Capaldi, D.M., Kim, H.K., & Shortt, J.W. (2004). Women's involvement in aggression in young adult romantic relationships: A developmental systems model. In Putallaz, M. B. & Bierman, K. L. (Eds.), *Aggression, antisocial behavior, and violence among girls: A developmental perspective* (pp. 223-241). New York: Guilford.

Downs, A. (2006). Velvet rage: Overcoming the pain of growing up gay in a straight man's world. USA: Da Capo Press.

Ehrensaft, M.K., Moffitt, T.E., & Caspi, A. (2004). Clinically abusive relationships in an unselected birth cohort: Men's and women's participation and developmental antecedents. *Journal of Abnormal Psychology, 113,* 258-271.

Federal Bureau of Investigation (FBI). (2010). *Hate crime statistics, 2009.* Retrieved from https://www2.fbi.gov/ucr/hc2009/index.html

Federal Bureau of Investigation (FBI). (2016). *Hate crime statistics, 2015.* Retrieved from https://ucr.fbi.gov/hate-crime/2015/home

FORGE. (2011). *Transgender domestic violence and sexual assault resource sheet.* Retrieved from http://www.avp.org/storage/documents/Training%20and%20TA%20Center/2011_FORGE_Trans_DV_SA_Resource_Sheet.pdf

Herek, G.M. (2009). Hate crimes and stigma-related experiences among sexual minority adults in the United States. *Journal of Interpersonal Violence, 24,* 54-74. doi:10.1177/0886260508316477

James, S.E., Herman, J.L., Rankin, S., Keisling, M., Mottet, L., & Anafi, M. (2016). *The Report of the 2015 U.S. Transgender Survey.* Washington, DC: National Center for Transgender Equality.

Kaiser Family Foundation. (2001). Inside-OUT: A report on the experiences of lesbians, gays and bisexuals in America and the public's views on issues and policies related to sexual orientation. Retrieved from https://kaiserfamilyfoundation.files.wordpress.com/2 013/01/new-surveys-on-experiences-of-lesbians-gays-and-bisexuals-and-the-public-s-views-related-to-sexual-orientation-chart-pack.pdf

Kelly, C.E. & Warshafsky, L. (1987, July). *Partner abuse in gay male and lesbian couples.* Paper presented at the Third National Conference for Family Violence Researchers, Durham, NH.

Kuehnle, K. & Sullivan, A. (2003). Gay and lesbian victimization: Reporting factors in domestic violence and bias incidents. *Criminal Justice and Behavior, 30(1), 85-96.*

Landolt, M.A. & Dutton, D.G. (1997). Power and personality: An analysis of gay male intimate abuse. *Sex Roles*, 37, 335–359.

Merrill, G.S. & Wolfe, V.A. (2000). Battered gay men: An exploration of abuse, help seeking, and why they stay. *Journal of Homosexuality, 39*(2), 1-30. doi: 10.1300/J082v39n02_01

Meyer, I.H. (2003). Prejudice, social stress, and mental health in lesbian, gay and bisexual populations: Conceptual issues and research evidence. *Psychological Bulletin, 129,* 674-697. doi:10.1037/0033-2909.129.5.674

National Alliance on Mental Illness (NAMI). (2016). LGBTQ. Retrieved from https://www.nami.org/Find-Support/LGBTQ

National Coalition of Anti-Violence Programs (NCAVP). (2016a). *Lesbian, gay, bisexual, transgender, queer, and HIV-affected hate violence in 2015.* Retrieved from http://www.avp.org/storage/documents/ncavp_hvr eport_2015_final.pdf

National Coalition of Anti-Violence Programs (NCAVP). (2016b). *Lesbian, gay, bisexual, transgender, queer, and HIV-affected intimate partner violence in 2015.* Retrieved from http://avp.org/wp-content/uploads/2017/04/2015_ncavp_lgbtqipvreport.pdf

Ponce, A.N., Williams, M.K. & Allen, G.J. (2004). Experience of maltreatment as a child and acceptance of violence in adult intimate relationships: Mediating effects of distortions in cognitive schemas. *Violence & Victims, 19*(1), 97-108. doi: 10.1891/vivi.19.1.97.33235

Rothman, E. & Nnawulezi, N. (2016). Intimate partner violence, male. In A. Goldberg (Ed.), *The SAGE Encyclopedia of LGBTQ Studies* (pp. 467-468). Thousand Oaks, CA: SAGE Publications.

Stotzer, R.L. (2016a). Hate crimes. In A. Goldberg (Ed.), *The SAGE Encyclopedia of LGBTQ Studies* (pp. 467-468). Thousand Oaks, CA: SAGE Publications.

Stotzer, R.L. (2016b). Sexual minorities and violence. In A. Goldberg (Ed.), *The SAGE Encyclopedia of LGBTQ Studies* (pp. 1055-1058). Thousand Oaks, CA: SAGE Publications.

Stotzer, R.L. (2016c). Transgender people and violence. In A. Goldberg (Ed.), *The SAGE Encyclopedia of LGBTQ Studies* (pp. 1245-1246). Thousand Oaks, CA: SAGE Publications.

White, C. & Goldberg, J. (2006). Expanding our understanding of gendered violence: Violence against trans people and their loved ones. *Canadian Women's Studies,* 25(1-2), 124-127.

Whitman, C.N. & Nadal, K.L. (2016). Microaggressions. In A. Goldberg (Ed.), *The SAGE Encyclopedia of LGBTQ Studies* (pp. 768-770). Thousand Oaks, CA: SAGE Publications.

Yerke, A.F. & DeFeo, J. (2016). Redefining intimate partner violence beyond the binary to include transgender people. *Journal of Family Violence, 31*(8), 975-979.

Capítulo 14 Resumen

Efectos del trauma infantil a lo largo de la vida

En este capítulo, la Dra. Cris Ann Scaglione explica cómo y por qué el trauma experimentado en la infancia seguirá impactando la vida de alguien y cómo opera en el mundo a lo largo de su vida. Los niños pequeños son muy impresionables antes de que hayan desarrollado un fuerte sentido de sí mismos, y cualquier trauma experimentado dejará un efecto duradero.

Las primeras experiencias de mi esposo de estar expuesto a comportamientos sexuales y relaciones inapropiadas de edad fueron algunas de las mayores influencias en el desarrollo de quién es y cómo reacciona al mundo. A través de un gran esfuerzo, ha cambiado la forma en que inicialmente responde a los eventos de hoy.

Sin embargo, superar la sensación de duda, la auto-crítica negativa y los pensamientos intrusivos de ser un sobreviviente es una lucha constante que tiene sus picos y valles.

Los patrones de las respuestas emocionales se pueden remodelar con el tiempo, pero es un proceso lento y duro. A veces se tarda toda una vida en identificar, detener y cambiar los comportamientos profundamente arraigados que están afectando negativamente las relaciones del sobreviviente. Los amigos y la familia deben ser comprensivos e indulgentes a medida que el sobreviviente se recupera a su propio ritmo.

Capítulo 14

Efectos del trauma infantil a lo largo de la vida

Cris Ann Scaglione. Ph.D.
The Chicago School of Professional Psychology

El trauma de la infancia tiene muchos efectos a lo largo de la vida. Las impactantes violaciones de la confianza, la seguridad y los límites causados por el trauma, el abuso o la negligencia, así como las experiencias asociadas de dolor psicológico y/o físico profundo, afectan profundamente el bienestar psicológico y físico. Esto es especialmente cierto en la infancia, cuando estamos menos preparados física, cognitiva, social y emocionalmente para entender y hacerle frente al trauma. Los niños son vulnerables al desarrollo y necesitan atención y guían los desafíos apropiados para la edad que promueven en su desarrollo para convertirse en adultos felices, sanos y funcionales. Este prolongado período de desarrollo (casi dos décadas) es necesario para nuestro tremendo crecimiento intelectual, social y cultural. Interrumpir su trayectoria tiene numerosos efectos a largo plazo.

Los niños (especialmente cuando están traumatizados antes de que desarrollen su sentido de identidad y habilidades verbales) tienen grandes dificultades para entender el trauma, cómo expresarlo y cómo empezar a integrarlo en la historia de sus vidas y las muchas facetas de su autoestima. Esto no significa que muchos niños expuestos a traumas, abusos o negligencia no desarrollen considerables habilidades de resiliencia durante su vida. Sin embargo, es inevitable que el trauma infantil influya en su desarrollo como personas, dejándolos con desafíos que podrían ser diferentes, más numerosos o intensos que los que se enfrentan a los no traumatizados.

El trauma afecta la capacidad de hacer frente a una situación. Desata nuestro equilibrio mental y físico. Mantener el equilibrio es la función principal de gran parte de nuestro cerebro, así como de nuestro sistema endocrino e inmune. Interrumpir este equilibrio es la vía principal por la cual el trauma afecta nuestra salud mental y física. Con demasiada frecuencia, también se repiten las muchas formas de abuso que se pueden perpetrar sobre un niño, creando un trauma crónico o "complejo". En general, cuanto más severo y repetido el trauma, y cuanto más joven sea la edad a la que comenzó, más permanentes y extendidos son sus efectos.

Las consecuencias del trauma infantil resaltan claramente las interacciones de cuerpo a mente. Gran parte de lo que se conoce sobre los efectos del trauma infantil se concentra en problemas con la salud mental y emocional. Sin embargo, la salud física también está en riesgo como ha demostrado el ACES, el Estudio de Eventos Adversos infantiles de los Centros para el Control y la Prevención de

Enfermedades (CDC) y Kaiser Permanente (Dong, et al., 2005). La interrupción del ritmo normal, las etapas y los desafíos del desarrollo a menudo impide la capacidad de un niño o adolescente para establecer conexiones sociales y desarrollar un sólido sentido de sí mismo y mucho menos autoestima y un sentido realista de valor y competencia. A menudo, la atención, las habilidades académicas y el control conductual o emocional pueden verse afectados, lo que puede resultar en "actuar" con agresión e intimidación. El aislamiento social, la ansiedad, la depresión y el trastorno de estrés postraumático (TEPT) también son comunes.

En la edad adulta, trastornos como: la depresión, la ansiedad, el TEPT, los trastornos disociativos y de la personalidad se asocian con el abuso infantil. Las adicciones, los trastornos alimenticios, el pensamiento suicida y la autolesión también son comunes. Al igual que muchos síntomas de angustia mental, muchos de estos problemas son intentos por resolver, aliviar o adormecer los sentimientos y pensamientos intensos, confusos y negativos que pueden resultar de un trauma. Incluso sin un trastorno totalmente diagnosticable, es común luchar con tristeza, miedo, duda, inseguridad, pensamientos y recuerdos negativos intrusivos, desconfianza, pesadillas y cambios de humor. La acción dirigida por objetivos, la atención, la resolución de problemas, el seguimiento, el mantenimiento de un sentido coherente de sí mismo y el control emocional adecuado también pueden ser problemáticos.

El trauma también puede afectar la salud física, independientemente de cualquier lesión física que pueda haber ocurrido durante el abuso o negligencia infantil. El trauma, especialmente el trauma complejo, puede debilitar el sistema inmunológico, lo que hace que las personas sean más susceptibles a las enfermedades. También puede desencadenar condiciones autoinmunes como: artritis reumatoide y fibromialgia (Boscarino, 2004; Stojanovich & Marisavljevich, 2008). El trauma infantil también se ha relacionado en algunas afecciones neurológicas como la enfermedad de Alzheimer (Burri, Maercker, Krammer & Simmen-Janevska, 2013).

Un resultado bien documentado de la experiencia traumática es que los sistemas cerebrales involucrados con la regulación emocional, toma de decisiones apropiada y el autocontrol —los circuitos subcorticales frontales— pueden ser interrumpidos (Karl, Schaefer, Malta, D'rfel, Rohleder & Werner, 2006; Koenen et al., 2001; Leskin & White, 2007; Weber & Reynolds, 2004). El trauma en la infancia también puede afectar y distorsionar el desarrollo del hemisferio derecho del cerebro, lo que dificulta leer con precisión las señales sociales e interpretar y expresar emociones durante toda la vida de la persona. Este fenómeno está arraigado en la teoría del apego de Bowlby y ha sido bien documentado por Schore (por ejemplo, 2000), quien inició su trabajo un nuevo campo interdisciplinario conocido como "neurobiología interpersonal".

La agitación de las personas traumatizadas puede ser más evidente en sus relaciones. La mayoría del trauma infantil es relacional: una persona importante para el bienestar del niño fue abusiva o "perdida" por lesiones, muerte o enfermedad (física o mental). Con traumas crónicos y complejos, a menudo eran muchas personas las que eran abusivas o no estaban disponibles. En el proceso de recuperación de traumatismos, los niños (y adultos) a menudo son re-traumatizados, frecuentemente por otros en una posición de poder o autoridad, que no creen ni entienden lo que sucedió, o son insensibles en sus reacciones. Estos eventos casi garantizan que los niños expuestos a traumas tengan expectativas negativas continuas de las personas y las relaciones.

El deseo de estabilidad, seguridad, conexión significativa e intimidad en nuestras relaciones con los demás es una de las motivaciones humanas más básicas y poderosas, de hecho, es necesario para nuestra supervivencia como individuos y como especie. Sin embargo, las experiencias de miedo intenso, disgusto, enojo y dolor asociados con las relaciones, crean comprensiblemente profundas barreras incluso para algunas de las simples conexiones interpersonales. Los hombres traumatizados pueden estar especialmente mal equipados para lidiar con esto, ya que por lo general no se socializan para ser emocionalmente expresivos, sinceros y vulnerables en las relaciones. Se puede argumentar que la socialización de los hombres es en sí misma traumatizante a veces. Por lo menos, no mejora sus posibilidades de curar heridas relacionales, especialmente las fundadas en el abuso infantil.

En cambio, tanto los hombres como las mujeres que han sufrido traumas infantiles pueden desarrollar malos hábitos al interactuar con los demás o defenderse de la conexión con los demás. La combinación de cambios en el cerebro y la psicología personal que se produce a causa del trauma da como resultado que los adultos traumatizados sean hipersensibles a los signos de posible peligro, a menudo se retiran, y se apresuran a sentir una mezcla de emociones negativas intensas: vergüenza, indignidad, enojo, terror, desconfianza, etc. Los patrones de prevención de enfoque, que deben negociarse en cualquier relación, son aún más desafiantes para los adultos traumatizados cuando son niños, especialmente durante los conflictos. Desafortunadamente, también es posible llevar patrones abusivos de pensamiento y acción, modelados por abusadores de la infancia, en las relaciones adultas. Por mucho que las experiencias de trauma y abuso infantil fueron odiadas, sin embargo, formarán al menos parte de la plantilla para futuras relaciones interpersonales.

Una de las respuestas más adaptativas al trauma es buscar apoyo y asistencia de otras personas, incluyendo compañeros, profesionales y compañeros sobrevivientes. Sin embargo, esta puede ser una de las cosas más difíciles de intentar ya que la lesión interpersonal está en el centro de la mayoría de los traumas infantiles. Sin embargo, las conexiones significativas con personas confiables y empáticas van a un largo camino para reparar traumas y permitir que se completen procesos de desarrollo interrumpidos. La recuperación funciona mejor cuando las personas entienden que el proceso toma mucho tiempo (probablemente de por vida) y que el trauma es complejo. Es probable que se necesiten muchas fuentes de apoyo o intervención. También es importante que los adultos traumatizados, sus amigos y familiares acepten los innumerables efectos persistentes del trauma, y sean pacientes con el proceso. Al igual que con la mayoría de la recuperación, también es crucial recordar que no está solo, y cuando pueda, comuníquese para recibir o proporcionar asistencia.

Referencias

Boscarino, J. A. (2004). Posttraumatic stress disorder and physical illness: results from clinical and epidemiologic studies. *Annals of the New York Academy of Sciences*, *1032*(1), 141-153.

Burri, A., Maercker, A., Krammer, S., & Simmen-Janevska, K. (2013). Childhood trauma and PTSD symptoms increase the risk of cognitive impairment in a sample of former indentured child laborers in old age. *PLoS ONE*, *8*(2), e57826.
http://doi.org/10.1371/journal.pone.0057826

Dong, M., Anda, R. F., Felitti, V. J., Williamson, D. F., Dube, S. R., Brown, D. W., & Giles, W. H. (2005). Childhood residential mobility and multiple health risks during adolescence and adulthood: the hidden role of adverse childhood experiences. *Archives of Pediatrics & Adolescent Medicine*, *159*(12), 1104-1110.

Karl, A., Schaefer, M., Malta, L. S., Dörfel, D., Rohleder, N., & Werner, A. (2006). A meta-analysis of structural brain abnormalities in PTSD. *Neuroscience & Biobehavioral Reviews, 30*(7), 1004-1031

Koenen, K. C., Driver, K. L., Oscar-Berman, M., Wolfe, J., Folsom, S., Huang, M. T., & Schlesinger, L. (2001). Measures of prefrontal system dysfunction in posttraumatic stress disorder. *Brain & Cognition, 45*, 64-78.

Leskin, L. P. & White, P. M. (2007). Attentional networks reveal executive function deficits in posttraumatic stress disorder. *Neuropsychology, 21,* 275-284.

Liberzon, I. & Sripada C. S. (2008). The functional neuroanatomy of PTSD: A critical review. *Progress in Brain Research, 167,* 151–169.

Schore A. N. (2000). Attachment and the regulation of the right brain. *Attachment and Human Development, 2*(1), 23-47.

Stojanovich, L., & Marisavljevich, D. (2008). Stress as a trigger of autoimmune disease. *Autoimmunity Reviews, 7*(3), 209-213.

Weber, D. A., & Reynolds, C. R. (2004). Clinical perspectives on neurobiological effects of psychological trauma. *Neuropsychology Review, 14*(2), 115-129.

Capítulo 15 Resumen

Sobrevivientes de Abuso Masculino y Relaciones

El Dr. Raymond Nourmand describe el abuso como la experiencia de "estar en una situación en contra de la voluntad, donde se experimentan sentimientos de angustia o dolor". El abuso puede ser un evento, o un estado de ser, que dura días, semanas, meses o incluso años.

El abuso se manifiesta a través de la vida de un sobreviviente de muchas maneras (véa el capítulo titulado: "Manifestaciones del trauma"). El Dr. Nourmand explica en detalle cómo el abuso desafía y cambia nuestra percepción del mundo. Ya no es un lugar seguro.

La recuperación de las experiencias de abuso depende de varios factores. La personalidad, el nivel de funcionamiento antes del abuso y el apoyo social, entre otros factores que se discuten en detalle en el siguiente capítulo, determinan cómo será el proceso de recuperación.

El Dr. Nourmand explica que la recuperación depende mucho de la comunicación. Hablar sobre el abuso con alguien alivia gran parte de los sentimientos de culpa y vergüenza que agobian a casi todos los sobrevivientes de abuso sexual. También discute cómo los seres humanos son construidos para comunicarse y relacionarse con otros, que al hacerlo, los sobrevivientes crean sistemas de apoyo social muy necesarios.

Tradicionalmente, los hombres han sido puestos en una "caja de hombres" donde se les dice que necesitan "aguantar" o "ser valientes" cuando se enfrentan con la adversidad. Esta ideología es errada de nuestras necesidades y deseos naturales como seres humanos para expresar cómo nos sentimos. Además, esto atrapa a los hombres en un dilema donde se enfrentan a ser vistos como "menos hombre" por hablar o tener que lidiar con el trauma solos.

Problemas con la intimidad y vulnerabilidades son señales de identidad para los sobrevivientes masculinos, como explica el Dr. Nourmand, pero estos problemas se pueden resolver y la recuperación es posible.

Para mí, como pareja y lo que el Dr. Nourmand dice en el siguiente capítulo, es importante, identificar que la educación es el primer paso en la comprensión y la recuperación. Me llevó 12 años darme cuenta de que el comportamiento de Robert no tenía nada que ver conmigo. Se derivó de su abuso, que ocurrió mucho antes de que yo estuviera en su vida. Cuando entro en un lugar oscuro, tengo que recordarme que no soy ni la causa ni la cura. Entonces necesito estar agradecida por lo que tengo: un gran esposo y un padre maravilloso.

No soy una sobreviviente y nunca pudiera entender adecuadamente cómo es eso. Pero puedo armarme con la educación. Busco entender a mi esposo y a los sobrevivientes masculinos. Cuanto más aprendo, menos internalizo.

Capítulo 15

Sobrevivientes de Abuso Masculino y Relaciones

Por: Raymond Nourmand, Ph.D.
American Jewish University

Cuando escuchamos o vemos la palabra "abuso", pensamos en violaciones físicas, sexuales o emocionales intensas. Después de todo, cuando aparece la palabra "abuso", eso es a lo que la mayoría de la gente se refiere normalmente. Sin embargo, cuando lo miramos desde una perspectiva diferente, el abuso puede entenderse más ampliamente como la experiencia de estar en cualquier situación en contra de su propia voluntad, donde uno siente un dolor intenso y angustia a manos de otro, sin una ruta de escape percibida durante un período crítico. Esto podría ser por: segundos, horas, días, semanas, meses o incluso años.

Cada vez que una persona experimenta cualquier tipo de abuso, hay una posibilidad razonable de que él o ella va a experimentar algún tipo de reacción mental, emocional o incluso física. Por naturaleza, el abuso es casi siempre una experiencia intensa, impredecible y abrumadora para la persona en el lado receptor. Estar en el lado receptor del abuso normalmente desafía el sentido de seguridad personal, orden y control de una persona en el mundo. Como seres humanos, nos gusta pensar que el mundo es un lugar ordenado, donde las cosas siempre están bajo control, y que, en consecuencia, no nos sucederá nada muy desagradable. Nos gusta pensar que el mundo es seguro, sano y confiable. Si bien podemos comprender intelectualmente que nos pueden pasar cosas desagradables porque las vemos cuando le suceden a otros, es razonable sospechar que nadie naturalmente espera que le pasen cosas desagradables personalmente. Tal vez esta es una defensa para ayudarnos a pasar nuestro día más cómodamente, una manera de reducir nuestro miedo y preocupación por lo que puede suceder, una manera de hacernos sentir seguros en un mundo que a veces parece caótico. Sin embargo, cuando ocurre el abuso, a menudo estas creencias se desafían inmediatamente. De repente, el mundo ya no parece ser el lugar seguro, predecible y agradable que imaginamos que es. No es tan seguro, ordenado y confiable como nos hubiera gustado creer. Como tal, los sobrevivientes casi siempre se enfrentan a una sensación muy real de miedo, vulnerabilidad y estar fuera de control que puede tomar semanas, meses, años, o incluso toda una vida para entender y llegar a un acuerdo.

La medida en que una persona se recuperará con éxito de su experiencia de abuso, probablemente esté relacionada con varios factores. Por ejemplo, es importante examinar la intensidad subjetiva del abuso, el nivel de funcionamiento del sobreviviente antes de que se produjera el abuso, la forma en que lidiaba con la adversidad antes del abuso, las características de la personalidad y el apoyo social percibido. En general, cuanto menos intenso sea el abuso y mejor funcionamiento tenga la persona antes del abuso, más resistente. Mientras mayor sea el apoyo social, el pronóstico será mejor. En otras palabras, es importante mirar las respuestas a las siguientes preguntas: ¿Cómo experimentó el abuso el sobreviviente? ¿Qué tan equipado estaba él o ella para lidiar con este tipo de abuso de manera efectiva? ¿Había pasado por dificultades similares antes? Si es así, ¿cómo se las arregló? ¿Se siente adecuadamente apoyado o cuidado socialmente?

En cualquier sobrevivencia exitosa, parte de la clave es que el sobreviviente se sienta cómodo hablando de lo que sucedió, de cómo se sentía y de los efectos residuales que el abuso ha tenido en él o ella de una manera abierta y honesta. Este tipo de comunicación puede ser útil para abordar sentimientos como: la soledad, la vergüenza y la culpa, que tienden a ser comunes entre los sobrevivientes. La pérdida de control que a menudo acompaña al abuso casi siempre lleva la sensación de: estar solo, aislado, y que "nadie entenderá nunca de lo que estoy hablando o por lo que he pasado". Es doloroso, la vergüenza y la culpa a menudo vienen a jugar un papel como mecanismos de afrontamiento para ayudar al sobreviviente a lidiar con el abuso. Parece que mientras alguien se sienta tenso, tenga vergüenza y culpa por el abuso, es cuando más está tratando de asumir la responsabilidad de lo que sucedió. El patrón de pensamiento es: "debo haber hecho algo malo para conseguir esto; necesito ser más cuidadoso la próxima vez". En el centro de estos sentimientos está el deseo de obtener el control, e intentar una reacción directa a sentirse tan fuera de control durante el abuso. Compartir acerca de estos sentimientos y otros puede ser un gran paso en la dirección correcta.

La comunicación se puede ver como un aspecto fundamental en la creación de un sentido de apoyo y conexión. Como seres humanos, estamos conectados para relacionarnos y conectarnos entre nosotros. Nos expresamos el uno al otro porque hacerlo nos permite sentir que pertenecemos, importamos, que nuestra historia es única y universal al mismo tiempo. Hablar, escribir y otras formas de expresión permiten que otras personas vengan a nuestro mundo, y ver cómo se ve la vida desde nuestra perspectiva personal. Es muy gratificante sentirse comprendido. Sin embargo, si la gente frecuentemente no entiende por lo que estamos pasando, es muy fácil para nosotros interiorizar esto en un estado vulnerable, y sentir que ya no tenemos un lugar para pertenecer a este mundo. Sin embargo, mientras hablamos, escribimos o comunicamos nuestras verdaderas experiencias internas pueden ser útiles para reducir la soledad, la vergüenza, la culpa y fomentar un sentido de conexión y pertenencia, a veces llegar a este punto de expresar directamente lo que realmente está entrando puede ser un verdadero desafío, especialmente para los sobrevivientes que son hombres.

Desde el principio de los tiempos, la sociedad le ha dicho a los hombres que cuando experimentan estrés, adversidad y calamidad, necesitan "ser fuertes". Necesitan ocultar lo que sienten dentro. Necesitan "aguntarse". Deberían "mantener la boca cerrada" y "tomarlo como un hombre". En resumen, nuestra cultura desalienta persistentemente a los hombres de mostrar y mucho menos hablar de sus verdaderos pensamientos y sentimientos internos.

Cuando la gente se siente triste, enojada, herida, asustada, preocupada y otros sentimientos desagradables, nuestros cuerpos están naturalmente conectados para expresar esas emociones y liberar esa energía. Nuestras emociones están ahí por una razón. Están destinados a estar allí. Son señales. Son las formas que tienen nuestros cuerpos de decirnos que algo está pasando, algo necesita atención y algo necesita ser abordado. Interrumpir ese proceso natural puede ser realmente perjudicial para la salud general. De hecho, los estudios han demostrado que cuando las personas reprimen sus emociones desagradables, son más propensos a reportar sentirse estresados que aquellos que expresan su malestar.

Mientras que las mujeres han sido tradicionalmente socializadas para expresarse, por alguna razón el mensaje opuesto se le ha transmitido a los hombres. En algún lugar, de alguna manera, a lo largo del desarrollo de la sociedad, se le ha dicho repetidamente a los hombres que eviten expresar sus sentimientos, se han desalentado para hablar sobre lo que está pasando dentro de ellos y se les ha dicho que compartir sus sentimientos es "malo", está "mal" y que deben "detenerlo" de manera efectiva. Esta doble moral impuesta socialmente al momento de expresarse es probable que complique la forma en que los hombres experimentan el abuso por completo. Al ser socializados para no hablar de sus verdaderas experiencias, los sobrevivientes masculinos a menudo se enfrentan a un dilema: permanecer en silencio para encajar, o hablar teniendo el riesgo de ser etiquetados como: "rotos", "defectuosos" o "débiles".

En consecuencia, es probable que los sobrevivientes masculinos estén en un lugar especialmente difícil cuando se trata de relaciones íntimas. Las mismas herramientas que se requieren para hacer florecer las relaciones íntimas son las mismas cosas con las que es probable que los sobrevivientes masculinos luchen con más que otros: a saber, la voluntad de ser abiertos, honestos y vulnerables. Para cualquier ser humano, ser abierto, honesto y vulnerable suele ser un desafío. Cada vez que nos abrimos a alguien, de alguna manera nos sometemos a él o ella, arriesgando la posibilidad de ser rechazados por él o ella. Y, de hecho, cuanto más personal es el nivel de auto-divulgación, más poderoso se vuelve este rechazo potencial, y por lo tanto más aterrador puede ser la experiencia general. Cuando se considera la idea de que los sobrevivientes de abuso son probablemente más sensibles a sentirse fuera de control que aquellos que no han experimentado abuso, la idea de hacerse vulnerable intencionalmente puede convertirse en un esfuerzo más complicado. Después de todo, es probable que el sobreviviente piense en el fondo: "la última vez que me vi fuera de control estaba devastada. Me lastimé, me dolió y me aproveché de maneras que no quiero volver a experimentar. No quiero volver a pasar por eso. Duele demasiado." Estar fuera de control, lo que requiere para ser vulnerable, es probablemente algo que los sobrevivientes masculinos son escépticos y cautelosos, al menos al principio. A esto se suma la presión de ser un miembro masculino de la sociedad, que en términos afectivos se les dice que abrirse es sinónimo de debilidad y el tema sigue siendo cada vez más complicado.

Sin embargo, hay buenas noticias. Si bien los sobrevivientes masculinos de abuso podrían tener un momento especialmente difícil al abrirse y ser deliberadamente vulnerables por las razones mencionadas anteriormente, también pueden ser notablemente resistentes. Este es precisamente uno de los propósitos principales de este libro: ¡compartir el mensaje de que hay esperanza, y que las cosas pueden mejorar!

Una clave importante para ayudar a los sobrevivientes masculinos a florecer en sus relaciones es entender que tienen necesidades especiales que inicialmente pueden sentirse cómodos expresándose. En primer lugar, es probable que los sobrevivientes varones sean particularmente sensibles a hacerse vulnerables dado que el abuso tiende a afectar a las personas. La naturaleza del abuso es tal que el sobreviviente a menudo se queda sintiendo una notable sensación de miedo, desconfianza, y estar fuera de control inmediatamente después de que el abuso ha comenzado y probablemente por algún tiempo después. Por supuesto, hay una variación considerable dentro de diferentes sobrevivientes en cuanto a qué medida es probable que sientan tal dolor y por cuánto tiempo. Al mismo tiempo, sin embargo, es razonable sospechar que tales experiencias intensas pueden dejar a los sobrevivientes sintiéndose más cautelosos acerca de volver a estar fuera de control. Es lo que las relaciones fuertes e íntimas generalmente requieren – entrar en lo desconocido y vulnerables. En segundo lugar, es probable que los sobrevivientes varones duden en abrirse sobre sus experiencias debido a las presiones sociales que dictan si los hombres expresan alguna sensación de vulnerabilidad, son: débiles, defectuosos y "menos hombres". Esto puede hacer que sea especialmente difícil para un hombre ser verdaderamente vulnerable. Es probable que tenga temor de ser criticado y excluido por compartir su verdad cuando no se ajusta a los estereotipos masculinos tradicionales de ser "fuerte", "poderoso" y estar "en control" en todo momento. Por último, es probable que los sobrevivientes varones necesiten cuidados y paciencia adicionales al menos después de sus primeras revelaciones de su experiencia con el abuso. Es muy importante que cuando un sobreviviente masculino asume ese primer riesgo de abrirse, sea escuchado con cariño, sensibilidad y paciencia. Es importante validar su experiencia y comunicarle que todavía es amado, aceptado y apreciado a pesar de lo que ha pasado. No está roto, no está loco y no es débil. Es valiente y es fuerte por hablar de ello.

Ser consciente de lo que es el abuso, cómo afecta a las personas y los desafíos únicos que experimentan los sobrevivientes masculinos puede ser muy beneficioso para aquellos que tienen relaciones cercanas con los sobrevivientes masculinos de abuso. Puede sonar típico, pero la educación es el primer paso vital. Cuanto más puede entender una persona de dónde viene un sobreviviente y traducir ese entendimiento en acción abierta, honesta y sensible, más se está preparando para el potencial de una relación verdaderamente maravillosa. Además, es importante tener en cuenta que todos venimos de nuestros propios orígenes, con nuestras propias historias únicas, con nuestros propios desafíos y luchas como individuos. La realidad es que cuanto más llegamos a entendernos a nosotros mismos y apreciamos cómo hemos sido afectados por las personas en nuestra propia vida, más podemos entender realmente a otras personas y realmente estar allí para ellos. La verdad es: cuanto más nos entendemos a nosotros mismos, más podemos entender con precisión a los demás. Cuanto más nos pongamos en contacto con nuestras propias experiencias de dolor, frustraciones, preocupaciones, ansiedades y decepciones, más probable es que entendamos e interactuemos sensiblemente con aquellos que podrían estar luchando con estos sentimientos a su manera.

Además, la educación sobre el abuso, el conocimiento de las presiones sociales y la conciencia personal parecen estar en el corazón de la construcción de grandes relaciones con las personas que son sobrevivientes varones. Como miembros de la sociedad, como miembros de la familia, como socios, cuanto más veamos que su dolor no es sólo su dolor, sino también nuestro dolor, más probable es que actuemos de manera que les transmitamos que no están solos, que sí importan y que siguen siendo adorables.

Capítulo 16 Resumen

Métodos Farmacológicos para el Tratamiento del Trauma

En este capítulo, el Dr. Richard Sinacola define el trauma como: "un obstáculo que es, por un tiempo, insuperable por el uso de métodos habituales de resolución de problemas... un malestar en el estado estacionario del individuo" (Caplan, 1961). Esta definición es congruente y compatible con otras definiciones utilizadas en este libro, específicamente la definición que se utilizó en el capítulo titulado "El abuso de mi marido", y la definición que el Dr. Nourmand utiliza en su capítulo, "Comprender a los sobrevivientes masculinos". Como se indica en el siguiente capítulo, el trauma es único para el individuo y se basa en sus percepciones de un evento. Dos personas, de diferentes orígenes, que experimentan diferentes acontecimientos de la vida, pueden percibir la misma situación de manera totalmente diferente. Uno puede sentir que han sido abusados y como resultado están traumatizados, mientras que el otro puede que no se sienta de la misma manera.

Si un individuo percibe el evento como traumático, es probable que resulte en angustia emocional y deteriore la capacidad del individuo para funcionar. La forma en que las personas perciben y lidian con el trauma se basa en varios factores. Sinacola afirma que las experiencias de vida, inteligencia e incluso nuestros recursos financieros influyen en la forma en que percibimos y posteriormente tratamos nuestro trauma. Obviamente, aquellos que están bien situados financieramente tienen más recursos para usar en el tratamiento. Sin embargo, todo el dinero en el mundo no sirve de nada si el sobreviviente no quiere lidiar con su trauma. Muchos sobrevivientes (incluido Robert durante mucho tiempo) quieren cerrar esa puerta y no volver a mirar detrás de ella.

Sinacola explica que el enfoque farmacológico no pretende ser la única fuente de tratamiento, sino más bien es para ser utilizado junto con otras herramientas de tratamiento como la psicoterapia. Sinacola destaca la importancia de la psicoterapia en los sobrevivientes de trauma, especialmente en los primeros días luego del abuso.

Sinacola también habla de la importancia del "hogar médico", que describe como la cooperación y la comunicación entre todos los especialistas que brindan atención al paciente. Este hogar médico comienza con el médico de atención primaria e incluye: terapeutas, psiquiatras y cualquier otro especialista que se necesite para tratar al sobreviviente.

El consenso general es que no existe una solución medicinal única para el TEPT. Más bien, los medicamentos deben utilizarse para tratar los diversos síntomas que pueden surgir de un traumatismo.

Uno de los síntomas comunes del trastorno de estrés postraumático es el insomnio. Sinacola presenta los efectos y beneficios de varios tipos diferentes de medicamentos utilizados para tratar este síntoma. Hace lo mismo con los medicamentos utilizados para tratar los otros síntomas comunes del TEPT, como: desórdenes del estado del ánimo, ansiedad, pensamientos paranoides, entre otros.

Sinacola enfatiza que es crucial que los proveedores estén al tanto de los historiales de abuso de sustancias de los pacientes. El abuso de sustancias es una manifestación común de trauma y una porción significativa de sobrevivientes masculinos que buscan atención tendrá antecedentes de ello. Existen medicamentos alternativos que no son narcóticos y planes de tratamiento para sobrevivientes que tienen antecedentes de abuso de sustancias.

A lo largo de la juventud de Robert y en su primer matrimonio, el usó sustancias como mecanismo de afrontamiento. Desde entonces ha dejado de usar cualquier sustancia. Ahora usa medicamentos adecuados que ayudan con su estado de ánimo y reducen los síntomas que surgen de su abuso.

La comunicación y la confianza son fundamentales cuando se trabaja con sobrevivientes. Tiene que haber buenas relaciones de trabajo entre el proveedor y el sobreviviente, así como la comunicación entre todos los profesionales que están brindando atención. Esto garantiza una recuperación más fuerte, holística y más eficaz.

Capítulo 16

Métodos Farmacológicos para el Tratamiento del Trauma

Richard S. Sinacola, Ph.D.
Psicólogo Licenciado y Consultor, Pasadena, CA

Profesor Adjunto al Programa MFT
The Chicago School of Professional Psychology

Conferenciante en Psicología y Educación,
California State University–Los Ángeles

Cuando uno se detiene a pensar en todas las fuentes potenciales de trauma y crisis a las que un individuo está expuesto a diario, no es de extrañar que en el curso de la vida de uno va a haber un evento que lleva a una persona que necesita asesoramiento o medicamentos para lidiar con el caos causado por la exposición a un evento traumático. Si bien, los individuos pueden definir su trauma personal o crisis en sus propios términos, la definición que funciona para los propósitos de este capítulo describe mejor el trauma como: "un obstáculo que es, por un tiempo, insuperable por el uso de métodos habituales de resolución de problemas... Un malestar en el estado estacionario del individuo", (Caplan, 1961). Aquí vemos que es la experiencia de trauma o crisis y la percepción única del individuo lo que determinan la naturaleza del efecto, si lo hay, en el individuo y su capacidad de funcionar. De hecho, el trauma generalmente tiene cuatro partes (Kanel, 2015):

1. Se produce un evento precipitante.
2. La persona tiene la percepción del evento como amenazante o perjudicial.
3. Esta percepción produce angustia emocional.
4. La angustia conduce a un deterioro en el funcionamiento debido a un fallo de los mecanismos habituales de afrontamiento.

Si el individuo no percibe el evento como traumático o necesariamente digno de mención, entonces no se verá afectado por él y el tercer y cuarto paso o partes no serían motivo de preocupación. Kanel (2015) señala que hay ciertos rasgos de personalidad o detalles que parecen indicar cuándo una persona puede ser más resistente o cuándo puede estar más en riesgo de verse afectada por un trauma. Las personas mayores tienden a ser menos impactadas por eventos traumáticos. Tal vez sus experiencias de vida han causado un efecto de "inoculación" en futuras situaciones de crisis. Las personas que han tenido numerosas experiencias de vida, como servir en el ejército, trabajar como misioneros en una tierra extranjera o trabajar en el Cuerpo de Paz tienden a ser más resistentes. Individuos con cociente intelectual alto tienden a ser capaces de razonar parte de su estrés y trauma lejos en comparación con aquellos con cocientes intelectuales más bajos. No es de extrañar que las personas con mayores recursos financieros tiendan a mejorar en el trauma. Parece que pueden tener los medios para contratar buenos abogados, médicos y otros profesionales cuando lo necesiten. Entonces, tienen los medios para "comprar" lo que necesitan para mejorar la situación. Además, el campo de la psicología del ego nos recuerda que las personas identificadas para tener buenas "fuerzas del ego" tienden a sobrellevar mejor cuando experimentan una crisis o un trauma. Por lo general, las buenas fortalezas del ego incluyen la capacidad de ser flexible y adaptativo, tolerante y optimista. Finalmente, las personas con antecedentes de enfermedad mental como: depresión, trastorno bipolar, ansiedad y trastorno del espectro psicótico tienden a no hacerlo tan bien entonces experimentan crisis y trauma, estos eventos son propensos a desencadenar un ataque de enfermedad mental cuando son experimentados por el individuo (Kanel, 2015).

Lo que consideramos las fuentes de trauma y crisis: desastres naturales, actos de violencia y terrorismo, agresión sexual, violencia doméstica, enfermedad grave o potencialmente mortal, muerte de un ser querido, pérdida de ingresos o exposición repetida a situaciones violentas o desagradables en las que el individuo tiene poco control. Está claro que hay muchas situaciones y eventos que podrían causar o desencadenar una crisis en el individuo. Para muchos que experimentan el caos y manifiestan síntomas, vemos una variedad de trastornos de ansiedad y trastornos del estado de anímico. Algunos de los trastornos más comunes incluyen varios trastornos de ajuste como trastorno del estado ánimo, depresión o ambos; trastorno por estrés agudo y TEPT; Trastorno de ansiedad NOS y Trastorno Depresivo NOS. También hay exacerbaciones del estado de ánimo ya existente o enfermedades del espectro psicótico como enfermedades depresivas mayores; Trastorno límite de la personalidad, trastorno de ansiedad generalizada, TOC, esquizofrenia y bipolar. Cuando esto ocurre, es imperativo que se preste asistencia rápidamente para normalizar el evento y prevenir la necesidad de una hospitalización importante. La etiología biológica real del TEPT y otras condiciones relacionadas con el trauma está fuera del alcance de este capítulo, pero la investigación ha demostrado que la exposición prolongada al estrés cambia la función y la estructura del sistema nervioso; a saber, el eje hipotalámico-hipófisis-adrenal que de hecho puede conducir a una desregulación de nuestro sistema de *lucha/vuelo* que resulta en deterioro (Raison & Miller, 2003).

Los objetivos de la psicoterapia varían de una escuela de pensamiento a otra, es ampliamente conocido que la intervención debe proporcionarse idealmente a los pocos días del evento o trauma para evitar que las percepciones traumáticas duraderas o los recuerdos se obtienen (Kanel, 2015). Los médicos suelen seguir un modelo A-B-C que implica: A. *Lograr* la relación con el cliente proporcionando comportamientos de asistencia apropiadas; B. *Hervir* el problema hacia abajo y llegar a los fundamentos del problema; C. Restablecer y evaluar las habilidades de *afrontamiento* del paciente (Jones, 1968). La terapia debe intentar establecer una relación rápidamente y ayudar al paciente a cambiar su percepción del evento siempre que sea posible. Tomar una historia adecuada ayuda al terapeuta con los hechos y exactamente cómo el paciente percibe el problema y la intensidad del efecto. Todos los terapeutas necesitan entender qué tipos de habilidades de afrontamiento el paciente ha utilizado en el pasado y si han sido eficaces. En la mayoría de los casos, el enfoque es triple, consta de terapia o consejería, proporcionar recursos y proporcionar medicamentos según sea necesario (Sinacola, 2015).–

Aquí, el médico proporciona asesoramiento o psicoterapia en un formato individual o grupal utilizando varios tratamientos basados en evidencia. Psicoanalítica, existencial, TCC y REBT han sido evaluados en el tratamiento de personas con historial de trauma. Se ha demostrado que las técnicas de atención plena, la hipnosis y la EMDR mejoran la situación de las víctimas de traumatismos y crisis (Kanel, 2015; Shapiro & Forrest, 1997). Para muchos pacientes que experimentan crisis y traumatismos, el evento en sí genera la necesidad de otros servicios o información. A menudo, el paciente necesita obtener asesoramiento legal para asuntos relacionados con el evento o la persona necesita una evaluación médica experta. Estos recursos pueden ser nada más que una referencia a otro profesional o pueden tomar la forma de difundir información sobre grupos de autoayuda o clases en el área. En algunos casos, la biblioterapia se sugiere con una lista de libros o videos para ver o discutir.

Por último, es posible que sea necesario utilizar medicamentos para ayudar al paciente a un funcionamiento óptimo o para evitar que la situación empeore. La mayoría de los expertos están de acuerdo en que no hay uno de los mejores medicamentos para los sobrevivientes de TEPT o trauma y que los medicamentos deben utilizarse para abordar un grupo de síntomas relacionados (Briere & Scott, 2006). Al considerar si puede ser necesaria una consulta de medicamentos, tenga en cuenta lo siguiente:

1.   ¿Los síntomas del paciente han empeorado en las últimas semanas?
2.   ¿El paciente no puede dormir, comer o trabajar?
3.   ¿Se siente suicida o desesperanzado?
4.   ¿Tiene el paciente antecedente de un trastorno del estado de ánimo?
5.   ¿Tiene el paciente antecedente de abuso de sustancias? Si es así, informe al prescriptor.

Muchos terapeutas con licencia olvidan que no referir a un paciente para una consulta de medicamentos (cuando su situación o condición sugeriría que se beneficiarían de uno) es, en sí mismo, mala practica. Al considerar las preguntas mencionadas anteriormente, sería prudente evaluar al paciente cada semana que está en tratamiento con usted y si usted nota que sus síntomas no están mejorando, a continuación, comenzar un diálogo con ellos sobre la medicación. Es importante enfatizar que la medicación es simplemente una herramienta, parte del plan de tratamiento, y de ninguna manera disminuye el papel o la importancia de la terapia. Para muchos pacientes con episodios anteriores de depresión mayor o manifestaciones psicóticas, es importante intervenir temprano para prevenir un episodio más grave. Ciertamente, si un paciente es incapaz de dormir y se está agitando cada vez más durante el día debido a esto, no es necesario que el paciente sufra innecesariamente. Los asistentes para dormir, los antidepresivos sedantes o los sedantes-hipnóticos podrían utilizarse con una conciencia de la historia personal de consumo de sustancias del paciente. Uno debe asegurarse de que no se le dé ningún medicamento que pueda ser abusado si tienen antecedentes de hacer esto.

Uno de los síntomas más disruptivos para los pacientes que han experimentado un trauma es la agitación y el insomnio. Hay tres tipos de insomnio típicos de pacientes con enfermedad mental o situaciones de trauma: insomnio inicial o la incapacidad para relajarse y dormirse; insomnio medio o la capacidad de conciliar el sueño seguido de episodios periódicos de despertar durante toda la noche resultando en agotamiento en la mañana; y finalmente, insomnio terminal donde el paciente se duerme bien, pero despierta a las tres o cuatro de la mañana incapaz de volver a dormir con quejas de sueño en el día (Sinacola & Peters-Strickland, 2012).

Los estudios han demostrado que los pacientes que suelen experimentar insomnio inicial son más propensos a experimentar ansiedad o una situación de crisis. Los pacientes sin antecedentes de problemas de sueño que han comenzado a experimentar insomnio también experimentan estrés o lo más probable es que se enfrentan a una crisis. Mientras que el estrés crónico se ha comparado en disminuir las cantidades de serotonina en el sistema nervioso central, depresión crónica y la presencia de un trastorno del estado de ánimo se ha asociado en contribuir al insomnio. Suponiendo que se haya tomado información adecuada de la historia y uno está razonablemente seguro de que el paciente no tiene antecedentes de abuso de sustancias, hay varias opciones para mejorar el sueño y reducir la agitación a la hora de acostarse.

Los pacientes necesitan ser educados que el uso de medicamentos para dormir comunes o alcohol puede aumentar el problema en el futuro y causar mayores síntomas de depresión con el tiempo. Para los pacientes que han experimentado un evento traumático reciente y que presentan la incapacidad para relajarse a la hora de acostarse a dormir, se puede sugerir un medicamento adecuado para conciliar el sueño. Los agonistas del receptor de benzodiazepina como: Ambien (zolpidem), Lunesta (eszopiclone) y Sonata (zaleplon) están diseñados para actuar rápidamente y ayudar con el insomnio inicial y medio. Tomado como se indica durante un corto período de tiempo (2-3 semanas) estos son eficaces en la restauración del sueño para que un paciente pueda seguir funcionando. También está disponible un medicamento más reciente conocido como antagonista de la orexina. Belsomra (suvorexant) trabaja para calmar estos neurotransmisores activos en el SNC. Tenga en cuenta que todas estas sustancias se identifican como problemáticas en convertirse en hábito de formación cuando se toma en cantidades más grandes y durante períodos más largos de lo que se esperaba inicialmente.

Si su paciente tiene antecedentes de abuso de alcohol o sustancias, es mejor evitar el uso de benzodiazepinas como: Xanax (alprazolam), Ativan (lorazepam) o Klonopin (clonazepam) para controlar la ansiedad y/o inducir el sueño. Se hacen excepciones si se ha confirmado y diagnosticado el trastorno de pánico. No es una buena idea considerar los barbitúricos para controlar la agitación y controlar el sueño. Estos son extremadamente adictivos y pueden conducir a una sobredosis no intencional. Además, algunos creen que el uso de benzodiacepinas puede interferir de hecho con el procesamiento psicológico de recuerdos traumáticos (Briere & Scott, 2006). Esencialmente sólo hay una medicación para el sueño que no crea hábito se conoce como Rozerem (ramelteon). Está diseñado para trabajar con sus niveles naturales de melatonina actuando como un agonista del receptor de melatonina.

Para los pacientes con problemas de abuso de sustancias, el uso de antidepresivos sedantes ofrece las mejores opciones. Estos medicamentos aumentan la serotonina y naturalmente mejoran el sueño con el tiempo. También tienen el beneficio adicional de mejorar el estado de ánimo y reducir las tendencias obsesivas vistos en aquellos que han tenido una situación de trauma reciente. Algunos sugieren que los ISRS pueden de hecho mejorar tanto la función como la estructura física de varias estructuras neurológicas necesarias para una emoción saludable (Briere & Scott, 2006). Estos medicamentos incluyen la mayoría de los ISRS como: Prozac (fluoxetina), Zoloft (sertralina), Paxil (paroxetina), Celexa (citalopram) y Lexapro (esitalopram), así como el SNRI Effexor (venlafaxina). Hay ISRS más nuevos y SPARI disponibles. Estos incluyen: Brintellix y Viibryd, pero hasta la fecha, sólo tienen aprobación para su uso en pacientes con depresión. Algunos de los medicamentos tricíclicos más antiguos como la amitriptilina y el doxepin son muy sedantes, pero estén atentos a varios de los otros efectos secundarios anticolinérgicos como: mareos, sequedad de boca, estreñimiento, visión borrosa e hipotensión. Antagonistas de receptores de serotonina-5HT2 de última generación como: trazodona y nefazodona son sedantes y menos propensos a causar tantos problemas anticolinérgicos. El medicamento heterocíclico Remeron (mirtazepina) es bastante sedante, pero se debe tener cuidado con un aumento en el peso y el apetito, especialmente en dosis más bajas.

Ha habido un aumento en los médicos y otros prescriptores que utilizan medicamentos antipsicóticos muy sedantes para ayudar a los pacientes agitados que reportan insomnio. A menos que el paciente sea diagnosticado con psicosis, se encuentre seriamente agitado, o presente un peligro para sí mismo o para otros, estos medicamentos no deben utilizarse rutinariamente para inducir el sueño o controlar la ansiedad. La mayoría de estos medicamentos llevan perfiles de efectos secundarios graves y pueden causar cambios en el peso, los perfiles de colesterol y el metabolismo. Estos tampoco son una buena idea para los pacientes de edad avanzada o cardíacos, ya que muchos de estos se conocen por causar arritmias cardíacas potencialmente mortales que podrían conducir a un accidente cerebrovascular. Un medicamento en particular, Seroquel (quetiapina), es muy sedante y a veces se utiliza como una ayuda alternativa para dormir. Este medicamento no debe ser considerado a menos que otros hayan fallado y el paciente tenga manifestaciones psicóticas o características del trastorno bipolar. El perfil de efectos secundarios es considerablemente mayor que la mayoría de los medicamentos para dormir, incluso las benzodiazepinas (Sinacola & Peters-Strickland, 2012).

Los pacientes que estuvieron expuestos a eventos traumáticos que más tarde tienen síntomas relacionados con el TEPT y el trastorno de estrés agudo pueden tener en cuenta medicamentos que no solo reducen los problemas del estado anímico y la ansiedad, sino que calman el pensamiento paranoide, los terrores y la agitación nocturnos. Cuando el pensamiento paranoide o psicótico está presente, puede ser necesario el uso de antipsicóticos atípicos. Los medicamentos sedantes son más útiles, especialmente si el paciente no puede dormir o está agitado. Mientras que la mayoría de ellos trabajará para reducir los síntomas, algunos como la quetiapina y la olanzepina son más sedantes. La risperidona en dosis bajas y la aripiprasole ayudan a reducir los síntomas con menos potencial general para efectos anticolinérgicos y piramidales adicionales,

241

como posibles trastornos del movimiento nocivo discinesia tardía (Sinacola & Peters-Strickland, 2012). El uso de estabilizadores del estado de ánimo / anticonvulsivos como: Lamictal (lamotrigina), Depakote (valproato), y Topamax (topiramato) muestran promesa en la reducción de los cambios de humor y agitación emocional en pacientes expuestos a trauma que se quejan de agitación lábil. Algunos como Neurontin (gabapentina) son muy sedantes y efectivamente se pueden utilizar antes de acostarse para ayudar con el sueño. Muchos pacientes experimentan pesadillas o terrores nocturnos como resultado de su exposición y se sienten "re-traumatizados" cuando duermen mientras los sueños les recuerdan los acontecimientos. Para estos pacientes, el uso del agente inhibidor adrenérgico Prazosin reduce estos casos. Algunas investigaciones sugieren que el uso de propranolol poco después de la exposición a un evento traumático puede interferir con cómo algunos de estos recuerdos se almacenan en el sistema nervioso (Nugent et al., 2010). El uso de agonistas alfa y beta-adrenérgicos parece ser principalmente para reducir la sobre estimulación y la alteración del sueño.

Los medicamentos que son más noradrenérgicos o dopaminérgicos pueden ser demasiado estimulantes para la mayoría de los pacientes con problemas relacionados con la ansiedad y el trauma. Se deben evitar los antidepresivos estimulantes junto con el uso de estimulantes reales como el metofenidato o las compuestas de anfetamina, a menos que, por supuesto, el paciente ya las haya intentado y sea diagnosticado con TDAH. Los analgésicos también deben evitarse debido a su alto riesgo de adicción. Mientras que los analgésicos y los medicamentos a base de opioides reducen el dolor y causan un efecto calmante en una persona ansiosa, no ofrecen beneficios farmacológicos redentores con el tiempo.

Es importante que el médico de salud mental se dé cuenta de que él o ella es parte de un equipo de tratamiento diseñado para ayudar al paciente a mejorar y mantener sus ganancias. A menudo, el terapeuta no médico se siente mal equipado para discutir la necesidad de una consulta de medicamentos con los mismos profesionales que los están proporcionando. En el entorno de atención médica actual, el modelo de "hogar médico" irradia al proveedor de atención primaria (PCP) del paciente, que coordina la atención de varios especialistas y servicios. Debe ser consultado y el PCP decidirá si se siente cómodo con proporcionar el medicamento en cuestión o si se necesita un psiquiatra o un especialista en enfermería clínica. El terapeuta debe sentirse cómodo iniciando la referencia y consultando con el prescriptor para asegurarse que el prescriptor está consciente de todos los síntomas y el alcance de la preocupación que se presenta. El terapeuta es también la persona que ve al paciente semanalmente y puede alertar al prescriptor sobre cualquier efecto secundario o reacción, así como proporcionar actualizaciones periódicas sobre el progreso del paciente. Por lo general, los prescriptores aprecian los comentarios oportunos y no esperan que los proveedores no médicos estén bien empapados en los medicamentos y sus expectativas. Sin embargo, aprecian cierta conciencia del diagnóstico y los medicamentos indicados para su tratamiento. Si un prescriptor en particular no responde a los comentarios de los terapeutas y esencialmente está ignorando sus comentarios, se debe buscar otro proveedor y el PCP informado de la necesidad de otra referencia. Es importante que todos los miembros del equipo de "hogar médico" trabajen juntos al servicio del paciente.

Recuerde que los pacientes que han experimentado eventos de trauma a menudo están asustados y un poco desconfiados de los demás. Es más probable que escuchen o crean en otros que han experimentado traumas más que en los profesionales que los tratan. Es importante ofrecerles orientación y paciencia para facilitar la alianza terapéutica. Tener una buena relación de trabajo a lo largo del tiempo asegurará que el paciente esté involucrado en el proceso de tratamiento y es probable que permanezca en tratamiento hasta que se resuelvan los problemas.

Referencias

Briere, J., & Scott, C. (2006). Principles of trauma therapy: A guide to symptoms, evaluation, and treatment. Thousand Oaks, CA: Sage Publications.

Caplan, G. (1961). *An approach to community mental health.* New York: Grune & Stratton.

James, R., & Gilliland, B. (2013). *Crisis intervention strategies (7th Ed.).* Pacific Grove, CA: Brooks/Cole.

Janosik, E. (1986). *Crisis counseling: A contemporary approach.* Monterey, CA: Jones and Bartlett.

Jones, W. (1968). The ABC method of crisis management. *Mental Hygiene, 52,* 87-89.

Kanel, K. (2015). *A guide to crisis intervention (5th Ed.).* Stamford, CT: Cengage Learning.

Nugent, N., Christopher, N., Crow, J., Brown, L., Ostrowski, S., & Delahanty, D. (2010). The efficacy of early propranolol administration at reducing PTSD symptoms in pediatric injury patients: A pilot study. *Journal of Traumatic Stress, 23,* (2), 282-287.

Raison, C., & Miller, A. (2003). When enough is too much: The role of insufficient glucocorticoid signaling in the pathophysiology of stress related disorders. *American Journal of Psychiatry, 169,* 1554-1565.

Shapiro, F., & Forrest, M. (1997). *EMDR.* New York: Basic Books.

Sinacola, R. (2015, September). *The A-B-Cs of Trauma and Crisis Intervention.* Symposium presented at Pacific Oaks College - Pasadena, CA.

Sinacola, R., & Peters-Strickland, T. (2012). *Basic psychopharmacology for counselors and psychotherapists.* (2nd Ed.). Boston: Allyn and Bacon.

Capítulo 17 Resumen

Parejas y Trauma: Desafíos y Oportunidades

Lo único que tenemos que aportar a una relación es nuestra propia experiencia, que está completamente moldeada por nuestro pasado, así como los valores y normas que nos fueron impresos por nuestras familias y grupos de colegas. A medida que crecemos, adquirimos nuevas experiencias que ayudan a dar forma y moldear nuestra percepción del mundo, como una pieza de arcilla contorneada por un artista– la vida. Confiamos y nos basamos en estas experiencias en nuestras relaciones con: amigos, familiares, cónyuges y todos los demás con los que entramos en contacto a diario. Si bien la mayoría de estas interacciones diarias parecen intrascendentes y tienen poca importancia, son significativas por dos razones: en primer lugar, se suman al moldeo de nuestra realidad y en segundo lugar, si son negativas o positivas se construirán unas sobre otras. El último colmó no rompe la espalda del camello; el peso de las pajas debajo de ella lo hace.

Nuestros cerebros son mucho mejores para recordar experiencias negativas que las positivas; es parte de nuestra psicología – la respuesta de vuelo o lucha – y dio a nuestros ancestros cavernícolas ventajas que aseguraron que la especie humana sobreviviera. El sistema límbico nos adaptó bien al alertarnos de tigres y mastodontes gigantes, pero en 2017, esas amenazas son escasas, y los viejos sistemas de advertencia pueden ser perjudiciales para nuestras relaciones interpersonales.

Las manifestaciones negativas de esta respuesta se encuentran comúnmente en los sobrevivientes masculinos, debido a su estrés postraumático por los abusos sufridos cuando son niños. Estas experiencias de vida han moldeado sus cerebros de tal manera que responden de una manera particular a una amenaza – física o mental. Las principales formas en que estas tensiones se manifiestan en las relaciones son: a través de la evitación y el adormecimiento.

¿Por qué no me ama? Y *no se preocupa por mí*, son pensamientos frecuentes que tuve después de una llamada con Robert. Su evitación de mí y el problema en la mano me dejó desconcertada y cuestionando su afecto hacia mí. Lo que me di cuenta es que esta era su manera de tratar de protegerse de lo que su mente le dijo que era una amenaza. Los sobrevivientes masculinos quieren distanciarse tanto como pueden de cualquier fuente de conflicto. Esto es cierto con Robert. Otros participarán en conductas de riesgo, incluyendo drogas y alcohol, para adormecerse.

El cerebro, como órgano maleable, se puede cambiar y esos viejos comportamientos son reemplazados por otros nuevos. La terapia y las experiencias positivas de trabajar a través de los problemas de una manera saludable intentan crear patrones más saludables en las respuestas y relaciones. Llevan tiempo y esfuerzo y el apoyo amoroso de familiares y amigos.

Como cónyuges, caemos en nuestros propios papeles dentro de la relación. Una relación con un sobreviviente masculino tenderá a inclinarse hacia el desequilibrio. Una persona hace más que la otra, uno tiene la responsabilidad de cuidador o autoridad. Hay muchas dinámicas posibles que pueden jugar. En nuestra relación, tiendo a hacer más y tomo la mayoría de las decisiones en la casa. Las finanzas, qué coche comprar y otras decisiones importantes del hogar se dejan en mi poder; he aceptado y adoptado ese papel, al hacerlo, la dinámica entre nosotros funciona.

Podría escribir una lista de las deficiencias de Robert, cosas que me molestan o comportamientos que desearía que hiciera o no. ¡Estoy segura de que él también podría hacer lo mismo por mí! Eso es cierto para todos nosotros en nuestras relaciones con los demás. Lo que he aprendido a hacer y lo que requiere un verdadero crecimiento emocional, es mirar dentro de mí las cosas que puedo cambiar, en lugar de intentar cambiar irremediablemente a otra persona.

Lo que he descrito es un resumen de lo que leerás con más detalle en el siguiente capítulo, escrito por la Dra. Melody Bacon, especialista en el campo de las relaciones y el trauma. Describe la dinámica de las parejas y cómo se desarrolla el trauma en esas relaciones.

Capítulo 17

Parejas y Trauma:
Desafíos y Oportunidades

Melody Bacon, Ph.D.

The Chicago School of Professional Psychology

Puedes despedirte de tu familia y amigos y poner millas
entre ti,
pero al mismo tiempo, los llevas contigo en tu corazón,
tu mente, tu estómago,
porque no sólo vives en un mundo, sino que un mundo
vive en ti.
~Frederick Buechner

Las relaciones humanas están llenas de lucha, incluso en
las mejores circunstancias. Esto se debe a que las personas
son complicadas y la complejidad se magnifica en las
relaciones conyugales. Debido a que el matrimonio es una
relación vulnerable con tasas de divorcio que promedian
alrededor del 50%, las parejas saben que su matrimonio
enfrenta una probabilidad de fracaso. Esto crea
incertidumbre y ansiedad; añadir a esto el impacto del

trauma, es fácil entender por qué los matrimonios en los que una pareja experimentó traumas son particularmente desafiantes.

Este capítulo revisará el efecto de la sobrevivencia al trauma en las parejas en el contexto de los desafíos y dinámicas maritales típicos. Mientras que el término "matrimonio" transmite varios significados, para nuestros propósitos el matrimonio se definirá para incluir uniones entre personas del mismo sexo y heterosexuales, así como relaciones de derecho común a largo plazo. Reconociendo que cada una de estas relaciones tiene su conjunto único de desafíos, todavía es posible hablar de dinámicas relacionales y patrones que son comunes a todas esas relaciones.

Visión general de la dinámica matrimonial típica

Schnarch (2009) llama al matrimonio una "máquina de crecimiento de la gente". Argumenta que, en cada matrimonio, las personas llegarán al final de lo que saben hacer para resolver conflictos y eventualmente terminarán en un bloqueo emocional. Aquí es cuando comienza la verdadera oportunidad de crecimiento para cada socio. Este estancamiento emocional generalmente ocurre después de que una pareja ha estado junta alrededor de cinco a siete años, de hecho, el punto de 7-10 años en un primer matrimonio es un tiempo común para el divorcio. Como las parejas no resuelven el estancamiento del estancamiento, uno o ambos deciden que se han casado con la persona equivocada y solicitan el divorcio. Desafortunadamente, los segundos matrimonios tienen una tasa de divorcios mucho más alta que los primeros matrimonios: 75% según algunos estimados. Una razón para esto son los factores de estrés añadidos de las familias mezcladas, pero también es cierto que las personas a menudo se encuentran luchando con los mismos problemas que tenían en sus primeros matrimonios. Como dice el viejo refrán "donde quiera que vayas, ahí estás". Eres la constante en tu vida.

La influencia del sistema familiar

Parte de lo que constantemente traemos a nuestras relaciones son las habilidades, patrones y suposiciones de nuestras familias de origen. Se podría decir que "donde quiera que vayas, *ahí* están". Como señala el poeta y autor, Fredrick Buechner, "los llevas contigo en tu corazón, en tu mente, en tu estómago". La teoría Sistémica de Familia de Bowen sostiene que los individuos entran en la edad adulta con ciertos valores predeterminados para regular la intensidad emocional. Estos valores predeterminados, conocidos como reactividad, aunque no innatos, funcionan de la misma manera que un instinto en el sentido de que generalmente son reacciones inconscientes. Por lo tanto, un individuo de una familia que tiende hacia un alto grado de distancia emocional para regular la intensidad y minimizar el conflicto traerá este default a sus relaciones adultas. Cuando la intensidad emocional aumenta en la relación marital de esta persona, él o ella avanzará hacia el distanciamiento como un medio para reducir la intensidad y el conflicto. Por el contrario, aquellos individuos de familias que utilizaron la fusión emocional como una forma de regular el conflicto impulsarán mayores niveles de unión. Cuando aumenta la intensidad emocional, estos individuos tienden a insistir en el acuerdo a toda costa y ven el desacuerdo como un signo de traición.

Lo que esto enseña es que los seres humanos están formados en gran medida por experiencias que se almacenan en el cerebro creando conexiones únicas. Esto significa que, durante los años más cruciales de desarrollo, nuestros cerebros se forman en el contexto de nuestras familias de origen. La forma en que nuestras familias manejaron el conflicto tiene un impacto significativo en los conjuntos de habilidades que traemos a nuestros matrimonios más adelante en la vida. Por defecto, las reacciones arraigadas cada vez que un evento replica algo en nuestro pasado. Por ejemplo, si usted está teniendo un conflicto con su cónyuge, su cerebro recurrirá a viejas reacciones formadas a lo largo de su infancia y generalmente formadas por su sistema familiar mucho antes de que usted naciera. Teniendo en cuenta esto, hacer cambios en el contexto de la familia de origen ofrece la mejor oportunidad para un cambio duradero.

Cuando esta reactividad normal se antepone con la experiencia de trauma, sin embargo, la capacidad de hacer tales cambios se ve comprometida. Esto se debe a que nuestros cerebros están cableados para aferrarse a experiencias negativas, particularmente aquellas que amenazan la supervivencia. Como explica Hanson (2013), las experiencias importan, "no sólo por cómo se sienten en el momento, sino por los rastros duraderos que dejan en tu cerebro", (pág. 11). Esto significa que las experiencias amenazantes son mucho más propensas a dejar una huella que las buenas experiencias. Esto tiene que ver con la forma en que el cerebro une la memoria con la emoción en lo que Hanson (2013) describe como negatividad incorporada para que las experiencias dolorosas y negativas tengan mucho más efecto que experiencias agradables y positivas. Este proceso tiene lugar en el sistema límbico (lucha, vuelo o congelación) del cerebro, particularmente en la amígdala, que entrelaza la memoria con su experiencia afectiva. Con el tiempo, la amígdala se vuelve hipersensible a las experiencias negativas por lo que incluso experiencias relativamente no amenazantes activan las campanas de alarma y los mecanismos de supervivencia inherentes al cerebro liberan hormonas de estrés como la adrenalina, el cortisol y la norepinefrina. El cortisol sobre estimula el cerebro y eventualmente hará que el hipocampo se encoja, haciendo aún más difícil calmarse y discernir lo que es una amenaza real (Hanson, 2013, p. 23).

Pero no todas las experiencias negativas son iguales en intensidad, de hecho, la mayoría se almacenan finalmente como recuerdos con niveles cada vez más bajos de intensidad emocional y sensacional (van der Kolk y McFarlane, 1996). Sin embargo, algunos eventos son tan amenazantes y cargados de intensidad emocional que un individuo no es capaz de procesarlos eficazmente, estableciendo el escenario para el desarrollo de TEPT. "Así, paradójicamente, la capacidad de transformar la memoria es la norma", explican van der Kolk y McFarlane, "mientras que en el TEPT la mayor parte de una experiencia no se desvanece con el tiempo" (pág. 9).

El impacto del trauma en las relaciones

Mientras que el TEPT es un diagnóstico multifacético, hay ciertos problemas asociados con este diagnóstico que afectan directamente una capacidad para formar y mantener relaciones saludables; estos incluyen: una tendencia hacia el adormecimiento de la capacidad de respuesta, la incapacidad para modular las respuestas fisiológicas al estrés, los problemas con la discriminación y el estímulo y las alteraciones en sus mecanismos de defensa psicológica e identidad personal (van der Kolk y McFarlane, 1996, pág. 9).

Estos problemas tienen una correlación directa con la forma en que es probable que un individuo reaccione a los factores de estrés conyugales normales. Por ejemplo, evitar y adormecer resultará en distanciamiento emocional, mientras que la excitación crónica se manifestará como una tendencia a reaccionar impulsivamente a las amenazas percibidas. Como explican Van der Kolk y McFarlane (1996), "la incapacidad de las personas diagnosticadas con TEPT para descifrar mensajes del sistema nervioso autónomo interfiere con su capacidad para articular cómo se sienten (alexithymia) y hace que tiendan a reaccionar a su entorno con comportamientos exagerados o inhibidos", (pág. 13-14). "En los adultos", explican, "se expresa en un comportamiento impulsivo, dependencia excesiva y pérdida de capacidad para tomar decisiones reflexivas y autónomas", (pág. 14).

Esto es particularmente cierto para las personas que provienen de familias de origen de bajo funcionamiento que se caracterizan por altos niveles de intensidad emocional que resultan en negligencia y abuso. Los estudios realizados por van der Kolk (1996) revelan que "los adultos traumatizados con historias infantiles de abandono severo tienen un pronóstico particularmente pobre a largo plazo en comparación con individuos traumatizados que tenían vínculos de apego más seguros cuando eran niños" (pág. 185). Esto estaría en consonancia con las suposiciones hechas por las teorías de los sistemas familiares de que la intensidad emocional de la familia de origen afecta la forma en que los adultos manejan las relaciones. Es lógico que las personas que llegan a la edad adulta con déficits en la regulación auto-calmante y emocional tendrían dificultades para manejar las relaciones íntimas. Cuando un individuo también está luchando con trauma, estos déficits se agravan.

Sin embargo, si uno dibujara diagramas familiares de estos individuos, su sintomatología estaría en consonancia con la característica general del sistema familiar. En otras palabras, es muy poco probable que estos individuos destaquen en comparación con otros miembros de la familia a lo largo de varias generaciones, aunque pueden ser el miembro más sintomático de su familia nuclear. Por eso es importante que las personas entiendan los patrones relacionales de su familia de origen y su lugar dentro de un contexto de muchas generaciones.

El efecto negativo de la evasión y el entumecimiento

De todos los síntomas del TEPT, la evasión y el adormecimiento explican la razón más grande para que las esposas busquen el divorcio, un hecho que también es consistente con la literatura más amplia sobre el divorcio. Según una investigación realizada por Galovski y Lyons (2004), las esposas e hijos de veteranos con síntomas principales de TEPT era evitar y adormecer "llegaron a creer que los veteranos no se preocupaban por ellos en absoluto", (pág. 483). Este hallazgo fue corroborado por un meta-análisis de la investigación realizada sobre el TEPT y los problemas de relación íntima llevada a cabo por Taft, Watkins, Stafford, Street & Monson (2011). Informan: "Algunos trabajos preliminares sugieren que los síntomas de evitación y anestésico del TEPT están particularmente asociados con la mala satisfacción de las relaciones" (pág. 29).

Además, varios estudios han demostrado que las familias de veteranos que mostraban evasión y adormecimiento eran menos propensas a asistir a la terapia familiar (Galovski y Lyons, 2004, pág. 492). Meis, Kehle, Barry, Erbes & Polusny (2010), (en su estudio del TEPT y la utilización del tratamiento entre soldados de la Guardia Nacional acoplados) encontraron que aquellas familias en las que el soldado tenía niveles más bajos de sintomatología de TEPT eran menos propensas a buscar asesoramiento. Si bien no fueron capaces de sacar conclusiones firmes, puede ser que la evasión y el adormecimiento sean más prominentes en los niveles más bajos de sintomatología del TEPT, ya que estos mecanismos de defensa mitigarían la conciencia de la angustia entre los soldados y sus cónyuges. Por lo tanto, no sólo la evasión y el adormecimiento crean problemas para la relación, sino que también contribuye a la minimización de los problemas en sí por parte de la pareja y otros miembros de la familia, por lo que es mucho menos probable que busque ayuda de manera oportuna.

Cómo se adaptan las parejas al TEPT

Según nuestro conocimiento aumenta, sobre los efectos del TEPT en las parejas, poco se ha escrito sobre cómo incorporar este entendimiento en lo que se puede hacer para abordar los problemas que estas parejas enfrentan. Un estudio, sin embargo, ofrece alguna dirección. En una investigación realizada en parejas en las que una pareja ha experimentado traumatismos, Henry, Smith et al (2011) encontraron que las parejas tendían a adaptarse a los síntomas del TEPT en cinco patrones identificables: el papel en la relación, los problemas de límite, los problemas de intimidad, los desencadenantes y los mecanismos de afrontamiento (pp. 325-328). Por ejemplo, algunos cónyuges respondieron asumiendo el papel de apoyo, ayudando a calmar a su pareja en momentos de alta ansiedad. Otros asumieron un papel instrumental, buscando acciones específicas para abordar cuestiones relacionadas con el trauma (pp. 324-325). Estos roles fueron identificados con mayor frecuencia por los asociados como respuestas directas a los desafíos de vivir con TEPT.

En este papel, a su vez, son mantenidos por los sistemas estableciendo los límites dentro de un marco de reglas y patrones de interacciones. Un ejemplo de esto es el patrón perseguidor-distanciado: un problema matrimonial común, pero que está constituido de manera única en estas parejas a medida que la pareja con TEPT adquiere la tendencia a distanciarse para protegerse del dolor emocional y el otro busca involucrar a su pareja. La prueba de la relación también es una característica común de como la pareja diagnosticada con TEPT puede ver si su cónyuge permanece comprometido con la relación. Aquí también la evasión surgió como un factor clave. "Los participantes discutieron evitando cuestiones particulares y fingiendo que los problemas no existían ni afectaron sus vidas", explican (Henry, Smith et al, 2011, pág. 326). Estos límites en los patrones contribuyen a problemas con la intimidad emocional y sexual. Mientras que los desencadenantes dificultan que las parejas con TEPT naveguen las relaciones diarias.

El cambio natural del cerebro

A pesar de los obstáculos a las parejas que luchan con el impacto del trauma, la buena noticia es que el cerebro humano es cambiante. Como explica Hanson (2013), "El cerebro es el órgano que *aprende,* por lo que está diseñado para ser cambiado por experiencias" (pág. 10). Por lo tanto, a pesar de que el cerebro se ha visto afectado por un trauma, el esfuerzo consciente y repetido con el tiempo cambiará las neuropatías existentes en un proceso conocido como neuroplasticidad dependiente de la experiencia (Hanson, 2013, p. 10). Para las parejas, esto significa que ambas partes pueden trabajar dentro de la relación para cambiar el valor emocional de la reactividad a la responsividad. Desde ser impulsado por la reactividad del mecanismo de lucha, huida o congelación a ser guiado por la intención reflexiva y los valores profundamente arraigados.

Esto implica que aprender a resolver las propias reacciones con el fin de evaluar con mayor precisión el entorno, el propio estado emocional y evaluar el estado emocional de los demás. Como explica van der Kolk (2014), la capacidad de permitir que nuestra corteza prefrontal (donde se desarrolla nuestro pensamiento) pueda modular nuestras reacciones es "crucial para preservar nuestras relaciones con nuestros semejantes" (p. 62).

Todas las relaciones ofrecen la oportunidad de crecer y cambiar la fisiología cerebral. Sin embargo, aquellas parejas en las que un individuo está sufriendo de TEPT se enfrentan a un desafío único en el que los síntomas del TEPT pueden mejorar mediante psicoterapia. A la luz de esto, la pareja que sufre de los efectos del trauma debe participar en la psicoterapia individual con un profesional de salud mental bien entrenado. Esto preparará el escenario para cambios más efectivos dentro de la relación y le permitirá a ambos socios centrarse en los patrones de cambio para que la relación funcione mejor para ambos.

Hacer cambios dentro de la relación manteniendo el enfoque en ti mismo

Abordar los desafíos comunes de las parejas en general ayudará a crear una ruta para evitar perderse en los detalles, en su lugar, concentrarse en los patrones de interacción. Mirar estos patrones típicos y luego cambiar tu parte en esos patrones te permite enfocarte en lo que puedes cambiar y te ayuda a evitar concentrarte en tu pareja para tratar de que cambie.

De hecho, el detalle principal de hacer cambios positivos dentro de una relación es mantener el enfoque en ti mismo y evitar enfocarte en tu pareja. Esto requiere que seas consciente de tu nivel de ansiedad y que practiques el responder a situaciones basadas en tus principios y valores. ¡Trabajo duro, pero se puede hacer!

Patrones de relación comunes

Hay varios patrones que son comunes a todas las relaciones, pero los dos que son más identificables son: funcionamiento alto y funcionamiento bajo. En la dinámica perseguidor-distanciado, una pareja reaccionará a la intensidad relacional al llegar a ser emocionalmente distante en un intento inconsciente de evitar que la relación se vuelva demasiado intensa. En respuesta, su pareja comenzará a presionar por una mayor conexión en un esfuerzo por evitar que la relación se enfríe demasiado. Cualquiera de los dos socios puede cambiar su parte en este patrón, pero por lo general el perseguidor está en la mejor posición para hacer un cambio ya que es más fácil dejar de hacer algo (perseguir ansiosamente) para empezar. Independientemente de que ambos socios decidan cambiar o no, cada uno tiene una parte en el mantenimiento de este patrón, por lo tanto, puede realizar cambios. El perseguidor puede aprender a reconocer cuando hay niveles crecientes de conflicto en un esfuerzo por conseguir que su pareja responda. En su lugar, pueden trabajar para reducir su ansiedad, tomando tiempo para componerse, y luego responder a su pareja con una calma y curiosidad acerca de su pensamiento. El distanciado puede observar cómo y cuándo tienden a alejarse emocionalmente, luego decidir iniciar una discusión sobre el tema en lugar de barrer las cosas debajo de la alfombra, con la esperanza de que los problemas desaparezcan.

En la reciprocidad del funcionamiento alto y funcionamiento bajo, un compañero responde a la ansiedad haciendo más (funcionamiento alto) y en respuesta a esto, el otro compañero disminuye la cantidad que hace (funcionamiento bajo). Por lo general, la persona que hace más se queja de que están haciendo demasiado, pero está seguro de que, si no lo hace, nadie más lo hará. La persona que hace menos, por otro lado, ve a la otra persona como demasiado ansioso y controlador. Por lo general, se quejan de que el que hace más tiene expectativas poco realistas y nunca están satisfechos con los esfuerzos realizados para ayudar. Aquí también la clave es reducir la reactividad ansiosa y responder desde un valor o un principio en su lugar. El que hace menos, su objetivo no es conseguir que otras personas hagan más, sino cambiar a hacer la cantidad correcta. Este cambio implicaría una discusión reflexiva con su pareja y exploraría su pensamiento sobre el tema. Del mismo modo, el que hace menos puede observar su parte en este patrón. Tal vez la respuesta a la ansiedad de su pareja por hacer las cosas de la manera "correcta". Si ese es el caso, entonces una discusión sobre cuánto es suficiente sería útil. Los que hacen menos a menudo reaccionan en un esfuerzo por evitar conflictos, por lo que avanzar hacia el cónyuge con curiosidad reflexiva comenzará a cambiar este patrón.

Reemplazar la reactividad emocional con un pensamiento

Es fácil caer en los patrones mencionados anteriormente porque no son el resultado de una decisión consciente, sino de reacciones a dinámicas relacionales establecidas durante mucho tiempo en su familia de origen. Cuando un evento se experimenta como similar a uno de estos patrones más antiguos, las personas reaccionan de una manera que ha estado tan arraigada que la mayoría de las veces, la gente ni siquiera es consciente de que esto está ocurriendo. Por lo general, la gente cree que, si su pareja cambiara, todo saldría bien. Si la persona que hace menos, simplemente recogerá su funcionamiento (generalmente en la forma en que el que hace más quiere que se haga), entonces el que hace más, no tendría que cambiar. Es como si el perseguidor dejara de hacer un gran negocio de la nada (como es probable que piense el distanciado), entonces el distanciado no tendría que cambiar. Ver a la otra persona como el problema es fácil; reconocer nuestra parte en el problema es mucho más difícil y hacer cambios es aún más difícil, pero no imposible. Si vemos estas oportunidades como oportunidades de crecimiento personal, entonces el camino se vuelve más fácil.

Esto comienza, sin embargo, con una revisión de los valores e ideales de uno. No puede realizar cambios si no conoce la base para realizar los mismos. Los cambios realizados en un esfuerzo por conseguir que otra persona cambie no duran. Los cambios basados en un valor o principio sí lo hacen. Por ejemplo, si usted es una persona que hace menos en el área de mantener la casa limpia, tendrá que comenzar con la evaluación de sus propios estándares y expectativas. ¿Cuánto es suficiente? ¿Qué es lo suficientemente bueno? Esto debe ser seguido por una discusión con su pareja en cuánto a lo que él o ella piensa no con el fin de conseguir que cambien, sino para explorar realmente su pensamiento. Es difícil sobreestimar el valor de la curiosidad cuando se trata de este proceso de cambio. Cuando realmente tenemos curiosidad, no estamos actuando fuera de una agenda, sino más bien por el deseo de entender al otro. Es un desafío porque a veces nuestros motivos no están claros, incluso para nosotros mismos, pero simplemente hacer el intento resultará en cambios en los patrones.–

Una vez que haya explorado el pensamiento de su pareja, entonces tendrá una mejor idea con respecto a su propia posición sobre el tema. Para volver al ejemplo de mantener la casa, digamos que su pareja cree que hace lo suficiente de las tareas domésticas, aunque no esté de acuerdo. Podrías preguntarle cuánto trabajo cree que hace. ¿Qué está observando acerca del patrón actual? Se puede decir que trata de ayudar, pero no te gusta cómo lo hace y por eso se va a retirar. Esto le permitirá saber que es posible que desee evaluar sus estándares. Puede decir que cree que hace lo suficiente y entonces podría pedirle aclaraciones. ¿Qué hace para ayudar con la limpieza? ¿Con qué frecuencia? Tenga en cuenta que esto no es para ganar el argumento, sino más bien para entenderlo y para reunir información más precisa. Con tan sólo tener esta discusión sin tratar de ganar, cambiará la dinámica. Tenga en cuenta que los cambios no necesitan ser grandes para tener un gran impacto.

Cuando haces cambios como este, estás haciendo cambios en las conexiones en tu cerebro. Estos son cambios duraderos porque se producen en situaciones que desencadenan reacciones antiguas, pero en las que se usan nuevas respuestas. Estas mismas estrategias son útiles con sus relaciones de familia de origen, de hecho, estas relaciones pueden ser un recurso tremendo para usted ya que un cambio en una relación hará que sea más fácil cambiar otra. Si lo desea, observe, por ejemplo, cómo funciona el exceso en su familia de origen y aplique los mismos principios para el cambio, utilizando una intención reflexiva, un comportamiento basado en valores y curiosidad por la otra persona.

Disminuir la reactividad con la meditación consciente

Ser consciente de su estado emocional y su reacción a su entorno es el objetivo de la meditación consciente. Van der Kolk (2014) ha encontrado a través de su investigación sobre el trauma que la meditación consciente ayuda a reparar los "sistemas de alarma defectuosos" del cerebro y restaurarlo a su nivel normal de funcionamiento (pág. 207). "La investigación en neurociencia demuestra", explica, "que la única manera de cambiar la forma en que nos sentimos es tomando conciencia de nuestra experiencia interior y aprendiendo a hacernos amigos de lo que está pasando dentro de nosotros mismos", (pág. 208).

La meditación consciente, tiene sus raíces en las tradiciones orientales, pero también se encuentra en las prácticas contemplativas cristianas occidentales, ayuda a las personas a aprender a ser conscientes de sus experiencias emocionales sin actuar necesariamente sobre ellas. Esta práctica es la mejor manera de sentar las bases para responder a los desafíos de la vida con una intención reflexiva.

La forma más común de establecer una práctica de consciencia es reservar unos minutos cada día, comenzando con cinco minutos, aumentando gradualmente el tiempo a 20 minutos, para sentarse tranquilamente. Usted encontrará que sus pensamientos parecen estar mezclados, saltando de un tema a otro. Esto es lo que se llama "mente de mono" porque tus pensamientos son como pequeños monos saltando de una rama a la siguiente. Sólo observa tus pensamientos y déjalos ir, concentrándote en tu aliento y repitiendo una palabra como "paz" o "amor". Esto le permitirá devolver su atención a su frase y a su respiración a medida que inhala y exhala lentamente. En unos minutos, descubrirás que tu mente se calmará. También encontrarás emociones que surgen. Estos, también, se pueden observar y soltar. Este no es el momento de cuestionar o investigar; es un momento para ser más que hacer.

Los efectos positivos de la práctica regular de meditación son acumulativos, se construyen con el tiempo. Como resultado, te volverás menos reactivo a las circunstancias que solían provocarte antes de poder pensar en ello. La práctica de la atención plena también se puede combinar con ejercicio físico o yoga y prácticas espirituales como la oración contemplativa para ayudarle a crear relaciones que sean más saludables, menos graves emocionalmente y más satisfactorias.

Conclusión

La mayoría de las personas entran en la edad adulta pensando que han terminado de crecer. Nada podría estar más lejos de la verdad. Como hemos visto, nuestras vidas constantemente nos dan oportunidades para aprender y crecer, para cambiar nuestras relaciones y nuestros sistemas familiares para mejorarlos. La cuestión del trauma hace que este proceso normal sea más difícil pero no imposible. En lugar de permitir que el trauma los defina, las personas con TEPT pueden abordar sus síntomas con un profesional calificado de salud mental y al mismo tiempo buscar terapia de pareja para trabajar en problemas relacionales. El resultado podría ser una vida más sana y satisfactoria de lo que jamás habías creído posible y los beneficios para ti y tu familia se transmitirán a través de las generaciones posteriores.

Referencias

Galovski, T., & Lyons, J. A. (2004). Psychological sequelae of combat violence: A review of the impact of PTSD on the veteran's family and possible interventions. *Aggression and Violent Behavior*, 477-501.

Hanson, R. (2013). Hardwiring happiness: The new brain science of contentment, calm, and confidence. New York: Harmony Books.

Henry, S. B., Smith, D. B., Archuleta, K. L., Sanders-Hahs, E., Nelson Goff, B. S., Reisbig, K. L., et al. (2011). Trauma and couples: Mechanisms in dyadic functioning. *Journal of Marital and Family Therapy* , 319-332.

Meis, L. A., Kehle, S. M., Barry, R. A., Erbes, C. R., & Polusny, M. A. (2010). Relationship adjustment, PTSD symptoms, and treatment utilization among coupled National Guard soldiers deployed to Iraq. *Journal of Family Psychology* , 560-567.

Schnarch, D. (2009). Passionate marriage: Keeping love and intimacy alive in committed relationships. New York: W.W. Norton & Co.

Taft, C. T., Stafford, J., Watkins, L. E., & Street, A. E. (2011). Posttraumatic stress disorder and intimate relationship problems: A meta-analysis. *Journal of Consulting and Clinical Psychology* , 22-33.

Van der Kolk, B. (2014). The body keeps score: Brain, mind, and body in the healing of trauma. New York: Penguin.

Van der Kolk, B., McFarlane, A. C., & Weisaeth, L. E. (1996). Traumatic Stress: The effects of overwhelming experience on Mind, Body, and Society. New York: Guilford.

Capítulo 18 Resumen

Síndrome de Vampiro y Abuso Sexual Infantil Masculino

En los métodos, un vampiro se define como un cadáver que regresa de la tumba cada noche para chupar la sangre de los vivos. Estas criaturas malignas y malévolas aterrorizan a los habitantes del campo, creando estragos y fragmentando la vida de aquellos con quienes entran en contacto.

El "síndrome de vampiro" es una metáfora utilizada para describir el ciclo de abuso sexual. A los niños que son abusados se les roba una parte de sí mismos, y se transforman para siempre en una persona diferente de lo que habrían sido. Estos cambios resultan en una sensación fracturada de sí mismo, manifestándose a lo largo de la vida de los sobrevivientes, de muchas maneras tales como: ira interiorizada, pérdida de control sobre su comportamiento, y la falta de uno mismo. Cuando un adulto masculino abusa de un niño varón, el sobreviviente tiende a adoptar una sensación de masculinidad excesiva para compensar la homofobia internalizada, y la sensación de ser "menos que un hombre".

El "síndrome del vampiro" abarca la idea de una relación de causa y efecto, que un sobreviviente masculino se convertirá en un abusador. El vampiro muerde al niño, convirtiéndolo en un vampiro, que luego buscará la sangre de los demás, perpetuando un linaje de abuso. Esto no sólo es lógicamente defectuoso, pero se ha demostrado ser falso por muchos estudios. Si fuera cierto que todos los sobrevivientes o incluso la mayoría de ellos, se convirtieron en abusadores, entonces la prevalencia sería astronómica. Por muy malo que sea la tasa de abuso actualmente, sabemos que los números no apoyan esta teoría. Tampoco tiene en cuenta a las víctimas femeninas.

Gran parte de la literatura no discute en contra, ni apoya, la idea de que un sobreviviente se convertirá en un abusador. Existe la posibilidad y la tendencia a ser más agresivo y actuar en un comportamiento agresivo, pero eso está muy lejos de convertirse en un abusador sexual infantil en sí mismo.

Robert tiene una mayor necesidad de proteger a nuestro hijo Lawrence. Sé que uno de sus mayores temores es que nuestro hijo tenga que pasar por lo que pasó cuando él era niño. Este miedo impulsa una noción en su mente de que debe proteger a Lawrence, lo cual es normal para un padre querer hacer. Robert siempre está bien en sintonía con dónde está Lawrence y con quién está. Además, es selectivo de las personas que permite alrededor de Lawrence. Cualquiera que exhibe rasgos que un abusador puede potencialmente llevar, como prestar demasiada atención a Lawrence, tratando de acercarse demasiado a él o a nosotros, es inmediatamente una bandera roja y los vigila con un ojo cuidadoso.

Los estudios demuestran que hay varios factores ambientales y rasgos de personalidad que están presentes en los delincuentes sexuales. El abuso infantil no es más que uno de estos factores. No incluyen otros, por ejemplo: la exposición infantil a la violencia y la promiscuidad sexual.

Estudiar a los sobrevivientes varones ha demostrado ser una tarea ardua y esquiva. Es muy difícil obtener estadísticas sobre el tema debido a la falta de denuncias del abuso y la renuencia a revelar. Esto es especialmente cierto para los hombres que fueron abusados por otros hombres. Este grupo está agobiado por definiciones sociales deformadas de hombría, y un miedo profundamente asentado de ser etiquetado como homosexual, o un hombre inferior. A los hombres que han sido abusados por mujeres también les cuesta revelar, a riesgo de ser despedidos, burlados o ridiculizados por no disfrutarlo.

En los métodos, el vampiro continúa aterrorizando al campo hasta que es asesinado, tradicionalmente apuñalando una estaca a través de su corazón. Para los sobrevivientes varones, su abuso continuará torturándolos internamente hasta que pongan en juego el trauma integrando el abuso en el sentido de sí mismo, volviéndose así enteros. Procesar y trabajar a través del abuso con terapia, grupos de autoayuda, o por otros medios puede ayudar a un hombre a lograr esto. El abuso infantil fractura el sentido de sí mismo del sobreviviente, y la curación requiere y permite al sobreviviente volver a la integridad después del abuso.

Capítulo 18

Síndrome de Vampiro y Abuso Sexual Infantil Masculino

Matthew Love, Psy.D.
Fairfield University

Los vampiros son conocidos como individuos que se esconden en las sombras y se alimentan de los vivos. Estas criaturas parasitarias no-muertas irrumpieron en el léxico inglés en 1732 cuando "vampyre" apareció en inglés en el London Journalin. La palabra se utilizó para describir un incidente en un pueblo rural de lo que ahora es Hungría, donde un aldeano recientemente fallecido fue desenterrado un mes después de su entierro y al parecer no fue decidido. Según la historia, hubo informes de que el aldeano estaba acosando a sus vecinos después de su muerte. El aldeano estaba atrapado entre la vida y la muerte y por lo tanto llamado "vampyre". La palabra se atascó y finalmente se convirtió en parte de la cultura occidental.

Butz (1993) argumenta que el "síndrome de vampiro" es una metáfora del abuso sexual infantil (ASI). Utiliza la idea de que un vampiro es un individuo que es un cadáver y una "especie diferente, sostiene la inmortalidad a través del consumo de sangre, la necesidad de sangre destruye a la víctima, y que las víctimas se convierten en vampiros", (Butz, 1993). Usando el marco psicodinámico y el vampiro como metáfora del abuso, ilustra que el cuerpo de una víctima cambia después del ataque del vampiro y es "sólo un recipiente físico que se asemeja a una forma humana", (Butz, 1993). Es típico que los sobrevivientes de la ASI sientan una sensación fracturada de sí mismos, disociación y emociones abrumadoras que se manifiestan de meses a años después del trauma. Butz (1993) argumenta que la energía ejercida para mantener la memoria reprimida dentro del inconsciente hace que el sobreviviente pierda una parte de sí mismo. Puesto que no hay integración del trauma en el yo, el sobreviviente experimenta confusión, pérdida de control sobre el comportamiento de uno, e hiperactividad.

El símbolo de la sangre como combustible para la inmortalidad es una metáfora de la transmisión de muchas generaciones de abuso que se encuentra típicamente en los sistemas familiares donde hay padres jóvenes que son incapaces de hacer frente a las altas demandas de la paternidad. Butz (1993) afirma que la metáfora de beber la sangre es la transmisión del abuso. El acto de abuso o drenaje de la sangre de la víctima destruye el alma del sobreviviente, debido a que ya no está entero, sino fracturado y en busca de significado. Butz (1993) no argumenta que, si un niño es abusado sexualmente, él o ella se convertirá en un abusador. Afirma que hay un "período de gestación" donde el sobreviviente puede convertirse en un agresor si no es devuelto a su totalidad. Volver a una sensación de integridad se relaciona en cómo el sobreviviente sana después de que ocurre el abuso. El curso de la sanación toma muchos caminos diferentes con varios finales. La pregunta entonces es ¿cómo se relaciona el mito de los vampiros con el ASI? Como se describió anteriormente, la idea de los vampiros es de individuos que acechan en las sombras y se alimentan de los vivos para su propia supervivencia. En esencia, el vampiro es visto como una criatura que se entrega a un comportamiento hedonista con poca consideración del otro. El ASI es en última instancia una relación con el poder dominante entre el perpetrador y el sobreviviente donde el sobreviviente es manipulado emocional, física y sexualmente para satisfacer un deseo no sexual de poder y dominio para el perpetrador. Dentro de una relación del ASI el perpetrador objeta, similar a la forma en que el vampiro objeta la fuerza viva en su propia supervivencia al niño.

Además del propósito del vampiro es el poder y el dominio, que es similar a la dinámica que se encuentra dentro de la relación de ASI. Los sobrevivientes de abuso sexual a menudo desarrollan la construcción cognitiva que desde que fueron abusados se convertirán en un perpetrador. Dentro de la literatura clínica, la idea de la relación de causa y efecto entre el que se convierte en perpetrador y el sobreviviente se conoce como el "síndrome del vampiro". Según O'Brien (1991), la victimización sexual previa es un factor para la ofensa sexual. Descubrió que el

42% de los delincuentes sexuales habían sido víctimas de ASI previamente por un hermano, que era la tasa más alta dentro de su estudio. Esto apoyó los hallazgos de Smith e Israel (1987) que encontraron que el 52% de los delincuentes sexuales tenían victimización sexual previa.

Hay algunas pruebas de que un porcentaje de los perpetradores estuvo expuesto a un trauma sexual anterior, no es un vínculo fuerte de "causa y efecto". En un esfuerzo por explicar mejor la separación entre los que ofenden y los que no, Finkelhor (1984) desarrolló *El modelo de cuatro factores* de abuso sexual. Los cuatro factores constantes que se encuentran en los perpetradores son: (a) el autor se siente atraído por personas débiles, vulnerables o no amenazantes; (b) experimentar excitación sexual a niños o jóvenes, independientemente de las normas sociales; (c) tener la capacidad de superar la resistencia del sobreviviente; y (d) estar desinhibido o carecer de control de impulsos (Finkelhor, 1984, Love, 2014). Sin estas condiciones presentes en la psique de un individuo, es muy poco probable que el sobreviviente de ASI se involucre en un comportamiento ofensivo.

Durante algún tiempo, la idea de que la victimización sexual previa fue la causa de la futura perpetración sexual fue constituyente dentro de la literatura clínica. Sin embargo, esta idea es demasiado simplista y también descuida una pregunta importante. Si la victimización sexual previa es necesaria para la futura perpetración, entonces debe haber un solo origen para toda la perpetración/victimización sexual. Lógicamente, sabemos que una sola entidad no creó el abuso sexual infantil. Hay múltiples factores ambientales que facilitan el crecimiento de un perpetrador. Según la investigación de St-Yves y Pellertin (2002) con delincuentes sexuales en Canadá, la victimización sexual previa no fue la única causa de ofender sexualmente. Hay numerosos factores que aumentaron la probabilidad de que alguien se convierta en un delincuente sexual. En particular, la exposición infantil a la violencia, la promiscuidad sexual o el abuso de sustancias se encontraron en la etiología de los delincuentes sexuales (St-Yves & Pellertin, 2002).

Estos son factores importantes a la hora de examinar la probabilidad de ofender sexualmente porque son esenciales para el desarrollo de la empatía y la reciprocidad emocional. El niño que está expuesto a: violencia doméstica, abuso físico, abuso emocional, abuso sexual o consumo de sustancias es menos propenso a experimentar un apego seguro con un cuidador primario y menos propenso a experimentar un reflejo adecuado de las emociones de ese cuidador. Además, lo que vemos en estas dinámicas familiares es una baja supervisión de los padres, lo que conduce a una mala comprensión de los límites interpersonales porque a los niños no se les proporciona una comprensión adecuada del comportamiento social. Por lo tanto, la ofensa sexual puede ocurrir dentro de una dinámica familiar donde el abuso sexual estaba ausente.

St-Yves y Pellerin (2002) señalan que el 50% de las personas que cometieron un delito sexual no fueron abusadas sexualmente cuando eran niños. El síndrome del vampiro no explica la razón por la que muchos de los que fueron abusados sexualmente cuando eran niños no abusan de otros. St-Yves y Pellerin (2002) argumentan la tendencia de quienes perpetran ASI a racionalizar su comportamiento amplificando o creando traumas previos para reducir la vergüenza y la culpa interiorizadas por sus acciones. Hasta ahora hemos pasado algún tiempo examinando el desarrollo del "síndrome de vampiro" y explorando la validez de la suposición de que los autores de ASI fueron abusados previamente. Es una visión demasiado simplista de una relación bastante compleja entre factores interpersonales, ambientales y sociales que influyen en cómo un sobreviviente integra la experiencia de trauma en el sentido de sí mismo. Independientemente del género del sobreviviente, el ASI está dañando la psique debido a la relación con el perpetrador. ASI no es un trauma abrupto de un solo incidente, sino más bien una serie de sutiles violaciones de los límites interpersonales promulgadas por el perpetrador para desensibilizar al niño al acto final de contacto sexual. Esto se conoce como "Preparar a la víctima", y el perpetrador no sólo prepara al niño, sino que el medio ambiente y los cuidadores mediante la creación de una relación confiable (Salter, 1995; McAlinden, 2006; Van Dam, 2011). Como resultado, el sentido fracturado de sí mismo para el sobreviviente de ASI se amplifica porque en el corazón del trauma sexual hay una traición a la confianza debido a la coerción, manipulación y explotación sexual por parte del perpetrador (Brackenridge, 2001; Finkelhor & Browne, 1988; Spiegel, 2003; van Dam, 2001; Wekerle &

Wolfe, 2003). Como se mencionó anteriormente, esto conduce a una sensación de confusión y búsqueda de significado por parte del sobreviviente para volver al todo.

Los sobrevivientes masculinos de ASI están históricamente por de bajo de su representación en la literatura clínica debido a la falta de informes. Menos del 10% de los casos de ASI se revelan a las autoridades, lo que crea una escasez de investigación (Goodyear-Brown, Fath, Myers, 2012). Los sobrevivientes masculinos se enfrentan a una tarea desalentadora para la divulgación cuando el perpetrador también es varón debido a que el sobreviviente experimenta homofobia internalizada y las creencias sociales de masculinidad (Hartill, 2005; Walker, Archer, & Davies, 2005; Valente, 2005; Alaggia & Millington, 2008; Alaggia, 2005; Nalavany & Abell, 2004; Lisak, 1994; Sageman, 2003; Love, 2014).

Los niños aprenden desde una edad temprana que ser un hombre significa ser poderosos y dominantes. Dentro de la cultura, la masculinidad es la evitación de expresiones de feminidad. La supresión de las características femeninas alcanza un máximo entre las edades de 5 a 7 años (Kohlberg, 1966; Martin, Ruble y Szkrybalo, 2002). Esto coincide con la edad típica del inicio del ASI y probablemente crea un conflicto interno para el sobreviviente masculino porque tiene una experiencia (es decir, someterse a la voluntad de otro) va en contra de las creencias sociales de lo que significa ser masculino (Amor, 2014). A una edad tan temprana, el niño no entiende los matices de la relación. Específicamente, no entiende que fue manipulado por otro en lugar de ser un participante voluntario.

El sobreviviente masculino se siente vacío, confundido y desesperado por definir la experiencia dentro de su masculinidad. Como resultado, el sobreviviente masculino a menudo cree que el perpetrador sabía que era gay. Esta creencia es a menudo errónea y es confirmada por el sobreviviente masculino porque experimentó excitación y a veces eyacula. La idea que el sobreviviente masculino tiene es que "si experimenté una erección y / o eyaculé debí haber disfrutado del contacto sexual." Cuando era niño, el sobreviviente masculino es incapaz de separar lo que es una respuesta fisiológica a la del placer. La evitación del trauma y la creencia de que debe ser gay porque el sobreviviente fue abusado por un perpetrador masculino magnifica su pérdida de identidad. En un esfuerzo por recuperar un sentido de sí mismo, el sobreviviente masculino generalmente adopta una visión conservadora de la masculinidad conocida como exceso de masculinidad que personifica los aspectos ideales del hombre (es decir, poder y dominio).

A medida que el sobreviviente masculino tiene exceso de masculinidad, experimenta un malestar cada vez más interno debido a una negatividad de homofobia interiorizada. El niño comienza a experimentar una relación negativa interiorizada hacia sí mismo debido a la posibilidad de ser gay. Los niños experimentan este concepto porque su fundamento de lo que son, es destruido. El niño está tratando de entender por qué fue elegido por el perpetrador, tratando así de recuperar el poder sobre una relación desequilibrada. Cuanto más intenta recuperar el poder, más crece su confusión en torno a su orientación sexual. Cree que el perpetrador debe haber sabido que era gay y esa habría sido la única razón por la que habría comprometido al niño en una relación sexual.

Después del contacto sexual no deseado por un hombre, el niño queda destrozado y busca un sentido de dirección. Su infancia es robada y el niño experimenta dificultad para definir quién es después de la experiencia sexual no deseada. La experiencia cae en el tabú social y se siente solo para navegar por esta nueva arena en la que no estaba preparado. En un esfuerzo por recuperar el control, el poder y el dominio sobre su vida, el niño busca definir quién es dentro del mundo. Sin una intervención terapéutica adecuada, puede desarrollar el concepto de que debe haber querido que la interacción se produjera de lo contrario habría hecho algo para detenerlo. El niño desarrolla falsas creencias en cuanto a quién se convertirá en un esfuerzo que tenga sentido de quién es después de que ocurrió el abuso. Sin una integración adecuada del abuso en su sentido de sí mismo, seguirá viviendo y aterrorizando (es decir, vampiro) al niño.

Referencias

Alaggia, R. (2005). Disclosing the trauma of child sexual abuse: A gender analysis. *Journal of Loss and Trauma, 10*, 453-470. doi: 10.1080/15320500193895

Alaggia, R., & Millington, G. (2008). Male child sexual abuse: A phenomenology of betrayal. *Clinical Social Work Journal, 36*(3), 265-275. doi:10.1007/s10615- 007-0144-y

Brackenridge, C. (2001). *Spoilsports: Understanding and preventing sexual exploitation in sport.* London; New York; United Kingdom: Routledge.

Bütz, M. R. (1993), THE VAMPIRE AS A METAPHOR FOR WORKING WITH CHILDHOOD ABUSE. American Journal of Orthopsychiatry, 63: 426-431. doi:10.1037/h0079449

Finkelhor, D. (1984). *Child sexual abuse: New theory and research.* New York: Free Press.

Finkelhor, D., & Browne, A. (1988). Assessing the long-term impact of child abuse: A review and conceptualization. In L. Walker (Ed.), *Handbook on sexual Abuse of children* (pp. 55-71). New York: Springer.

Goodyear-Brown, P., Fath, A., & Myers, L. (2012). *Child sexual abuse: The scope of the* problem. In Goodyear-Brown, P. (Eds.), *Handbook of child sexual abuse: Identification, assessment, and treatment* (3-10). Hoboken, NJ: John Wiley & Sons.

Hartill, M. (2005). Sport and the sexually abused male child. *Sport, Education and Society,* 10(3), 287-304, doi: 10.1080/13573320500254869

Kohlberg, L. A. (1996). A cognitive-development analysis of children's sex role concepts and attitudes. In E. E. Maccoby (Eds.), *Toward a feminist development of sex differences* (p. 82-173). Stanford, CA: Stanford University Press.

O'Brien, M. J. (1991). Taking sibling incest seriously. In M. Q. Patton (Ed.), *Family sexual abuse: Frontline research and evaluation.* (pp. 75-92). Newbury Park, CA.: Sage Publications.

Lisak, D. (1994). The psychological impact of sexual abuse: Content analysis of interviews with male survivors. *Journal of Traumatic Stress,* 7(4), 525-548. doi: 10.1002/jts.2490070403

Love, M. (2014). *Sexual abuse of male children in sports: Factors impacting disclosure* (Doctoral dissertation).

McAlinden, A.-M. (2006). 'Setting 'Em Up': Personal, Familial and Institutional Grooming in the Sexual Abuse of Children. Social & Legal Studies, 15, 339-62.

Martin, C. L., Ruble, D. N., & Szkrybalo. J. (2002). Cognitive theories of early gender development. *Psychological Bulletin,* 128(6), 903-933. doi: 10.1037//0033-2909.128.6.903

Nalavany, B. A., & Abell, N. (2004). An initial validation of a measure of personal And social perceptions of the sexual abuse of males. *Research on Social Work in Practice,* 14(5), 368-378. doi: 10.1177/1049731504265836

Sageman, S. (2003). The rape of boys and the impact of sexually predatory environments: Review and case reports. *Journal of the American Academy of Psychoanalysis, 31*(3), 563-580.
doi: 10.1521/jaap.31.3.563.22137

St-Yves, M. & Pellerin, B. (2002). Sexual victimization and sexual delinquency: Vampire or Pinocchio syndrome? Correctional Service Canada Forum, 14, 51-52.

Salter, A.C. (1992). *Transforming Trauma: A Guide to Understanding and Treating Adult Survivors of Child Sexual Abuse.* Los Angeles: SAGE Publications, Inc; 1 edition

Valente, S. M. (2005). Sexual abuse of boys. *Journal of Child and Adolescent Psychiatric Nursing, 18*(1), 10-16. doi: 10.1111/j.1744-6171.2005.00005.x

van Dam, C. (2001). *Identifying child molesters: Preventing child sexual abuse by recognizing the patterns of the offenders.* New York: Haworth Maltreatment and Trauma Press.

Walker, J., Archer, J., & Davies, M. (2005). Effects of rape on men: A descriptive analysis. *Archives of Sexual Behavior, 34*(1), 69-80. doi: 10.1007/s10508-1001-0

Wekerle, C. & Wolfe, D. A. (2003). Child maltreatment. In E. J. Mash, & R.A. Barkley (Eds.), *Child psychopathology* (2nd ed., pp. 632-683). New York: Guilford Press.

Capítulo 19 Resumen

Perspectivas de Hombres Maltratados: Psicología, Neurobiología, Acondicionamiento Masculino y Recomendaciones

El abuso/violencia doméstica es un problema con muchos aspectos diferentes. Una de las partes menos comentadas de la violencia doméstica es el hecho de que los hombres pueden ser víctimas. Por lo general, la discusión se centra en los hombres como los perpetradores, debido al tamaño y el desequilibrio de poder en una relación heterosexual estereotipada entre hombres y mujeres.

Lo que no se discute a menudo es el desequilibrio emocional del poder donde los hombres se sienten sin poder como un participante en la relación. Esto es lo que mi esposo experimentó con su primer matrimonio. El poder y control que su esposa ejercía sobre él con su constante supervisión y sospecha que él la estaba engañando era un dominio emocional que le robaba su sentido de sí mismo.

Este capítulo profundiza en el mundo de la violencia doméstica, cómo afecta a hombres y mujeres, qué podemos hacer para ayudar a los hombres a recuperarse de los efectos negativos y evitar que se repitan las conductas de relación negativa que los llevaron a las decisiones que tomaron.

Como una visión general del universo de la violencia doméstica de muchos lados diferentes, este capítulo cubre las ciencias sociales, así como la neurociencia detrás del daño a largo plazo sufrido por un sobreviviente de violencia doméstica. Muchas veces, un sobreviviente de violencia doméstica o abuso presentará síntomas de trastorno de estrés postraumático como: ansiedad, hipervigilancia, depresión e ideas suicidas. Para los sobrevivientes varones esto puede ser especialmente devastador para su sentido de sí mismo, porque la sociedad les dice que como hombre deben ser fuertes, silenciosos y capaces de superar sus problemas por sí mismos. La verdad es que para los varones que son sobrevivientes, tienen que superar no sólo los efectos inmediatos del abuso o la violencia, sino también reconstruir su ego y autoestima como hombres, al igual que las mujeres, en un sistema que no los apoya a ellos ni a sus luchas.

Capítulo 19

Perspectivas de Hombres Maltratados: Psicología, Neurobiología, Acondicionamiento Masculino y Recomendaciones

Michael Levittan Ph.D.
Práctica privada

En las sociedades del siglo XXI, hay fenómenos de "salir del armario" bien establecidos y familiares relacionados con los derechos de las mujeres, las minorías, los gays y los niños. Durante la gran mayoría de la historia humana, ha habido prejuicios, abusos y diversas formas de atrocidad perpetuadas a puerta cerrada y barridas bajo la alfombra. Comenzando con el maltrato animal y luego el abuso infantil, ha habido activistas, movimientos, historias de los medios de comunicación, relatos ficticios y, finalmente, legislación y aplicación de la ley que sirven para iluminar a la sociedad, desarrollar leyes e iniciar programas de tratamiento diseñados para abordar estas cuestiones.

En la arena de la violencia doméstica, se asume y se documenta que, en su mayor parte, los hombres son perpetradores y las mujeres representan a los abusados. Los datos de organizaciones prestigiosas como el Departamento de Justicia, la Asociación Americana de Abogados, la Organización Mundial de la Salud, los Centros para el Control de Enfermedades y la Coalición Nacional contra la Violencia Doméstica reflejan la fuerte tendencia a atribuir la perpetración a los hombres. La mayoría de los programas de tratamiento de maltratadores en los Estados Unidos utilizan varias modificaciones de un currículo psicoeducativo, feminista, y muchas organizaciones de violencia doméstica tienen un fuerte sesgo contra la empatía con la perspectiva masculina.

Unas ideas juzgadoras personales también deben ser declaradas aquí. Al hacer referencia a su propio grupo, ya sea designado por profesión, raza, orientación sexual o género, los argumentos tienden a caer en una de las dos posiciones opuestas: o promocionas a su grupo y ensalzas sus virtudes, o las fechorías y malos comportamientos de ciertos miembros de su grupo te hacen sentir avergonzado por estar asociado con ellos. Como hombre, me siento muy avergonzado por los malos comportamientos estereotipados (pero muy reales) de algunos hombres, como los fanfarrones, bocas altas, luchadores, intimidadores, abusadores y perpetradores de violencia. Encuentro que aquellos hombres que usan su tamaño y fuerza para aprovecharse de individuos físicamente más débiles, así como de los hombres en una búsqueda perenne para probar y afirmar su hombría, son particularmente difíciles de soportar. A veces, incluso se siente como si yo fuera responsable de la conducta de todos los hombres. Mis sentimientos no todos parecen lógicos, pero han estado presentes desde donde puedo recordar.

Por lo tanto, es un desafío ser lo suficientemente abierto como para escribir este capítulo desde la perspectiva de los hombres que son ellos mismos víctimas de violencia doméstica. Nuestro cerebro aborrece la incertidumbre, por lo que los seres humanos tienden a categorizar rápida y automáticamente los estímulos. Cuando etiquetamos algo y lo ponemos en una caja, estamos, al menos temporalmente, eliminando la incertidumbre. Para otra ves etiquetar categorías o crear otras nuevas se necesita el trabajo mental y emocional de reevaluar conceptos monolíticos establecidos desde hace mucho tiempo. Esta reevaluación es un requisito previo para explorar lo que los hombres experimentan cuando son abusados por sus parejas.

Definiciones

Aunque la violencia o la amenaza de violencia es a menudo un componente clave de la violencia doméstica, en última instancia implica más de un solo incidente. La violencia doméstica representa un patrón en una relación íntima en la que una persona busca activamente establecer y mantener el poder y el control sobre su pareja. La Dra. Mary Ann Dutton lo define como: "Un patrón de interacción en el que una pareja íntima se ve obligada a cambiar su comportamiento en respuesta a las amenazas o abusos de su pareja", (1994). De acuerdo con la ley estatal de California, la violencia en contra de la pareja incluye: "causar o intentar intencionalmente o imprudentemente causar lesiones corporales a una familia o miembro del hogar, o fecha, o colocar a un familiar o miembro del hogar, o fecha, en una aprehensión razonable de lesiones corporales graves inminentes para él / sí mismo o para otro," (Código Penal 273.5 o 243e).

Prejuicios de los datos de la violencia doméstica

Estudios más recientes informan que los hombres son predominantemente los autores de la violencia doméstica. Cuando consideramos que la gran mayoría de las muestras de datos se recogen de programas de tratamiento de maltratadores, informes policiales, refugios de mujeres y salas de emergencia, las conclusiones extraídas obviamente tendrían un sesgo asimétrico con respecto a la perpetración. Los hombres también parecen experimentar más vergüenza que las mujeres por denunciar abusos, por lo que esto sirve como un factor adicional en la escasez de denuncias e investigaciones sobre víctimas masculinas (Mulroney y Chan, 2008). En la gran mayoría de los casos, los refugios proporcionan servicios a mujeres con parejas masculinas y los programas de tratamiento de maltratadores están dirigidos a hombres que abusan de mujeres. Con respecto a las detenciones policiales realizadas en situaciones de violencia doméstica, la suposición sigue siendo que el hombre ha cometido violencia contra la mujer (Cook, 2009). Los hombres son más propensos a correr y huir de la escena, lo que deja sólo a la mujer para contar su versión de la historia. También es cierto que el espíritu masculino dominado por hombres que existe en los departamentos de policía hace que sea más difícil para los oficiales que llegan a la escena ver a un hombre como la víctima en un altercado doméstico violento.

La cuestión de la información de violencia doméstica es bastante frecuente para ambos sexos. Los hombres y las mujeres a menudo tratan de proteger a sus parejas del encarcelamiento y es bastante significativo que exista un temor continuo a las consecuencias de revelar el abuso a cualquier persona. El problema de privacidad "detrás de las puertas cerradas" para asuntos familiares ha prevalecido durante la mayor parte de la historia registrada y es un factor poderoso. Aunque la vergüenza suele ser que se vive tanto para hombres como para mujeres al dar a conocer la violencia fuera de los límites de la relación, los hombres tienden a sentir la vergüenza más agudamente que las mujeres. La cuestión de la vergüenza en lo que se refiere al condicionamiento masculino se discute más adelante en este capítulo.

Los datos reales de diferente estudios y encuestas proporcionan conclusiones algo contradictorias sobre las víctimas de violencia doméstica y los perpetradores por género. Según datos recientes de los Centros para el Control y la Prevención de Enfermedades (2013), las víctimas de violencia doméstica son sorprendentemente casi iguales en términos de género. Al menos el 40% de las víctimas en los Estados Unidos son hombres (CDC, 2013) y aproximadamente uno de cada cuatro hombres sufre violencia de pareja cada año.

Las diferencias son más claramente cuando consideramos la gravedad del abuso físico, ya que aproximadamente el 22% de las mujeres han sido víctimas de maltrato físico grave en una relación íntima, mientras que aproximadamente el 14% de los hombres han experimentado lo mismo (CDC, 2014). El destacado investigador Murray Straus informa que en las relaciones íntimas y de noviazgo, las mujeres tienen aproximadamente la mitad de las probabilidades que los hombres de perpetrar abusos graves (2011).

Los incidentes de homicidio en relaciones íntimas parecen mantenerse estables año tras año, con aproximadamente 1,250 víctimas de asesinato siendo mujeres y 450 siendo hombres. Cuando las mujeres son asesinadas, el 33% de las veces está a manos de un compañero. Para los hombres que son asesinados, el 4% son víctimas de su pareja. Los hombres cometen unos seis veces más homicidios que las mujeres, pero también representan cuatro veces más víctimas de homicidio. Hay que reconocer que cuando se trata de violencia física y relacionada con las armas de fuego, los hombres son con mayor frecuencia el perpetrador. En todo el mundo, la categoría más grande de homicidios consiste en la violencia entre hombres.

Dejando a un lado las comparaciones de género, la violencia doméstica parece ser un problema intratable en los Estados Unidos. Teniendo en cuenta la continua y vasta falta de reportes de abusos, la cuestión de ambos géneros ha alcanzado proporciones epidémicas en nuestra llamada sociedad civilizada. Es una realidad que los varones adultos han perpetrado y siguen perpetrando la mayoría de la violencia en general. Sin embargo, esta realidad no debe restarle importancia a la realidad a menudo descuidada, sino muy relevante de que los hombres también representan a la mayoría de las víctimas de la violencia y que esta victimización por violencia a menudo comienza cuando estos mismos hombres eran niños pequeños.

Diferencias de género con coraje y agresión

Cuando la agresión y la violencia se ven puramente desde una perspectiva instintiva y evolutiva, se deduce claramente que los machos propagan sus genes sólo al obtener acceso a las hembras sexualmente fértiles. Por lo tanto, sostiene que a lo largo de las generaciones las mujeres jóvenes en el mejor momento de su vida reproductiva son las víctimas más frecuentes de la agresión y la violencia masculina. La diferencia del tamaño y fuerza exacerba la cuestión de la violencia masculina hacia las mujeres. Las correlaciones entre el dimorfismo sexual y la agresión masculina se pueden observar en la mayoría de las especies. Generalmente, los seres humanos presentan menos dimorfismo (los machos pesan aproximadamente un 12% más que las hembras) que los chimpancés (los machos pesan el doble que las hembras) y las focas elefante (los machos pesan cuatro veces más que las hembras).

Además de las ventajas en tamaño y peso, los machos humanos tienen más experiencia en atletismo y combate físico.

Por lo tanto, la mayoría de los hombres tienen la capacidad -incluso sin el uso de la agresión o la violencia- de presentar su físico de una manera imponente e intimidante. Las personas reaccionan entre sí en los niveles de cognición, emoción e historia de las relaciones. Los humanos también comparten muchos rasgos con otras especies de mamíferos y como los animales reaccionamos en el nivel primitivo de instinto y supervivencia. Cuando dos adultos -a puerta cerrada- están en un conflicto, ambas partes experimentan una evidente disparidad en la presencia física. Como parte de nuestro instinto de sobrevivencia, el individuo "más débil" es especialmente consciente de la disparidad. Ventaja: machos.

Se han realizado muchos estudios para comparar la frecuencia de violencia y agresión entre mujeres y hombres. Los resultados de los estudios realizados sobre la agresión y el género son mixtos y en algunos casos, bastante contradictorios. Arnold Buss desarrolló un cuestionario temprano sobre la agresión y llevó a cabo uno de los primeros estudios sobre agresión humana (The Psychology of Aggression, 1966). Los resultados revelaron que había pocas diferencias en la frecuencia y las muestras de agresión entre mujeres y hombres. Una de las pocas disparidades que el estudio confirmó fue que las mujeres eran más propensas que los hombres a llorar o negar algo a otro cuando estaban enojadas. Tanto las mujeres como los hombres se dedican a un abuso verbal y psicológico. Los hombres suelen degradar a otros hombres con comentarios degradantes sobre la potencia sexual, a menudo empleando una etiqueta de un peyorativo femenino. Las mujeres tienden a degradar a otras mujeres desprestigiándolas por ser sexualmente promiscuas. Los estudios también revelan que las mujeres son más propensas a sentir empatía que los hombres, lo que es probablemente un factor principal en el hecho de que las mujeres están más restringidas cuando usan la agresión (Frodi, MacCaulay y Thome, 1977). Tanto hombres como mujeres muestran agresión en relaciones íntimas con una frecuencia comparable, aunque los hombres actúan con agresión con más frecuencia en entornos públicos (Fitz, 1979; Tavris, 1982).

Bettencourt y Miller (1996) llevaron a cabo un estudio de la función que la provocación tiene mucho que ver con la actuación agresiva. Encontraron que los hombres son provocados con más intensidad que las mujeres como y reaccionan con más fuerza al peligro percibido por su ambiente. Las curvas a provocaciones reales o percibidas son sin duda un factor principal en la gran disparidad de la agresión del sexo. A lo largo de los años, los datos sobre las diferencias en la agresión por género muestran el alcance y la disparidad en la violencia entre personas del mismo sexo. No importa la época histórica, el contexto cultural o las edades, el hombre en relación con la violencia masculina y el homicidio se considera un problema desenfrenado que sigue aumentando en gran medida.

Para todos los niños, observar y experimentar la violencia familiar tiene efectos duraderos y establece un modelo para las relaciones adultas. Además de su notable trabajo sobre el trauma, van der Kolk (1989) estudió la correlación entre las primeras identificaciones y la agresión. Encontró tendencias definitivas para que los niños maltratados se identificaran con el cuidador agresivo y se convirtieran en agresores, mientras que las niñas tienden a adherirse a hombres agresivos y abusivos y se convierten en víctimas.

Es interesante notar que las mujeres tienen puntaciones más altas en la perpetración de la violencia doméstica cuando los datos se recopilan por sus propios informes. En su estudio, "examen de las diferencias de género en la naturaleza y el contexto de la violencia de pareja íntima" Hyunkag Cho (2012), encontró que las mujeres informaron que perpetraron violencia a porcentajes más altos de lo que los hombres reportaron. Tal vez, esto es un reflejo de la mayor vergüenza que experimentan los hombres. Con respecto a la gravedad de la violencia, las mujeres y los hombres reportaron tasas de perpetración aproximadamente iguales.

Más reciente, los investigadores enfatizan la importancia de distinguir entre diferentes tipos de violencia en las relaciones íntimas. Michael Johnson (2006), en su artículo de la revista "Conflicto y control: Simetría de género y asimetría en la violencia doméstica" distingue entre diferentes tipos de violencia de parejas. Defenderse o reaccionar a un ataque se llama violencia situacional o receptiva, Johnson encontró simetría relativa con respecto a mujeres y hombres. En términos de "terrorismo íntimo", el control coercitivo de un compañero encontró que esta era la provincia principal de los hombres. Mientras que Johnson reconoce que las mujeres inician la violencia, sostiene que, en su mayor parte, las mujeres se dedican a la "resistencia violenta" contra la agresión de su pareja. La Oficina del Estado de Nueva York para la Prevención de la Violencia

Doméstica (http://opdv.ny.gov/faqs/index.html#maleandfemaleperps) utiliza el término "violencia sensible" por parte de las mujeres para distinguir la naturaleza continua y controladora de la violencia machista.

Procesamiento emocional y diferencias de neurobiología

El condicionamiento del género comienza temprano en la vida, a veces antes del nacimiento. Los futuros padres pueden pintar la habitación de la niña recién nacida de color rosa y la habitación del niño de color azul, con la ropa de bebé escogida de acuerdo con esta distinción. Los estudios muestran que los padres hablan más sobre la tristeza con sus hijas, y más sobre la ira con sus hijos (Pollack, 1998). Cuando los padres de los niños en edad escolar dispensan sus palabras de sabiduría para hacer frente a situaciones de conflicto, el consejo dado tiende a ser de naturaleza polo opuesta: para las niñas, se les instruye a restablecer la armonía, a hacer la paz; para los niños, el consejo es buscar represalias, defenderse, con un tono de amonestación acompañante. La crianza es un factor clave para determinar los niveles de agresión, como estudios recientes muestran que no es tanto el nivel de testosterona de un niño lo que lo hace agresivo, sino más sobre los cuidadores que dan forma a sus comportamientos (Pollack, 1998).

La investigación cerebral sobre la diferencia de género revela disparidades específicas entre hombres y mujeres que involucran pensamiento, emoción y comportamiento. Permitiendo generalizaciones, en general, las mujeres tienden a ser más capaces de procesar las emociones (Kret, M. y DeGelder, B., 2012). Este procesamiento permite a las hembras ser más rápidas y precisas en la identificación y expresión de sentimientos, así como tener menos dificultad para controlar las emociones. La ventaja femenina en el procesamiento emocional se caracteriza a menudo como mujeres que poseen niveles más altos de un "cerebro empatizado", con los hombres que tienen niveles más altos de un "cerebro sistematizado" (Nettle, 2007; Baron-Cohen, 2009). Las mujeres demuestran ser más hábiles tanto para codificar las diferencias faciales como para determinar las entonaciones vocales. En total, las mujeres parecen ser más capaces de observar e identificar las emociones y necesidades de otra persona y luego permitir que estos sentimientos y necesidades resuenen dentro (ser "tocados"). La comprensión emocional de otra persona normalmente permite respuestas más apropiadas, por lo tanto, una mayor conexión social. El cerebro sistematizado, donde los machos poseen niveles más altos, puede conferir ventajas en la exploración, análisis, e incluso la construcción de un sistema. Los hombres parecen más capaces de hacer uso del pensamiento y la intuición para descubrir un sistema, extraer las reglas que rigen la dinámica de ese sistema, y así predecir comportamientos e inventar un nuevo sistema.

La neurobiología de estas diferencias sexuales tiene una base en los exámenes cerebrales que muestran que los hombres generalmente tienen una mayor conectividad intra-hemisférica, lo que permite una atención más centrada en las tareas. Las mujeres tienden a tener una mayor conectividad inter-hemisférica, lo que permite una mayor flexibilidad en el cambio del cerebro izquierdo lógico al cerebro derecho orientado a la sensación (Ingalhalikar, M, et. al., 2014). El cuerpo calloso, que conecta los hemisferios, muestra un mayor espesor (conectividad) para las hembras ya en la etapa fetal del desarrollo. Para promover el argumento de que la empatía es una facultad más orientada a las mujeres, la investigación en neurociencia revela que las mujeres escuchan a otras personas usando los hemisferios izquierdo y derecho, mientras que los hombres sólo emplean el hemisferio derecho cuando escuchan (Lurito, 2001).

Las mujeres parecen tener varias ventajas innatas en la capacidad de controlar la agresión. Además de una mayor capacidad de empatía, que es un inhibidor principal de la agresión, las niñas desarrollan habilidades del lenguaje más rápidamente que los niños. Por lo tanto, es más probable que se comuniquen con palabras en lugar de acciones y tengan una mayor facilidad para verbalizar sus deseos y necesidades. Las niñas también llegan a la pubertad dos años antes que los niños. En consecuencia, está bien establecido que la corteza prefrontal se desarrolla antes en las niñas en comparación con los niños. La corteza prefrontal, que rige las funciones ejecutivas del cerebro, sirve para considerar cuidadosamente las consecuencias de nuestras acciones e inhibir los impulsos de agresión. Aunque bien puede haber ventajas evolutivas para un impulso masculino innato a la acción y la agresión, ciertamente genera más dificultades durante la infancia y la edad adulta para manejar los inevitables impulsos agresivos que surgen para todas las personas.

Acondicionamiento Masculino y sus Ejecutorias

El condicionamiento que se basa en los aspectos relacionales y sociales de la sociedad es una parte normal del desarrollo infantil de las niñas y los niños. La internalización del comportamiento modelado, los patrones de pensamiento y las actitudes hacia la cultura y el género ocurre tanto dentro de la unidad familiar como en la sociedad completa. Como se mencionó anteriormente, los roles de género son separados y se definen rígidamente al principio de la vida. Para los hombres, ese papel separado bien puede definirse de manera más rígida, con penas más severas por desobediencia, que para las mujeres (Begley, 2000).

A lo largo de generaciones y culturas, parece haber diferencias visibles en la crianza de los niños frente a las niñas. Tradicionalmente a menudo, las niñas son criadas para ser responsables de los hermanos más pequeños y cuidar de los demás. Además, las madres tienden a participar en un recuerdo más detallado sobre los acontecimientos emocionales con las hijas, en comparación con los hijos, lo que podría facilitar las capacidades femeninas para percibir y estar en sintonía con los estados internos de los demás. En la infancia, el estilo de pensamiento más común de las niñas trae la tendencia a participar en formas interiores de agresión (tristeza, corte), mientras que los niños suelen mostrar medios de agresión más orientados hacia el exterior. Los niños tienen una tendencia definida a interiorizar el comportamiento de su padre, donde es probable que el conflicto se resuelva a través de la acción.

Además, los hombres de la sociedad occidental suelen inculcar rasgos de competencia, agresión, independencia y dominio. Anderson (2013), en su discusión sobre la socialización masculina, mencionó la importancia de ser percibido como poderoso, decidido y autosuficiente. Junto con las fuertes presiones para alcanzar estos rasgos masculinos, existe un intento implícito de excluir las cualidades de discusión, emoción y vulnerabilidad.

La mayoría de los machos jóvenes viven en ambientes donde se idealizan actitudes misóginas y ejemplos de ultra masculinidad. Los niños que exhiben cualidades de feminidad, pasividad y vulnerabilidad son despreciados. Las herramientas empleadas por hombres, jóvenes y ancianos, para imponer valores masculinos incluyen tanto el lenguaje sexista como la fuerza bruta que están diseñados para castigar a los niños "sensibles". Las palabras más degradantes con las que se etiqueta a un niño no masculino son peyorativas de naturaleza femenina.

La mayoría de todos los hombres adultos han sufrido algún tipo de humillación o brutalidad en la infancia con respecto a los "fracasos" de la masculinidad.

Traumas al Pensamiento de los Hombres

Los parámetros establecidos para los niños (hombres en desarrollo) se aprenden e interiorizan como tareas cruciales y urgentes de la infancia. Desde muy temprano en la vida, las identidades masculinas están "codificadas por guiones masculinos" (Pearson, 1997). Los inevitables fracasos para lograr estas iniciaciones en la virilidad a menudo alcanzan el umbral del trauma, y pueden ser llamados, "Traumas al pensamiento de los hombres". Para los varones orientados a la acción, cada trauma tiende a dar lugar a una respuesta conductual o "antídoto" al trauma. Lo que es más significativo es que cada intento del macho de superar el trauma y alcanzar el codiciado antídoto trae otra ronda de vergüenza y desgracia que promueve el impulso de probar y afirmar su hombría. Los siguientes son tres traumas interrelacionados y sus antídotos:

1) Emasculación: A lo largo de la historia y a través de culturas y religiones, se han formalizado rituales destinados a iniciar a los niños en el "círculo de los hombres". Igualmente, potentes como una fuerza en la infancia, son los estándares implícitos de masculinidad establecidos por los padres, los compañeros y la sociedad en general. Cada niño, en diferentes grado, pasa por su propia lucha personal e interna para alcanzar estos estándares. Cuando no cumplen con las normas masculinas, a los varones jóvenes no sólo se les niega la aprobación ansiosamente buscada por su padre, sino que también deben soportar sus expresiones verbales y faciales.

Cada "fracaso" real o percibido es castigado a través de la crítica, la vergüenza y, a veces, la violencia verbal y física. Las degradaciones externas de los niños son igualadas por sus sentimientos internos de desgracia.

El antídoto contra la emasculación es la "ultra-masculinidad", que se puede definir como el estatus idealizado y elevado del hombre percibido como poseedor de rasgos extremos de la masculinidad (fuerza física, vasta riqueza, destreza sexual, posición poderosa, actitud machista, atrevidas hazañas de rendimiento, coches rápidos, etc.). Las consecuencias de esforzarse por alcanzar los estatus ultra masculino incluyen adaptaciones conductuales y decepciones inevitables por no alcanzar esos estándares.

2) Cercanía con la feminidad: al principio de la vida, los niños son degradados y burlados por mostrar manierismos femeninos, jugar con las niñas o ser un "niño de mamá". En reacción, los chicos aprenden a rechazar explícita e implícitamente la cercanía con las hembras. Este rechazo se manifiesta en restricciones conductuales, cognitivas y emocionales estrechas para los chicos que son diametralmente opuestos a los rasgos femeninos. Como un antídoto adicional para el contacto con lo femenino, los machos comienzan a una edad temprana para las niñas y las mujeres. Los niños emplean colocaciones verbales o jalan el pelo mientras que los hombres pueden ejercer control sobre las mujeres a través de la intimidación o la violencia física.

3) Contacto con la emoción: Tanto como implicación, los varones recién nacidos son instruidos para no mostrar sus sentimientos. Al enserar sus sentimientos o mostrar sensibilidad a los sentimientos, los chicos se califican violentando las normas de mostrar un estricto nivel de masculinidad. Los niños reciben innumerables mensajes en muchos niveles a lo largo de la infancia, como "ser un hombre de acción" y "soportarlo". Otros machos, ya sean

figuras paternas o compañeros, a menudo ridiculizan a los chicos que expresan emociones "más expresas" (aparte de la ira). Pollack (1998) dijo que la ira es la única emoción aceptable para que los niños expresen y la ira se convierte en su "embudo emocional". El antídoto contra el trauma emocional es la gama de sentimientos, la agresión y la expresión.

Perspectivas feministas sobre la violencia doméstica

Los feministas, así como muchos hombres, sostienen que la violencia doméstica es "profundamente de género" (Marin y Russo, 1999). Esto significa que la violencia en las relaciones no es simplemente una táctica de conflicto utilizada para ganar ventaja en el conflicto inmediato o argumento en el que la pareja está participando, sino que la violencia es un medio de coerción con la intención de obtener el control sobre su pareja y alcanzar la posición superior en la jerarquía de poder. Cuando tenemos en cuenta las ventajas físicas que los hombres suelen poseer y exhiben, se puede hacer un caso legítimo de que las mujeres utilicen la violencia como un medio de autodefensa. Las mujeres pueden defenderse para protegerse de la violencia inminente de su cónyuge, o pueden tomar represalias por los abusos del pasado que se les infligieron, ya sean físicos o psicológicos. Cualquier ser humano que haya sido víctima a largo plazo de un comportamiento agresivo y controlador tiene la capacidad de reaccionar con violencia en algún momento. Por lo tanto, la perspectiva feminista incluye el concepto de que las mujeres arrestadas por violencia doméstica suelen ajustarse al perfil de víctima femenina que a la maltratadora masculina. La perspectiva reconoce que algunas mujeres tienen problemas de ira, que pueden ir acompañados de estallidos violentos.

Perspectivas masculinas sobre la violencia doméstica

Cuando se trata del tema muy real e "inflamatorio" de la violencia doméstica, los hombres están típicamente muy conscientes de la atribución inmediata de la sociedad sobre la perpetración a los hombres. En consecuencia, los hombres involucrados en incidentes de violencia doméstica consideran que su versión de los acontecimientos, así como sus sentimientos, serán ignorados por el público, en particular el Sistema de Justicia Legal. Los hombres a menudo creen que el sistema legal está sesgado contra ellos y no se les dará una "justicia igual". Parece que cada crisis sufrida y/o causada por seres humanos trae consigo mitos controvertidos que involucran la designación de la culpa y la responsabilidad. En las últimas dos décadas, existe el mito -difundido a lo largo y ancho por el público e incluso por la policía- de que la falta de enjuiciamiento efectivo de O.J. ha causado una "represión" a los hombres por parte de las legislaturas y las fuerzas del orden.

Tanto las mujeres como los hombres a menudo ven automáticamente al hombre como el perpetrador, de hecho los hombres perpetran la mayoría de los crímenes de violencia doméstica. Sin embargo, para entender plenamente la mentalidad del hombre del siglo XXI, es importante reconocer que la ira y la agresión pueden estar cubriendo y protegiendo sentimientos más profundos de culpa, vergüenza, inseguridad, fracaso y la sensación de que cuando se trata de violencia doméstica, ya está "en desventaja".

Lo que también hay que tener en cuenta es que muchos hombres han sido testigos de actos de agresión, abuso o violencia física perpetrados por sus padres en contra de sus madres. Para los niños que soportan la experiencia de la violencia cometida por su objeto paterno idealizado, el impacto y las imágenes interiorizadas en ese momento, tanto consciente como inconscientemente, todavía existen en sus psiques actuales. Los hombres bien pueden tener sentimientos persistentes de culpa por las transgresiones de su padre o culpa por cualquiera de sus propios actos de agresión. Algunos hombres también están atormentados por la culpa por los actos de agresión perpetrados por hombres en general, incluyendo violencia, intimidación, tortura y violación. La violencia aparentemente incesante cometida por los hombres puede traer la experiencia de la vergüenza por sólo ser un hombre.

Actitudes de la sociedad hacia las víctimas masculinas

La sociedad reconoce y conmemora la violencia de los hombres contra las mujeres mucho más que la violencia de las mujeres hacia los hombres (Lupri, E.; Grandin, E., 2014). En su libro de referencia *Hombres maltratados* (2009), Philip Cook afirma que el público parece deplorar el abuso de la esposa, mientras trata el abuso del marido como un tema humorístico. Ghanim (2012), en su ensayo sobre la violencia de género, afirma que: "La violencia femenina es descuidada en la literatura de género... el dominio generalizado de la violencia machista en la sociedad deja poco margen para atender la violencia femenina" (pág. 61). Los estereotipos prevalecen, estigmatizando que los hombres son agresivos y violentos en la naturaleza. Pollack (1998) postuló que, al principio de la niñez, los machos son marcados como peligrosos y deben ser observados y mantenidos bajo estricto control.

Requiere apertura de la mente y reevaluación de la creencia para considerar realista el hecho de que los varones adultos pueden ser abusados en sus relaciones. Las creencias bien establecidas no cambian fácilmente, por lo que la sociedad presta poca atención a la investigación sobre las víctimas masculinas. Faltan estudios de esta naturaleza, en parte porque muchos organismos gubernamentales se niegan a reconocer el problema y a proporcionar fondos para la investigación (Cook, 2009; Wright, 2016). Además, hay una falta de recursos para las víctimas masculinas, incluyendo respuestas de línea directa, refugios para hombres y programas de tratamiento. No fue hasta 2016 que el primer refugio para hombres en los Estados Unidos y abrió en Alabama. Si los hombres víctimas de violencia doméstica deciden buscar apoyo y vivienda, por lo general deben llegar a refugios para personas sin hogar. Existen muchos documentos que describen a los buscadores de ayuda masculinos que han sido ignorados, dudados, ridiculizados, brindando información falsa, referidos a programas de tratamiento de maltratadores, e incluso arrestados (Cook, 2009). Estos fracasos de servicio para los hombres maltratados afectan su salud física y mental, exacerbando los sentimientos de aislamiento e impotencia que son comunes a cualquier víctima de violencia doméstica.

Impacto de la violencia a las víctimas masculinas

Además de las lesiones físicas sufridas y posiblemente visibles vendas y moretones para la familia, amigos y asociados de trabajo para ver, el hombre victimizado por la violencia doméstica a menudo sufre sentimientos de vergüenza, culpa, aumento de la ansiedad, disminución de la autoestima y odio hacia uno mismo. Las consecuencias de la violencia de pareja pueden incluir la pérdida del trabajo, el hogar, la relación y el contacto con los niños. Los efectos secundarios incluyen el uso o abuso de alcohol y drogas para escapar de estos sentimientos y pérdidas.

Al igual que con las mujeres víctimas, existe la pérdida de seguridad y confianza en la pareja. Estas pérdidas esenciales -de manera postraumática- comienzan a tener efecto más allá de la familia y se extienden a la falta de seguridad y confianza en el mundo en general. Los síntomas del TEPT a menudo están presentes, incluyendo ansiedad severa, aislamiento, hipervigilancia con respecto al entorno (manifestándose en el fenómeno de "caminar sobre cáscaras de huevo") y recreaciones traumáticas. Ya no se siente seguro al expresarse, por lo que la consiguiente represión del afecto produce depresión, junto con la ira no expresada y sin resolver. Como a menudo ocurre con el TEPT, los pensamientos y sentimientos generados por el incidente original pronto prevalecen sobre todos los aspectos de la vida de una persona.

La depresión es un estado mental obvio para cualquier víctima de un crimen. Al relatar los acontecimientos a otros, por lo general hay declaraciones de culpa de los demás, pero internamente la víctima inevitablemente se culpa a sí misma. Tal vez, para mantener una sensación de "control" sobre la situación, las víctimas tienden a atribuir una variedad de motivos de despreciarse a sí mismas. A medida que las víctimas se preguntan cómo aterrizaron en esta situación aparentemente ineludible, se llenan de culpa, que puede ir acompañada de impulsos relacionados con la autolesión, así como ideación suicida.

Los estados de depresión que pueden persistir para los hombres que sienten que fracasaron en su papel como esposo, padre y hombre real. La pérdida percibida del estado masculino y la disminución en el estado de pie o el poder puede resultar en problemas de disfunción sexual e impotencia. La naturaleza duradera de muchos de estos síntomas traumáticos puede permanecer en la mentalidad durante toda la vida.

Obstáculos para denunciar el abuso

Para ambos sexos, existen desafíos tanto reales como psicológicos para que las víctimas de abuso hablen sobre la situación y mucho menos para presentar un informe a las autoridades. Vivimos en un mundo donde "mantener las apariencias" es una prioridad importante para muchas personas. Por lo tanto, la ya sentida vergüenza y la vergüenza futura que se anticipan impulsa a las víctimas a soportar la situación y hacer continuos intentos de racionalizar o incluso negar el abuso. Denunciar abusos a las autoridades puede parecer equivalente a poner fin a la relación. Los votos de boda se hicieron y celebraron frente a la familia, los amigos, los asociados de trabajo y el ministro. Salir de los límites de la relación con el abuso es renegar el rito sagrado del matrimonio, la "promesa" hecha a la comunidad en general.

El simple hecho de denunciar abusos puede suscitar temores de represalias, muerte, daño a los niños y el temor general a lo desconocido. Algunas víctimas sienten que su relación ha sido tan mala durante tanto tiempo, que han llegado a aceptarla como "normal" y que son "golpeadas". El consiguiente estado mental depresivo y letárgico hace que buscar ayuda parezca una tarea demasiado difícil.

Aunque denunciar abusos es un obstáculo importante para superar tanto para las mujeres como para los hombres, es inevitable que los "pensamientos" de denuncia también vayan acompañados de preguntas sobre el consiguiente futuro hipotético. Una vez que todas las "piezas aterrizan", siempre, la preocupación principal para ambos padres es su relación con los niños. Los hombres y las mujeres temen que una gran "sacudida" de su familia represente el riesgo de perder el acceso o la custodia de sus hijos. La amenaza de pérdida de la custodia se presenta a menudo a la víctima como parte del abuso. Tanto las mujeres como los hombres no pueden denunciar abusos debido a sentirse abrumados ante la perspectiva de criar a los niños solos. Algunas víctimas no pueden soportar la sensación de que no mantuvieron a su familia unida.

Obstáculos específicos para los hombres que denuncian el abuso

Varios estudios indican que los hombres son menos propensos que las mujeres a denunciar abusos (Galdas, 2005; Cook 2009). Hay obstáculos internos y externos para que los hombres denuncien. Interna o psicológicamente, los hombres traumatizados en la infancia pueden carecer de la conciencia de que se producen abusos, así como de la falta de iniciativa para hacerle frente al problema. Los varones adultos expuestos a la agresión cuando niños tienden a ser algo tolerantes con la futura agresión perpetrada contra ellos (Berkowitz, 1974). Van der Kolk (1986) discutió las consecuencias de los varones traumatizados en la infancia y destacó la intensa dependencia de su pareja, acompañada por el desarrollo de una pérdida de iniciativa personal. Se ha encontrado que los hombres con un diagnóstico de TEPT exhiben indefensa aprendida, junto con la pérdida de un sentido de control de su destino (van der Kolk, 1986).

Cuando son niños, los hombres que son atacados físicamente tienen tres opciones obvias: 1) golpear y ser percibidos como agresivos; 2) huir y parecer débil; y 3) minimizar el dolor y aparecer fuerte en los ojos de sus compañeros. En la edad adulta, las opciones presentadas son muy diferentes. Las víctimas masculinas de violencia doméstica tienden a tomar la tercera opción de minimizar el abuso, por miedo a ser arrestados o convertirse en objeto de burla ("wimp") (Cook, 1997; Flynn, 1990; Fontes, 1998; George, 2003).

Para el hombre víctima de abuso doméstico, su estado de victimización y sus síntomas de TEPT lo hacen en completa contradicción con los ideales del acondicionamiento masculino: ser fuerte y mantenerse en control. Acontecer el pensamiento creativo, fuerza la supresión de la vulnerabilidad y la negación de los sentimientos hirientes, y en última instancia resulta en la evitación de la etiqueta de "víctima" a toda costa. En el contexto del patriarcado, ser una víctima masculina es una contradicción inherente (Ghanim, 2012). Se supone que un hombre independiente debe lidiar con los problemas que surgen por sí solo. Denunciar abusos es pedir ayuda y lo haría menos hombre. Los estudios muestran que cuando las lesiones son graves, no sólo es probable que los hombres no reporten agresiones por parte de mujeres, sino que también son reacios a reportar asalto por otros hombres (Hines, Malley-Morrision, 2005). En lugar de enfrentar una disminución de la hombría, es preferible permanecer en negación de que se ha producido un abuso. A lo largo de la historia, un hombre que es abusado física y emocionalmente por una mujer y figurativamente golpeado por una mujer - es reconocido como alguien repugnante.

Además, hay obstáculos externos muy reales para los hombres que contemplan denunciar abusos. En primer lugar, está el sesgo social que estereotipa rígidamente a las mujeres como víctimas y a los hombres como abusadores. De hecho, existe una expectativa social de que los hombres serán más agresivos y violentos que las mujeres (Lightdale y Prentice, 1994; Ghanim, 2012). Un corolario de esto es que el abuso de hombres no es tratado seriamente y a menudo es reticulado como un asunto de risa. En consecuencia, muchos hombres creen que no tendrán credibilidad por las fuerzas del orden si denuncian abusos. Hamel (2005) discutió de las fuerzas del orden para detener a los hombres en casos de violencia doméstica. Por lo tanto, hay un temor real entre los hombres de que incluso cuando son la parte informante, serán falsamente arrestados cuando la policía llegue a la escena. Al resumir los resultados de un estudio, Linda Mills (2008) informó que: "a pesar del aumento significativo que hemos visto en las detenciones de mujeres en la última década, la policía todavía es mucho más propensa a tomar un informe y hacer un arresto si la víctima es una mujer". (pág. 35).

Cuando los hombres buscan ayuda en situaciones de violencia doméstica, ha habido una evidente falta de recursos y servicios de apoyo hasta hace muy poco. Douglas y Hines (2011) llevaron a cabo la primera encuesta nacional a gran escala de hombres que buscaron ayuda para la violencia de pareja heterosexual. Su estudio incluyó el hallazgo de que entre la mitad y dos tercios de las víctimas masculinas que buscaban ayuda de la policía, las líneas telefónicas de VD o las agencias de VD fueron dichas de una forma u otra que "sólo ayudamos a las mujeres". El estudio reveló además que, a diferencia de las líneas telefónicas directas y las fuerzas del orden, las preocupaciones de los hombres fueron tomadas en serio por el 68% de los profesionales de la salud mental, pero sólo el 30% ofrecía información útil. Además de los médicos profesionales, los hombres informaron que las mejores fuentes de ayuda eran amigos, vecinos, parientes, abogados y ministros.

Obstáculos para que las víctimas dejen relaciones abusivas

Hay más puntos en común y diferencias por qué hombres y mujeres se quedan y soportan relaciones abusivas. Para la mayoría los niños son la prioridad principal. Algunas víctimas permanecen en el hogar para que puedan proteger a sus hijos de la pareja abusiva. Está documentado que las esposas abusivas son tan propensas a exhibir violencia hacia los niños como los esposos abusivos (Straus & Smith, 1990; Margolin & Gordis, 2003). También existen preocupaciones de perder la custodia, tener que criar a los niños como padres solteros o sufrir una disminución en el nivel de vida para ellos y los niños. Por supuesto, cuando la violencia es grave, hay temores genuinos de que los niños sean heridos o asesinados.

Con el tiempo, muchas víctimas se sienten demasiado deprimidas y desesperadas para iniciar cualquier acción asertiva. Pueden carecer de conocimiento de los recursos disponibles y creer que no hay ningún lugar seguro para ir. Algunos se consideran un fracaso si no pueden hacer que su matrimonio "funcione". Para algunas víctimas, sus creencias religiosas las tienen firmemente convencidas de que nunca se irán en ninguna circunstancia.

Debido a las conductas de control de su pareja o debido a su propia vergüenza de la situación, algunas víctimas se aíslan y pierden del apoyo necesario para ayudar a planear una fuga. La idea de dejar la relación puede traer temores de represalias, acecho o ser asesinado por su pareja. A pesar de años de discusiones hostiles, silencios aterradores e incertidumbres tensas, algunas mujeres u hombres todavía están muy atrapados en la ilusión del amor romántico, sienten profundamente por su cónyuge y creen que tienen una "bondad interior" o un "buen corazón". El deseo de "redescubrir" que el buen corazón transforma el instinto cuerdo de autoprotección de una persona peligrosa en un deseo irracional de proporcionar lo que sea necesario para revivir la bondad debajo del mal comportamiento. En este caso, racionalizan y ponen excusas para el abuso y desarrollan la creencia de que, si son un cónyuge "suficientemente bueno", entonces su pareja cambiará.

La cuestión del apego único que un par forma no se da la atención adecuada, lo que aísla aún más a la víctima que intenta tender la mano y luego experimenta una falta de comprensión. Así como cada persona es única, también cada pareja comparte un vínculo que es totalmente único para ellos y a menudo insondable para los forasteros. El avance más significativo en el estudio de la psicología desde la teoría instintiva postulada por Freud es el descubrimiento que es imperativo que los seres humanos se adhieran a los demás. Cuando la intimidad de la asociación comprometida y a largo plazo se añade a la ecuación, las asociaciones obvias del romance, el amor, la familia, los niños y el sexo sirven para fortalecer los lazos de apego. La necesidad de apego se convierte en una fuerza motivadora tan poderosa en la psique que reemplaza los juicios morales que los forasteros tienen sobre la bondad o la maldad, la salud o la disfunción, la igualdad o el abuso. Para ayudar a las víctimas a despertar y dejar relaciones abusivas, primero debemos unirnos a su situación entendiendo la singularidad de su relación y su necesidad de apego a la vida o muerte.

Obstáculos específicos para que los hombres dejen relaciones abusivas

Los hombres son socializados para ser responsables y competentes, lo que incluye el compromiso con el matrimonio (Hines & Malley-Morisson, 2001). Se establece universalmente que, con compromiso, viene la responsabilidad de proveer y proteger a su familia. A pesar de la tendencia de algunos machos a renunciar su responsabilidad y fidelidad, dejar a la familia a menudo va acompañada de la sensación de que eres "menos que un hombre" (Cook, 1997). Para algunos, junto con el compromiso con la familia, su integridad básica está en juego. Existe la actitud masculina común de: "eres tan bueno como tu palabra." Esa palabra está representada por el compromiso público hecho con su pareja, familia, amigos, comunidad y es violada a un costo para la identidad de uno.

Existe una disonancia cognitiva con respecto a verse a uno mismo, un miembro del género más agresivo y violento, como víctima de la agresión y la violencia de una mujer. Es doblemente disonante que una víctima masculina pueda temer a represalias por irse. Esta represalia puede tomar la forma de acecho, la propagación de rumores maliciosos a familiares, amigos y compañeros de trabajo, e incluso acusaciones falsas de violencia doméstica. Además, por lo general hay mayor preocupación por los hombres que por las mujeres por la pérdida de contacto o la custodia de los niños.

Al igual que con las víctimas femeninas, muchas víctimas masculinas han sufrido abusos y violencia en su familia de origen. Estos modelos disfuncionales de relación han sido internalizados en la infancia y son recreados en la edad adulta. Muchos hombres y mujeres son atrapados en un ciclo de abuso de por vida, por el cual se perpetúa la violencia, se produce la distancia entre la pareja, seguido de la etapa de luna de miel llena de afectos, disculpas y promesas de obtener ayuda. Los impulsos para cometer actos de violencia ahora son reemplazados por impulsos para recuperar la relación aparentemente perdida. Las cenas, flores y tener sexo no logran de ninguna manera las decisiones reflexivas necesarias y son consideraron pasos que posiblemente podrían sanar la relación rota.

El instinto materno está bien establecido en nuestra cultura como una cualidad femenina. Este instinto es el escenario de una mujer rescatando o salvando a su pareja de drogas, peligro o depravación de una forma u otra. Sin embargo, parece haber un descuento definitivo de las cualidades de nutrición y compasión que muchos hombres poseen. La naturaleza solidaria de un hombre puede manifestarse en deseos y esfuerzos para mejorar la vida de su pareja, protegerla del daño físico, ayudarla a estar libre de una lucha para llegar a fin de mes, o rescatarla de una mala situación con su familia o incluso su relación anterior. Al igual que con las mujeres, la contraparte masculina de esta dinámica de rescate a menudo persiste después de que la relación amorosa ha terminado. Tanto para los hombres como para las mujeres víctimas de abusos, existe una fuerte tendencia a ver a su pareja como una persona realmente buena en lugar de como una persona peligrosa de la que debe huir. Así que las mujeres y los hombres se quedan.

Otro factor motivador en una manera más ligera con el jugador de Las Vegas es que permanece demasiado tiempo en la mesa. Has invertido tu tiempo, dinero, energía, con tu presencia continua en la mesa, sientes el fuerte tirón del juego. Para aquellos que pierden en las cartas y por aquellos que pierden en una relación abusiva, la esperanza que brota es eterna. Tarde o temprano, las cartas se volverán a tu favor. Tarde o temprano, la relación con tu pareja volverá a esos días alegres y aventureros del primer encuentro, primero haciendo una conexión, una risa, y los ojos se reunirán inicialmente con el reconocimiento silencioso del amor. Así que te quedas obstinadamente en la mesa de póquer, te quedas obstinadamente en la relación abusiva.

Parece ser de naturaleza humana dedicarse a la búsqueda de la recapitulación, independientemente de los méritos de nuestros esfuerzos. El intento de recuperar un momento anterior de la vida puede ser la base para el logro-revivir la alegría desenfrenada que experimentó cuando mostró los bloques de juguete que armaron como un niño pequeño. Usted puede recordar las grandes sonrisas, abrazos, alegrías, y el amor que vino a su manera. Las personas a veces tratan de recuperar el momento "alto" cuando consumieron por primera vez un sabroso dulce, o primero sintieron los efectos relajantes de una píldora, o la primera vez que olían una línea de cocaína. Por lo tanto, la recaptura también puede ser una base para las adicciones. Por lo tanto, el dicho: "siempre estás persiguiendo ese primer alto." La recaptura puede desempeñar un papel poderoso en permanecer demasiado tiempo en la mesa de la tarjeta, así como permanecer demasiado tiempo en la relación abusiva.

Recomendaciones para hombres maltratados

Plan de seguridad (inmediato):

1. Nunca se desquite (la violencia es violencia, no importa quién la inició; las represalias están equivocadas y serán arrestados).
2. Ten en cuenta los desencadenantes de las respuestas con coraje tanto para tu pareja como para ti mismo.
3. Váyase si es posible.
4. Mantenga los artículos esenciales cerca para salir en el momento del aviso (licencia de conducir, teléfono celular, pasaporte, efectivo, tarjetas de crédito, chequera, etc.).
5. Anote todas las acciones abusivas (fechas, horas, lugares, eventos y testigos).
6. Documentar lesiones (cortes, moretones, arañazos, etc.).
7. Tome fotos de las lesiones.
8. Grabar / tomar video de los incidentes de abuso.
9. Mantenga la información fuera del hogar (con un amigo de confianza).
10. Reportar incidentes violentos a la policía (obtener copia del informe policial).

11. Reportar lesiones (es poco probable que el personal médico pregunte si un hombre es víctima de abuso).

12. Busque asesoramiento en un programa certificado de violencia doméstica (órdenes de restricción, custodia temporal de niños, asistencia legal).

Tenga en cuenta:

1. No está solo como un hombre víctima de abuso.
2. Sin intervención externa, el abuso en las relaciones tiende a aumentar en frecuencia e intensidad con el tiempo.
3. Los departamentos de policía reciben entrenamiento sobre maltratadores masculinos y femeninos.
4. La policía tiene la obligación de proteger a los hombres y a sus hijos.
5. Existen refugios de violencia doméstica para ayudar a los hombres.

Preguntas para contemplar:

1. ¿Cómo se debe dividir el poder entre las relaciones?
2. ¿Su relación es saludable, funcional, disfuncional, abusiva?
3. ¿Se siente cómodo estando en la relación?
4. ¿Tiene preocupaciones o temores sobre la ira de su pareja?
5. ¿Cree que tiene buen control sobre su propia ira?
6. ¿Necesita una intervención externa para enfrentar su relación?
7. ¿Hay pasos que puede tomar antes de llamar a la policía?
8. ¿El "Sistema Legal" trata a hombres y mujeres por igual?

9. ¿Debería el "sistema" tratar a hombres y mujeres por igual?
10. ¿Naturalmente "favorece" a hombres o mujeres?
11. ¿Qué actitudes tiene que son "sexistas"?
12. ¿Cuál es su definición de "hombre" del siglo XXI?

Recomendaciones para los terapeutas

La primera orden de negocios para que un terapeuta sea una verdadera ayuda para una víctima de violencia doméstica es formar una conexión y construir un vínculo basado en la confianza y un interés genuino en ellos. Al mismo tiempo, debe poseer estabilidad como persona y confianza genuina en su propia competencia. La labor de tratamiento de la violencia doméstica es demasiado crucial e inmediata para hacer algo menos que el conocimiento de los recursos y la experiencia de trabajo con las víctimas y los perpetradores. El contacto visual es esencial, los ojos suelen ser su primer instrumento para comunicar que usted sabe lo que está haciendo.

Una de las cosas más frustrantes y completamente fuera de contacto que alguien podría decirle a una persona en una relación abusiva es "simplemente déjalo", o "simplemente déjala". Como médico que trabaja con personas involucradas en violencia doméstica, lo último que le diré a una persona maltratada es "simplemente vete". La única excepción crucial a esto es si el paciente, los niños o incluso el perpetrador están en peligro inmediato. Si usted siente a través del diálogo o con la intuición de la experiencia que alguien probablemente perpetúe o será víctima de violencia física, entonces usted debe intervenir. Debe tomar medidas para iniciar con prontitud, con urgencia, el proceso de obtención de la asistencia externa necesaria para garantizar la no violencia y la paz. En ausencia de "señales rojas" de peligro inmediato, corresponde al médico darse cuenta de que la víctima no sólo ha oído "simplemente salte" de otros, sino que también han dicho, "simplemente déjalo" como 150 veces. Obviamente, hay una mayor complejidad en lo que el paciente presenta por primera vez en esta situación. Las mujeres tienen sus propias razones reales y válidas para permanecer en una relación abusiva, al igual que los hombres. Para ser verdaderamente de ayuda, el médico debe empatizar con las necesidades y sentimientos del paciente y comunicar esa empatía verbal o no verbalmente. Usted debe tener la flexibilidad para comunicar empatía y comprensión sutil o más ligeramente. Usted está "leyendo" a su paciente para determinar qué enfoque se requiere de usted. Estás en servicio.

Este intercambio de las necesidades y sentimientos del paciente con su respuesta empática de retorno, en el nivel requerido, es un requisito previo absoluto para ayudar a facilitar cualquier escape del abuso. Tienes que aprender sobre la persona que tienes delante como un ser humano único. Además, esta persona única a la que está tratando de ayudar tiene una relación única y "especial" con su abusador que necesita comprender completamente. Con ese fin, normalmente empiezo el proceso descubriendo lo que es tan especial acerca de su pareja y lo que es tan especial acerca de su relación. Cuando estoy en mi mejor momento, mi postura inicial es de genuina curiosidad y falta de juicio. Es una postura basada en una actitud que es a la vez genuino y profesional.

Los terapeutas deben tener mucho cuidado de no vayan a traumar al paciente otra vez con sus palabras o tono de voz. No importa cuán bien intencionado se sienta, la proclamación de "simplemente dejar" es un juicio y puede ser experimentado como un comando intrusivo, otra violación de los límites, o traumar otra vez sobre el abuso. No es ni genuino ni profesional.

Un objetivo general del tratamiento es mantener un balance entre respetar los límites personales y protegerse contra el intrusismo, por un lado, y al mismo tiempo, facilitar la exploración del paciente de sus pensamientos, sus prioridades y, en última instancia, su curso de acción. Las cosas funcionan mejor cuando las "ideas innovadoras" provienen del paciente. Cuando surge la idea misma de dejar la relación, primero deben explorarse los obstáculos para llevarla a cabo. Los obstáculos implican prácticas, emociones y archivos adjuntos.

Antes de que las víctimas vengan a buscar su ayuda, es probable que ya hayan hablado con confidentes cercanos. En esta situación estresante y aterradora, debe proporcionar lo que pocos otros pueden:

1.   Un profundo conocimiento de la dinámica de la violencia doméstica.

2.   Sabiduría basada en la experiencia.
3.   Un gran corazón centrado en su motivación personal para ayudar y brindar servicio a los demás.

Recomendaciones para la sociedad

La violencia doméstica es un problema para las personas, no sólo para las mujeres. En "El sexo injusto" Wendy McElroy (1995), declaró: "... la injusticia es el resultado inevitable de tratar a los hombres como una clase separada y antagónica, más que como individuos que comparten la misma humanidad que las mujeres. Los hombres no son monstruos. Son nuestros padres, hermanos, hijos, esposos y amantes. No se les debe obligar a presentarse ante un sistema jurídico que presuponga su culpabilidad". Hines y Malley-Morrison (2005) afirmaron el espíritu tradicional de los nativos americanos que: ". . . para eliminar la violencia familiar (o la violencia en general) ambos tipos de agresión deben ser abordados y la práctica común en el sistema judicial mayoritario es de culpar al hombre por el conflicto e ignorar el papel de la mujer es inapropiada e ineficaz" (pp. 44-45).

Como se mencionó anteriormente, hasta hace muy poco ha habido una evidente falta de servicios de apoyo para los hombres. Además, existen otras poblaciones desatendidas, como los ancianos, las parejas del mismo sexo y las personas transgénero (Mills, 2008; Douglas y Hines, 2011). Aunque las víctimas masculinas intentan diferentes enfoques al buscar ayuda e intentan utilizar una variedad de recursos, en su mayoría sus experiencias tienden a ser más negativas que positivas. Cuando los hombres o las mujeres en esta situación deprimida piden ayuda y son rechazados, su estado general de salud mental se ve comprometido.

Cuando se trata de entender las perspectivas masculinas sobre la violencia doméstica, los prejuicios contra los hombres como víctimas es real. Una raíz principal de esta falta de comprensión es la posición punitiva tradicional de la sociedad hacia los perpetradores, en lugar de enfoques que involucran comprensión, empatía y educación. Como se mencionó anteriormente, los hombres bien pueden actuar con más agresión que las mujeres, por lo que existe una brillante necesidad de proporcionar a los hombres, especialmente a los hombres jóvenes, herramientas y salidas para sus tendencias agresivas. La necesidad de establecer programas que promuevan herramientas asertivas, salidas sanas y creativas para los hombres es urgente, como lo demuestran las agresiones diarias mundiales, abrumadoras e implacables contra el cuerpo físico y la vida misma.

Específicamente, aquí hay algunas recomendaciones para seguir debatiendo y analizando con el propósito de abordar el problema de la violencia doméstica en nuestra sociedad:

1. Educación pública inclusiva de género sobre violencia doméstica, junto con materiales de divulgación para posibles víctimas (Hines y Douglas, 2011).

2. Currículos de la universidad y de la escuela secundaria en las ciencias sociales diseñados para preparar futuros profesionales de la salud mental y los servicios sociales sobre experiencias comunes de todas las víctimas, independientemente del género de víctimas y perpetradores.

3. Aumentar la educación sobre cultura y diversidad de género para los médicos que prestan servicios a las víctimas de violencia doméstica.

4. Reevaluación por parte de los departamentos de la policía con respecto a cómo manejar los incidentes de violencia doméstica y cómo responder cuando las víctimas no cumplen con los estereotipos de género.

5. Asistencia legal fácilmente disponible, más asequible y mejor capacitada en violencia doméstica.

6. Examen exhaustivo de todos los clientes y pacientes para detectar experiencias abusivas, con disponibilidad de información sobre cómo obtener ayuda para la violencia doméstica.

7. Investigación centrada que examina la eficacia de la educación pública, los exámenes, las capacitaciones y las técnicas de tratamiento en el campo de la violencia doméstica.

8. Investigación centrada en la violencia doméstica que incluye ambos géneros, con respecto a problemas de salud mental relacionados, adicciones a las drogas y el alcohol, abuso en la infancia, problemas escolares, acoso escolar, ausentismo, etc.

9. Investigación centrada en los efectos multiniveles de la violencia doméstica en los niños con respecto a su desarrollo físico, cognitivo, emocional, relacional, y el rendimiento escolar.

10. Coordinación de métodos y objetivos de los proveedores de tratamiento de la violencia doméstica, los trabajadores de refugio, los departamentos de policía, los trabajadores de servicios infantiles y el sistema legal.

Gobernantes del Patriarcado

A nivel del individuo, los hombres poseen predominantemente mayor estatura, fuerza, peso, atletismo y experiencia en combate cuerpo a cuerpo que las mujeres. En el nivel macro del espíritu general de la sociedad, el patriarcado ha gobernado el día. A lo largo de la historia, con pocas excepciones, la sociedad ha sido gobernada por el gobierno, controlada financiera e históricamente narrada por los hombres. Es indiscutible que las sociedades han sido de naturaleza patriarcal. A simple vista, puede seguir que la caza se considera más valiosa que la recolección, ya sea en la época del Neandertal o el tiempo actual de los seres humanos modernos. Las mujeres en tiempos antiguos que cuidaban de los nacientes nidos y cuevas bien pueden haber sido subordinadas a sus contrapartes masculinas que utilizaron la destreza física y la "autoridad" necesaria para lidiar con los depredadores y las presas para dominar a sus parejas femeninas también. Permitiendo excepciones, esta dinámica patriarcal puede jugar con las mujeres de los tiempos modernos cuidando de la crianza de los hijos y el hogar. Mientras que el hombre moderno sale de casa cada día para trabajar en campos, fábricas y oficinas, utiliza el poder y la autoridad para ganarse la vida, mantener a su familia y dominar a su compañera femenina.

Otro fenómeno primitivo en un tiempo moderno involucra la violencia perpetrada por hombres contra mujeres embarazadas o en edad fértil. El instinto masculino de propagar genes bien puede inspirar los impulsos más fuertes de controlar, mantenerse en línea y dominar completamente a una mujer embarazada que está "mostrando" o a una mujer de edad adecuada para el parto. Datos recientes revelan que las mujeres en edad fértil corren el mayor riesgo de sufrir violencia física a manos de su pareja. Las edades de 20 a 24 años presentan el mayor riesgo de violencia, en las edades de 35 a 49 años en el siguiente riesgo mayor y ocurre en menor riesgo para las mujeres de 50 años o más. La violencia doméstica durante el embarazo sigue siendo un problema importante en todo el mundo y se asocia con resultados adversos para los recién nacidos. Las consecuencias obvias incluyen sangrado interno, daño al feto, bajo peso al nacer, nacimientos prematuros, aborto espontáneo, depresión y cuidado personal deficiente. En los Estados Unidos, los proveedores prenatales no examinan rutinariamente la violencia doméstica (Bailey, 2010). La perpetración masculina en contra de las mujeres vulnerables que reciben hijos recibe poca atención, pero representa otro método de dominio masculino en la sociedad.

Tal vez, el tema más discutido y potencialmente controvertido de todos tiene que ver con la atribución automática y no consciente de la masculinidad a la religión. Para aquellos que poseen la creencia en Dios, ¿no existiría Dios con estatus y poder mucho más allá de la forma humana más allá del género? Sin embargo, aparentemente sin pensamiento ni asombro, a Dios prácticamente siempre se le hace referencia con el pronombre masculino. Me parece que, en el nacimiento de todas las religiones, fueron los hombres los que sirvieron como ancianos, la élite, los poderosos, los miembros de los consejos gobernantes y, significativamente, los cronistas de las palabras de los profetas religiosos. Así que una vez que los dioses multifacéticos fueron subsumidos por el monoteísmo, a Dios se le dio para siempre una identidad masculina.

Según Ghanim (2012), "... la religión monoteísta ha ayudado a fortalecer el contexto patriarcal que apoya la dominación y el control de las mujeres", (pág. 57). El control del poder para el Dios masculino puede ser sutil, pero las consecuencias son a la vez generalizadas en el mundo y persistentes a lo largo de todas las épocas históricas. Aunque esto parece ser un tema tabú firmemente sellado y sellado para la exploración. Una investigación y discusión del espíritu masculino de Dios resultaría ser bastante estimulante y fructífero para traer tanto un nuevo y moderno reequilibrio de los géneros como un espíritu cooperativo muy necesario para mujeres y hombres.

Creo que los hombres que sufren violencia a manos de las mujeres pueden ser plenamente abordados y atendidos si cuando nuestra sociedad llega a un acuerdo con el patriarcado en todas sus formas. Tal vez entonces, puede ocurrir un equilibrio de los géneros que se ha demorado mucho tiempo. Un nuevo "quizás" puede implicar la creación de un mundo con menos violencia y mayor armonía.

El "buen hombre"

Como contrapeso a la sociedad patriarcal, existen multitudes de hombres que intentan vivir sus vidas que se esfuerzan genuinamente por ser un "hombre responsable" y un "buen hombre". Por lo general, estos valientes hombres, en todos los sentidos de la palabra, se ven eclipsados por el dramatizado e incluso exaltado "hombre malo" o "chico malo". Hay muchos hombres que han interiorizado en la infancia una forma de no violencia de ser de su madre o padre, o han desarrollado su propia fuerte y predisposición contra el uso de su físico para perpetrar contra una mujer, o cualquier persona vulnerable. Esta actitud puede ser tan fuerte y decidido que se abstienen del contacto físico incluso cuando están siendo atacados por su pareja femenina. Por lo general, estos machos no cantados poseen una feroz lealtad hacia su familia y están dispuestos a tolerar el abuso, quedarse con su pareja y continuar trabajando para mejorar su relación y ellos mismos. No demos dar por sentado lo que algunos dirían que es la forma esperada para que los hombres se comporten, y en su lugar promuevan, celebren y presten al menos la misma atención al "hombre bueno".

Sanar el distanciamiento

Este capítulo se ha centrado en la violencia de pareja, prestando especial atención a las víctimas masculinas. Sin embargo, para contemplar y abordar plenamente el problema de la violencia doméstica entre hombres y mujeres, debemos retirar el lente, analizar y comprender objetivamente las dimensiones generales del problema. Por lo tanto, es crucial que la cuestión se considere más allá del incidente inmediato, más allá de las estadísticas más recientes, y más allá de los relatos anecdóticos de "guerra" entre los géneros. Como médico, teórico y activista durante la mayor parte de mi carrera, he discutido principalmente los temas en el "campamento femenino" y debatido los temas en el "campamento masculino". Investigar y escribir este capítulo me ha ayudado a obtener una perspectiva más amplia y llegar a la comprensión de que los "campamentos" están demasiado separados en sus actitudes y enfoques del problema. Lo que se requiere de estos "campamentos" es hacerlos iguales a lo que se requiere básicamente para cualquier relación adulta sana e igualitaria: las mujeres y los hombres deben hablar en una manera formalizada que incluye la voluntad de cooperar, la mentalidad abierta, la investigación genuina, la escucha activa, la comprensión, la empatía, la lluvia de ideas y el intercambio de ideas que conduzcan a acciones coordinadas para reducir la violencia doméstica y promover interacciones de mutualidad y paz.

Referencias

Andersen, T. (2013). Against the wind: Male victimization and the ideal of manliness. *Journal of Social Work,* Vol. 13, (3), pp. 231-247.

Archer, J. (2000). Sex differences in aggression between heterosexual partners: A meta-analytic review. *Psychological Bulletin, 126* (5), pp. 651-680.

Bailey, B. (2010). Partner violence during pregnancy: Prevalence, effects, screening, and management. *International Journal of Women's Health,* Vol. 2, pp. 183-197.

Berkowitz, E. (1974). Some determinants of impulsive aggression. *Psychological Review, 81*: pp. 165-176.

Bettencourt, B. and Miller, N. (1996). Gender differences in aggression as a function of provocation: A meta-analysis. *Psychological Bulletin,* Vol. 119 (3), pp. 422-447.

Braudy, L. (2003). From chivalry to terrorism: War and the changing nature of masculinity. New York: Alfred A. Knopf.

Centers for Disease Control and Prevention (2014). *The National Intimate Partner and Sexual Violence Survey,* https://www.cdc.gov/violenceprevention/nisvs/index.htm

Cho, H. (2012). Examining gender differences in the nature and context of intimate partner violence. *Journal of Interpersonal Violence,* Vol. 27, (13), pp. 2665-2684.

Cook, P. (2009). Abused Men: The hidden side of domestic violence: Westport, CT: Praeger.

Diamond, J. (1999). *Guns, germs, and steel: The fates of human societies*. New York: W.W. Norton & Company.

Douglas, E. and Hines, D. (2011). The help-seeking experiences of men who sustain intimate partner violence: An overlooked population and its implications for practice. *Journal of Family Violence*, Vol. 26, (6), pp. 473-485.

Finkelhor, D, Gelles, R., Hotaling, G., and Straus, M. (1983). *The dark side of families: Current family violence research*. Los Angeles: Sage Publications.

Ghanim, D. (2012). Gender violence: Theoretical overview. *In Violence and abuse in society*. Oxford, England: Praeger.

Hamel, J. (2014). Gender inclusive treatment of intimate partner abuse: Evidence-based approaches. New York: Springer Publishing Company.

Hines, D. and Malley-Morrision, K, (2005). Family violence in the United States. Los Angeles: Sage Publications.

Hoff, B. H. (2012, February 12). CDC Study: More men than women victims of intimate partner physical violence, psychological aggression. Retrieved from Stop Abusive and Violent Environments:
http://www.saveservices.org/2012/02/cdc-study-more-men-than-women-victims-of-partner-abuse/

Hyunkag, H. (2012). Examining gender differences in nature and context of intimate partner violence. *Journal of Interpersonal Violence*, Vol. 27, (13), pp. 2665-2684.

Ingalhalikar, M, et. al. (2014). Sex differences in the structural connectome of the human brain. Proceeding of the National Academy of Sciences of the United States of America, Vol. 111, (2), pp. 2665-2684.

Johnson, M. (2006). Control and conflict: gender symmetry and asymmetry in domestic violence. *Violence Against Women*, Vol. 12, (11), pp. 1003-1018.

Kimmel, M. (2017). Angry white men: American masculinity at the end of an era. New York: Nation Books.

Kret, M. and DeGelder, B. (2012). Reviews and perspectives: A review of sex differences in processing emotional signals. *Neuropsychologia Journal*, The Netherlands, Vol. 50, pp. 1211-1221.

Leslie, D. and Cavanough, M. (2005). *Current controversies on family violence*. Thousand Oaks, CA: Sage Publications.

Lightdale, J. and Prentice, D. (1994). Rethinking sex differences in aggression: aggressive behavior in the absence of social roles. *Personality and Social Psychology Bulletin*, Vol. 20, (1), pp. 34-44.

Lurito, J. (2001). Temporal lobe activation demonstrates sex-based differences during passive listening. *Neuroradiology*, Vol. 220, (1).

Marin, A. and Russo, N. (1999). Feminist perspectives on male violence against women in *What Causes Men's Violence Against Women*. Thousand Oaks, CA: Sage Publications, Inc.

McElroy, W. (1996). The unfair sex in Bender, D. et. al. *Family violence: Current controversies*. San Diego: Greenhaven Press, Inc.

Mills, L. (2008). Violent Partners: A breakthrough plan for ending the cycle of abuse. New York: Basic Books.

Mizen, R. and Morris, M. (2007). *On aggression and violence: An analytic perspective.* New York: Palgrave Macmillan.

Nettle, D. (2007). Empathizing and systematizing: What are they and what do they contribute to our understanding of psychological sex differences. *British Journal of Psychology,* Vol. 98, (2), pp. 237-255.

New York State Office for the Prevention of Domestic Violence (2017). Website: http://opdv.ny.gov/faqs/index.html#maleandfemale perps.

Pollack, W. (1998). *Real boys: Rescuing our sons from the myths of boyhood.* New York: Henry Holt and Company, LLC.

Straus, M. (1988). *Abuse and victimization across the lifespan.* Baltimore: Johns Hopkins University Press.

Van der Kolk, B. (1986). *The psychology of the trauma response. Psychological trauma.* Washington, D.C.: American Psychiatric Association Press.

Capítulo 20 Resumen

Efectos relacionales del trauma masculino

La sociedad expone la idea de que la mente y el cuerpo son entidades separadas. Esta idea, que es universalmente aceptada como corriente, es falsa y no nos hace ningún favor. La mente y el cuerpo interactúan constantemente. Están interconectados y entrelazados; su suma hace la totalidad de lo que somos como personas.

Nuestro comportamiento, específicamente cómo reaccionamos ante las situaciones, es un resultado directo de la conexión de mente-cuerpo. Estas percepciones se han desarrollado a lo largo de toda nuestra vida. Está moldeado por cada experiencia que tenemos. Cada momento alegre, decepcionante o traumatizante se almacena en nuestra mente inconsciente. Nuestro comportamiento es un reflejo de esos momentos.

El Dr. Joshua D. Wyner expone este hecho en detalle, seguido de una explicación del proceso de toma de decisiones en lo que se refiere a la conexión mente-cuerpo. Dice que primero somos seres emocionales, luego racionales. Nuestras emociones son las primeras en la línea para analizar una situación. Entonces nuestra mente racional entra.

En mi experiencia, situaciones tensas con Robert que resultaron en estallidos de enojo fueron el resultado de permitir que mis emociones se apoderaran de la rueda y decidir a dónde vamos a continuación. El despertar que tuve, descrito en el capítulo sobre la ira, ocurrió al permitir que mi mente racional tuviera voz en estos asuntos también.

El lado racional contiene mi compasión, empatía y paciencia. El lado emocional es impulsivo y reaccionario. En lugar de permitir que mis percepciones emocionales molden mi respuesta, dejé que esas percepciones pasaran a través de la etapa racional también. Luego me detuve para evitar actuar desde un lugar de defensa e ira.

Una vez que hice esto, mis reacciones a los cambios de humor de Robert fueron tranquilas, pacientes y compuestas, más a menudo de las que no. No sólo mi relación se benefició, sino que mi serenidad también lo hizo.

Desde la perspectiva de un sobreviviente masculino, muchas situaciones e interacciones nunca pasan del ámbito emocional al racional. Perciben algo como desencadenante, e inconscientemente, la mente "primitiva" entra en acción. Su cerebro emocional les está diciendo que necesitan protegerse de una amenaza. Es por eso por lo que el comportamiento de su cónyuge puede ser errático e irracional a veces. Está actuando desde un lugar de trauma.

Para cualquier persona y en mayor parte los sobrevivientes de trauma, el cerebro primitivo actúa independientemente del pensamiento racional. Es una respuesta a una amenaza percibida. Una vez que la amenaza se ha ido, el cerebro vuelve al funcionamiento basal. Cuando Robert y yo intensificamos una discusión a un punto de tensión, he encontrado que es importante para mí desengancharme y alejarme. Nos permite a los dos calmarnos. Podemos hablar del tema más adelante cuando se pueda discutir racionalmente.

Estos patrones de pensamiento y reacción pueden cambiar. El Dr. Wyner ofrece varias técnicas que pueden ayudar a un sobreviviente masculino a cambiar su forma de pensar. La terapia de exposición puede ayudar a un sobreviviente masculino a sentirse cómodo con la intimidad. Las técnicas de atención plena, meditación y respiración ayudan a lentificar el patrón de pensamiento. Esto permite espacio para respuestas reflexivas y racionales.

Todo el mundo es culpable de actuar emocional e irracionalmente a veces. Es parte de la experiencia humana. Para mí, identificarlo y tomar medidas para frenar mi pensamiento hizo una gran diferencia en la interacción con Robert. Para los sobrevivientes masculinos, hay un tratamiento disponible que puede cambiar los patrones de pensamiento que el trauma ha creado.

Capítulo 20

Efectos relacionales del trauma masculino

Joshua D. Wyner, Ph.D.
Director Asociado Interino
Programa de Terapia de Parejas y Familia
The Chicago School of Professional Psychology

Uno de los mitos más persistentes e inexactos que aún son parte de nuestra sociedad es nuestro continúo malentendido (y simplificación excesiva) de la relación mente-cuerpo. Desde una edad temprana, normalmente se nos enseña que se trata de entidades separadas; que mientras interactúan, también son totalmente distintos. El problema aquí es que este modelo echa de menos la verdad detrás de una relación verdaderamente dual: la mente y el cuerpo son cada uno una característica de lo que somos. Parafraseando al gran pseudocientífico Dan Siegel, el yo (conciencia) es como la orilla, ¿dónde termina la arena y dónde comienza el agua? En su lugar, hablamos de cómo interactúan los dos aspectos de la costa (agua y arena). Cuando nuestros cuerpos están estresados, el yo emocional también lo está. Cuando el yo está tranquilo, también lo está el cuerpo.

Los racionales (lentos y reflexivos) y emocionales (rápidos y automáticos) son igualmente incomprendidos como distintos, en lugar de entidades que se entrelazan para crear todo el yo. En su lugar, se entienden con mayor precisión como unidad, interactuando y comunicándose entre sí para crear acción. Para entender cómo tomamos decisiones y nos relacionamos con el mundo que nos rodea, debemos entender estos sistemas y relaciones dualistas. Porque es sólo a través de la comprensión de ellos es que podemos comenzar a entender la compleja danza del trauma y cómo aquellos que lo experimentan se involucran con su mundo.

La Neurobiología del Trauma

Una visión sistémica de tomar decisiones

Para entender nuestra respuesta al trauma, primero debemos explorar el delicado equilibrio de la cognición y la emoción en la toma de decisiones. Aunque a menudo nos gusta pensar en nosotros mismos como criaturas racionales que sufren de la maldición de las emociones primitivas, la realidad es que somos criaturas emocionales primero y racionales en segundo lugar. Para algunos, esta idea es aterradora, y la inclinación natural es responder defensivamente: "¡esto no es cierto para mí! ¡Soy racional!" (en un tono fuerte, emocionalmente cargado). Esta verdad, sin embargo, es lo que nos permite funcionar y disfrutar de nuestra vida diaria. Nuestras emociones sirven como nuestro primer sistema *heurístico* de paso (algo que procesa la información muy rápidamente usando atajos). Examinan el medio ambiente en el momento, utilizando todos los sentidos a la vez, y llegan a una conclusión inmediata sobre qué opciones son más seguras. Estas opciones emocionalmente aceptables se presentan al racional para la selección final. Dicho de otra manera, nuestras emociones hacen el trabajo inicial en la clasificación de nuestro entorno, ¡y luego nuestro racional ayuda a organizar esas respuestas con el fin de dar sentido al mundo y actuar!

Memoria y emociones

Además de tomar decisiones, nuestros cerebros también utilizan estas heurísticas emocionales para distinguir eventos importantes a los no importantes a la hora de determinar qué cosas recordar y cuáles olvidar. Cuando entras en una habitación, la mayor parte del ambiente está emocionalmente vacío (por ejemplo, tendemos a no tener sentimientos sobre las paredes blancas neutrales o la alfombra). En su lugar, algunos elementos clave normalmente se destacarán, tal vez un amigo que venía a conocer, o la pantalla del proyector para una próxima presentación. Este filtrado de nuestro entorno es necesario para evitar sobrecargas: ¡imagínate si tuvieras que parar y considerar el color y la forma de cada objeto en una habitación antes de poder proceder! En su lugar, los eventos importantes se "etiquetan" con la fuerte emoción, que a su vez permite que el cerebro los identifique como memorables.

Trauma y toma de decisiones

Cuando experimentamos traumas severos, nuestros cuerpos responden como lo harían a cualquier amenaza grave: tratar de sobrevivir por cualquier medio necesario.

La amenaza percibida es "etiquetada" por el sistema emocional como importante y vital tanto que nuestra cognición se vuelve virtualmente inútil. Ahora sólo hay una opción disponible: abordar la amenaza inminente. En lugar de acceder a nuestro racional completo, lo procesos cognitivos son "sintonizados" por la poderosa emoción. La corteza prefrontal (una de las regiones cerebrales claves responsables de convertir nuestras cogniciones y emociones) está regulada, permitiendo que la heurística rápida y emocional se apodere de nosotros y nos movilice sin la interferencia de pensamientos lentos y racionales. Al mismo tiempo, el sistema nervioso simpático está regulado *para* permitir que nuestros cuerpos realmente se alejen de la amenaza (este es el mismo sistema que aparece cuando hacemos ejercicio, sentimos pánico o tomamos estimulantes).

Tomemos, el ejemplo clásico de una persona caminando por un bosque y encontrándose un oso. Para la mayoría, el procesamiento emocional inmediato de esta experiencia presentaría sólo una o dos opciones para el racional: correr o esconderse. Eso es todo. Eso es bueno. Si esto no ocurriera, se permitiría al racional sentarse y examinar lentamente el medio ambiente. ¡En el tiempo que podría tomar sentarse y meditar sobre el oso, el individuo ya sería comido! Así que, en su lugar, el sistema emocional rechaza las funciones cognitivas del cerebro con el fin de dejar que el sistema reflexivo y emocional se apodere y mueva a la persona a un lugar seguro. Una vez que la amenaza se ha ido, el cerebro vuelve a su estado predeterminado, donde nuestros sistemas cognitivos y emocionales están una vez más en equilibrio.

Memoria y decisiones

Una consecuencia de la experiencia, sin embargo, es que este evento traumático ha sido etiquetado con una emoción fuerte (típicamente desagradable). Al hacerlo, también hemos preparado el cerebro para considerarlo lo suficientemente importante como para recordarlo. De alguna manera, esto es adaptativo: sucedió algo peligroso, y queremos asegurarnos de reconocer peligros similares en el futuro para que podamos evitarlos. Desafortunadamente, esto también conduce a una mayor probabilidad de recordar el evento cuando ocurren eventos similares, pero diferentes.

¿El resultado? Efectos postraumáticos. Imagínese de nuevo a la persona que se encontró con ese oso. De vuelta en la seguridad de la ciudad, salen y escuchan a un amigo pisar una ramita. Este sonido oprime la fuerte memoria del ataque del oso, recuperando inmediatamente esa memoria, que incluía un salto de su sistema nervioso simpático (lucha y/o vete) y la regulación hacia abajo de la función cognitiva. En resumen, ahora de repente están empujados de nuevo en ese momento, incapaces de pensar claramente y listos para combatir el peligro de un oso. Por supuesto, esta vez no hay oso, pero son incapaces de darse cuenta plenamente de esto y responder adecuadamente.

Los efectos relacionales del trauma

En el contexto de una relación, este recuerdo del trauma puede llegar a ser aún más significativo. Para acceder a un recuerdo, sólo necesitamos revivir una pequeña pieza, tal vez un olor, un sonido o una señal visual. Para bien o para mal, las relaciones están llenas de señales emocionales, más allá de las sensoriales diarias. Esta combinación de estímulos sensoriales y emocionales aumenta en gran medida la posibilidad de desencadenar uno de esos recuerdos traumáticos, en particular si el trauma es relacional como la violación o la violencia doméstica. Imagínese si en lugar de un oso, ahora consideramos a alguien que fue abusado sexualmente de niño. Además de cualquier sonido o imagen, pueden ser (y a menudo son) desencadenados por el acto, la respiración o incluso el olor de un compañero. Entrar en un dormitorio o incluso estar solo con un compañero podría ser suficiente para activar la memoria y devolverlos a ese estado reflexivo de "lucha o huida".

Cómo avanzar

Afortunadamente, la otra cara de esta conexión íntima entre la experiencia y la memoria es que los nuevos patrones de memoria se pueden formar con el tiempo, y la profundidad de la conexión emocional con un ser querido seguro puede tener una fuerza emocional similar a esos recuerdos iniciales. Estas *experiencias correctivas* pueden servir para contrarrestar la función traumática, devolviendo la función a la persona traumatizada. Específicamente, pueden volver a aprender asociaciones entre sensaciones y recuerdos específicos, reemplazando el trauma por algo más inocuo e incluso agradable.

En casos de trauma sexual, por ejemplo, podemos usar técnicas de terapia de exposición para asociar la desnudez y el tacto con la conexión íntima en lugar de la sexualidad forzada. Uno de los ejemplos más conocidos de este proceso es enfoque sensato, desarrollado por primera vez por Masters y Johnson[1.] Este proceso combina la terapia de exposición con enfoques de atención plena – reconoce la necesidad innata de contacto en los seres humanos, al mismo tiempo que reconoce la relación mal adaptativa con el tacto que la víctima de trauma podría tener.

Bajo este modelo, las parejas reconocen la necesidad de tocar, así como las expectativas negativas y las creencias que la víctima de trauma podría tener con respecto a ser tocada (por ejemplo, cualquier toque podría conducir a la actividad sexual, incluso cuando se desea). Por lo tanto, los individuos deben volver a aprender el valor del tacto físico en sí mismos, sin la asociación inherente con el sexo y la excitación. Un ejemplo de una técnica del enfoque sensato es "toque de la piel", en el que el terapeuta le pide a una pareja que esta pasando por un trauma sexual que se abstenga temporalmente de tener relaciones sexuales o cualquier otra actividad sexual incómoda. Luego se les encarga un ritual nocturno de contacto piel con piel, a menudo comenzando con la mano sosteniendo y trabajando lentamente hasta el contacto desnudo de cuerpo completo en el transcurso de semanas o meses. Cada semana, el terapeuta se reúne con la pareja para evaluar sus experiencias y reacciones, aumentando cuidadosamente el tiempo y el nivel de desnudez basado en el nivel de comodidad del individuo traumatizado. El objetivo es que la actividad sea ligeramente incómoda, pero no traumática no debe desencadenar un estado simpático (pánico). A medida que esto se vuelve más y más cómodo, el tiempo y el nivel de desnudez se incrementan, hasta que la pareja se siente cómoda estando desnuda juntos.

Otro enfoque relacionado para manejar el trauma es el uso de la atención plena para manejar las respuestas simpáticas. A diferencia de enfoque sensato, las técnicas de atención se pueden hacer individualmente. El ejemplo más simple es alguna forma de meditación consciente. A diferencia de las meditaciones orientales que se centran en vaciar la mente, las meditaciones de atención plena reconocen que el individuo puede tener pensamientos y sentimientos durante el proceso y en su lugar ayudan al paciente a responder a ellos con una respuesta física menos poderosa. Al individuo se le enseña a manejar su respiración tomando una respiración durante cuatro segundos, esperando cuatro segundos, exhalando durante cuatro segundos, y luego esperando cuatro segundos de nuevo antes de repetir. A medida que surgen pensamientos y sentimientos incómodos, se les indica que simplemente los reconozcan mientras continúan respirando. La respiración impide que el cuerpo entre en un estado de pánico, lo que le permite al individuo experimentar esos pensamientos incómodos desacoplados en las respuestas habituales que vienen con él. Con el tiempo, aprenden a tolerar los pensamientos y sentimientos difíciles.

Un ejemplo final del trabajo de trauma es una modalidad de tratamiento conocida como Terapia de Comportamiento Dialéctico (DBT). Esta forma de terapia utiliza principios similares a los descritos anteriormente (incluyendo la atención plena, la auto-calma, y la exposición) mientras que también reconoce la importancia de la aceptación. En el DBT, un entorno de no juzgar es clave, lleno de respeto y comprensión positiva. En lugar de usar palabras como "malo" o "injusto", DBT simplemente describe los eventos tal como son. "Reaccionó mal", podría convertirse en "mi ritmo cardíaco aumenta" o "empiezo a sudar más". Al cliente se le enseña "aceptación radical", una postura que enfatiza aceptar la realidad en lugar de luchar contra ella simplemente porque podría ser desagradable. En lugar de empujar hacia atrás, se les instruye a explorar los sentimientos incómodos más plenamente, usando cualquier cosa disponible (por ejemplo: meditación, música, tacto, comida, sueño o ejercicio) para tolerar los sentimientos sin sentirse abrumados.

Prácticamente todos los enfoques del trauma comienzan a entender que el individuo no tiene el control de su respuesta: a través de su trauma, han aprendido una forma automática pero disfuncional de responder a ciertos eventos. La única salida es reconocer estas respuestas y aprender otras nuevas y saludables a través del proceso altamente eficaz de exposición controlada. Con paciencia y la orientación adecuada, cualquier memoria dolorosa puede ser manejada y superada.

Referencias

Weiner, Linda; Avery-Clark, Constance (2017). *Sensate Focus in Sex Therapy: The Illustrated Manual*. New York: Routledge.

Capítulo 21 Resumen

Problemas multiculturales relacionados con los sobrevivientes de abuso masculino

La cultura en la que crecemos determinará cómo respondemos al mundo. La cultura es más grande que cualquier familia y está conectada al contexto social de un individuo. La cultura está más allá del tono de la piel, pero también puede involucrar otros factores como: la ubicación geográfica, el nivel educativo, la condición económica social, ser un solo padre y el género. Cada uno de estos factores puede tener un impacto en la visión del mundo y en la forma en que interactúan con los demás.

La forma en que la cultura ve el abuso es variada. Este capítulo profundiza en las muchas maneras en que las diferentes culturas establecen temas tabúes y lo que es una respuesta "aceptable".

En el hogar y la cultura de mi esposo, el admitir que fue abusado no era algo que fuera fácilmente aceptado; de hecho, fue minimizado al principio por su madre. Su cultura familiar fue impulsada más por el modelo que los hombres fuertes se defienden y si algo sucedió, debe haberlo querido.

El único aspecto que aparece consistentemente en todas las culturas es que los hombres no quieren hablar sobre ser abusados.

Capítulo 21

Problemas multiculturales relacionados con los sobrevivientes de abuso masculino

Erin Langdon, M.A.
The Chicago School of Professional Psychology

Hay una pregunta inquietante sobre la relación entre la cultura y la violencia sexual, cómo es percibida por los grupos dominantes hacia las poblaciones de color, o cómo las propias minorías ven el abuso. Las percepciones dan forma a las reacciones (tanto de sobreviviente como de protector), si hay un proceso judicial del acusado y cómo se acepta o se percibe la historia del abuso. En juego no es sólo el sexismo, el racismo y el dominio, sino la desigualdad de poder y estructura (McGuffey, 2013; Collins, 2004).

Nuestro desarrollo es parte de un sistema ecológico desde el nacimiento hasta la muerte (Gardiner, 2011). Este sistema da forma a nuestras creencias, nuestra identidad, nuestra sexualidad y nuestra comprensión de la vergüenza, el poder y la búsqueda de ayuda. Los procesos de pensamiento se alteran y distribuyen de manera diferente dentro y desde la cultura a la misma cultura (Prado, Chadha, & Booth, 2011). Cuando se trata de abuso, la cultura juega un papel muy importante. Pero la cultura también es un pensamiento evolucionado a partir de tradiciones, mitos y experiencia.

Hay muchos ejemplos de cómo las diferentes culturas responden al abuso y cómo la cultura afecta las respuestas de las personas a las víctimas y autoridades de abuso. Por ejemplo, un niño afroamericano es víctima de abuso sexual. La madre puede decidir no ponerse en contacto con la policía. Los americanos blancos pueden preguntarse: "¿por qué no?" Pero, desde una perspectiva afroamericana, existe la creencia "colectivista" de que el negocio familiar es atendido dentro de la familia, o la creencia de que las fuerzas del orden actúan con brutalidad e insensibilidad contra las personas de color. Una familia camboyana, ya sea en los Estados Unidos o Camboya, puede aceptar y permitir que las autoridades retiren a su hijo de su hogar debido a sus experiencias anteriormente desalentadoras con las fuerzas del orden. La comunidad Hmong también tiende a ser poco comprensiva con las víctimas de abuso sexual. No están preparados para proporcionar apoyo o recursos a los niños afectados, las familias Hmong suelen ocultar problemas que son culturalmente un tabú. Su miedo a la vergüenza anula su aceptación del incidente (Xiong et. al., 2006). En países como Arabia Saudita, hay negación del abuso sexual infantil. Estos ejemplos muestran por qué la cultura de un individuo debe ser tomada en cuenta para ayudar tanto al sobreviviente como a la familia que los rodea.

Independientemente del origen nacional, parece haber una ignorancia cultural casi universal con respecto al abuso sexual masculino. Las sociedades tienen reglas para el comportamiento del hombre y ritos de paso para aliviar a los hombres de cualquier feminidad percibida. Los machos son típicamente vistos como guerreros y no experimentan dolor emocional. En algunos países, la creencia es tan poderosa que es golpeada o violada en la conciencia del niño a medida que crece. En los Estados Unidos, desde el nacimiento se les dice a los niños varones que "los hombres no lloran", o es femenino mostrar emociones que no sean enojo. Se espera que los hombres sean fuertes, no vulnerables, y que sean agresores sexuales. Se necesita poca imaginación para entender por qué un niño o un hombre no dirá haber sido agredido sexualmente o abusado. Toda su hombría es puesta en cuestión, no sólo por las autoridades que no siempre les creen, sino por familiares y amigos que se burlan de la idea de que no estaba dispuesto a participar. La mentalidad cultural debe cambiar para aliviar a la víctima de sentirse víctima dos veces una vez por el perpetrador y otra vez por la sociedad.–

Referencias

Al Eissa, M., Almuneef, M. (2010). Child abuse and neglect in Saudi Arabia: Journey of recognition to implementation of national prevention strategies *Child Abuse Neglect, 34* (2010), pp. 28-33

Collins, R. 2004. *Ritual interaction chains.* Princeton: Princeton University Press.

Gardiner, H. W. (2011). *Living across Cultures: Cross cultural human development* (5th ed.). Boston: Pearson Education.

McGuffey, C. (2013). Rape and racial appraisals: Culture, intersectionality, and black women's accounts of sexual assault. *Du Bois Review: Social Science Research on Race, 10*(1), 109-130. doi:10.1017/S1742058X12000355

Prado, J., Chadha, A., & Booth, J. R. (2011, November 1). The brain network for deductive reasoning: A quantitative meta-analysis of 28 neuroimaging studies. *Journal of Cognitive Neuroscience, 23*(11), 3483-3497. http://dx.doi.org/10.1162/jocn_a_00063

Xiong, Z. B., Tuicomepee, A., LaBlanc, L., & Rainey, J. (2006). Hmong immigrants' perceptions of family secrets and recipients of disclosure. Families in Society: *The Journal of Contemporary Social Services, 87*(2), 231-239.

Capítulo 22 Resumen

Preocupaciones sobre la crianza de los padres

En este capítulo, mi esposo expresa los temores y preocupaciones de muchos sobrevivientes y sus cónyuges acerca de la crianza, establece las maneras constructivas en que los cónyuges pueden ser solidarios. Presenta la teoría de que muchos de estos temores son respuestas normales a la gran responsabilidad de criar a un niño, pero para los sobrevivientes, hay capas adicionales de duda, suposiciones falsas por parte de la sociedad y en muchos casos una falta de buenos modelos a seguir.

El dolor que Robert experimentó al enfrentar honesta y valientemente su pasado, es la fuerza y la esperanza que demuestra como padre y modelo para nuestro hijo Lawrence y para los muchos hombres que su verdad ayudará.

Capítulo 22

Preocupaciones sobre la crianza de los padres

Robert A. Carey, Psy.D.
Condado de San Bernardino, California
Departamento de Salud Mental

Fredrick Douglass dijo: "es más fácil construir niños fuertes que reparar a los hombres rotos".

Los sobrevivientes masculinos no son exactamente hombres rotos, pero llevamos cicatrices que nadie más puede ver. Las cicatrices que se han acumulado a lo largo de los años para formar una armadura protectora, pero a menudo interfieren con la formación de relaciones cercanas. Entonces, ¿cómo ayudamos a construir hijos fuertes cuando nos convertimos en padres? y ¿Qué puede hacer usted como pareja para ayudar?

La crianza es una experiencia intensamente vulnerable. La sonrisa de su hijo puede hacer que se sienta como la persona más importante del mundo, pero a veces una lágrima puede aplastarle en nada. Adoptar la vulnerabilidad puede ser difícil para cualquiera, pero los hombres en general y los sobrevivientes masculinos específicamente, a menudo enfrentan desafíos únicos que se abren y se exponen emocionalmente.

Como hombres se nos enseña a ser fuertes, independientes y decididos. Nos animamos a ver cada actividad como una competencia y cada competencia como una prueba de nuestro valor. La vulnerabilidad es debilidad; la debilidad conduce al fracaso, y el fracaso equivale a nuestra inutilidad. Como sobrevivientes hemos explotado nuestra vulnerabilidad. Nuestra confianza y apertura fueron tomadas y reemplazadas por un dolor casi indescriptible. Los mandatos sociales impuestos a los hombres y las heridas emocionales que acompañan el abuso sexual se combinan para hacer del viaje de la paternidad uno que es a la vez prometedor y peligroso para los sobrevivientes masculinos. Hay muchas preguntas que nos hacemos con respecto a la paternidad. Lo que sigue es una breve discusión sobre algunas de esas preguntas.

¿Es algo que realmente quiero hacer? La crianza es un compromiso serio que implica mucho trabajo duro. Si bien muchos, incluyéndome a mí mismo, encuentran que las recompensas más que justifican el esfuerzo, es importante tener en cuenta que la crianza no es para todos. Demasiados se convierten en padres sin tomarse el tiempo para considerar si, por qué y cuándo realmente quieren tener hijos. Lo ideal es que todos conozcan las respuestas a estas preguntas antes de que entren en la crianza, pero si usted y/o su pareja son sobrevivientes de abuso, se vuelven aún más importantes.

Mientras que las normas sociales siguen evolucionando, la familia nuclear con una madre, un padre y uno o más hijos, todavía se presenta como la unidad social básica "normal" de nuestra cultura. La mayoría de nosotros sentimos una presión continua y suave, a veces no tan suave, para "sentarnos y tener hijos". Los amigos y familiares bien intencionados a menudo se suman a esa presión. Establecer límites saludables y defenderse puede ser difícil para cualquiera, pero como sobrevivientes a muchos de nosotros se nos enseña que nuestro valor se basa en nuestra voluntad y capacidad para complacer a los demás. A veces puede tomar años para que un sobreviviente desarrolle el poder de "simplemente decir que no", pero sin esta capacidad las decisiones que tomamos nunca pueden ser realmente voluntarias.

Tan satisfactorio como la paternidad ha sido para mí, felicito a aquellos que tomaron la decisión de no tener hijos y creo que es importante incluir una discusión sobre esta opción. Por suerte pude hablar recientemente con un buen amigo y compañero sobreviviente sobre esto. Como explicó mi amigo, cuando consideraba tener hijos, una cosa que le pareció atractiva era que le daría la oportunidad de demostrar que podía ser un mejor padre de lo que sus propios padres habían sido para él. En última instancia, se dio cuenta de que, como él dijo, "esa es una razón realmente horrible para tener un hijo". Si bien aprecio su franqueza, la desafortunada realidad es que demasiada gente tiene hijos por razones aún más jodidas. Mi amigo también explicó que a él y a su esposa les gusta salir, les gusta tener dinero y les gusta poder dormir los fines de semana. Para la mayoría, tener hijos significa tener que renunciar al menos a algunas de las ventajas que vivieron antes de tener hijos. Es importante evaluar de forma realista las prioridades suyas y las de su pareja y respetar los límites de cada uno.

¿Estoy destinado a ser un abusador yo mismo? Esta es una pregunta que injustamente atormenta a muchos padres sobrevivientes. El mito de los vampiros cubierto en otra parte de este libro es una creencia terriblemente equivocada, pero ampliamente extendida de que los hombres que fueron abusados sexualmente cuando eran niños son más propensos a convertirse en abusadores. La idea se basa en la mala interpretación y/o mal uso de los hallazgos de investigaciones realizadas con poblaciones de delincuentes sexuales. El conjunto de investigaciones que se pueden aplicar adecuadamente a esta pregunta nos dice que los sobrevivientes masculinos no son más propensos a convertirse en abusadores que sus pares no abusados. Desafortunadamente, como casi todos los demás, los sobrevivientes hemos crecido escuchando este mito repetido por: amigos, familiares, políticos, pastores y medios de comunicación, sólo por nombrar algunos. ¿No es de extrañar que algunos de nosotros tengamos miedo de tener hijos? O, si no tenemos miedo de tenerlos, ¿entonces tenemos miedo de encontrarnos en ciertas situaciones con nuestros hijos? ¿Cuántos hombres se niegan a cambiar pañales? Claro, la mayoría de ellos probablemente están siendo idiotas machos o tratando de zafarse de hacer el trabajo sucio, pero lamentablemente muchos de ellos tienen miedo de cambiar pañales no porque en realidad están en riesgo de dañar a sus hijos, sino porque la sociedad les ha dicho que lo son. Si usted o su pareja tienen estos temores,

incluso si los temores son completamente injustificados, todavía necesitan ser abordados. Ignorarlos puede afectar gravemente su relación.

¿Pensarán otros que estoy abusando de mis hijos? Mientras que algunos sobrevivientes están embrujados por el mito de los vampiros, muchos de nosotros estamos muy seguros de que nunca lastimaríamos a nuestros hijos. Desafortunadamente, también somos muy conscientes de que un número significativo de personas nos mirará con sospechas. Por supuesto, la mayoría de los hombres, independientemente de su condición de sobreviviente, han tenido que lidiar con sospechas. Pregúntale a cualquier padre que se haya llevado a su hijo pateando y gritando de un centro comercial lleno de gente. Sin embargo, para los padres que son supervivientes de ASI, el problema adquiere nuevas dimensiones. Los sobrevivientes masculinos no están "simplemente siendo paranoicos" o "piensan demasiado en las cosas" cuando experimentan preocupación por lo que otros pueden pensar. La creencia de que es probable que los sobrevivientes masculinos de ASI se conviertan en perpetradores en sí mismos sigue siendo común en la sociedad en general. A pesar de las pruebas abrumadoras, el mito persiste y las consecuencias perjudiciales para los sobrevivientes continúan. A decenas de hombres inocentes se les ha negado el contacto con sus hijos debido a sospechas infundadas.

¿Tengo lo que se necesita para ser un buen padre? La crianza es el trabajo más complicado que conozco que no viene con un manual. Por lo general, nos dejan a nuestras propias

experiencias y consejos de la generación anterior para averiguar cómo ser padres. Décadas de investigación en ciencias sociales sólo han arañado la superficie cuando se trata de nuestra comprensión de cómo criar a los niños. Sin embargo, hay algunas cosas que sabemos.

Más allá de las necesidades básicas de alimentos, ropa y refugio, nuestros hijos necesitan sentirse seguros. A veces, los sobrevivientes luchamos con depresión, ira o ansiedad. Estas emociones no deseadas a menudo pueden conducir a comportamientos que son inseguros, como el abuso de sustancias o la violencia física y otros comportamientos que se sienten inseguros para aquellos que amamos, como la preocupación excesiva o la ira. He luchado con todas estas emociones y comportamientos no deseados a lo largo de los años y, aunque he progresado mucho, todavía me enfrento a la ira. Sé que a veces puedo ser un gritón aterrador y no quiero que mi hijo crezca con recuerdos de mí como los que tengo de mi propio padre. Tengo la suerte de tener una esposa que es comprensiva y solidaria.

Como pareja, no hay nada que pueda hacer para que las emociones no deseadas desaparezcan, pero puede ayudar a su sobreviviente a manejar sus comportamientos relacionados con esas emociones. Primero, usted necesita mantenerse a sí mismo y a sus hijos a salvo. No tolere violencia física ni abuso de sustancias. También debe dejar claro sus límites sobre qué comportamientos no tolerará. Más allá de eso, usted puede trabajar con él para encontrar maneras saludables de hacer frente a sus sentimientos no deseados. Esto podría incluir animarlo a ir a terapia, o a participar en una actividad saludable que le ayude a resolver sus emociones. Hay grupos de apoyo en línea que pueden ayudar a cada uno de ustedes; malesurvivor.org incluso tiene un foro solo para socios.

Otra cosa que sabemos que los niños necesitan es un toque saludable y cariñoso. Algunos sobrevivientes tienen grandes dificultades con el tacto. En nuestra experiencia el toque afectuoso ha sido a veces cualquier cosa menos saludable y eso hace que algunos de nosotros lo evitemos todo junto. Los niños, por supuesto, no siempre pueden entender que a papá no le gusta ser tocado, y aunque puede ser tentador simplemente asumir todos los deberes acurrucados usted mismo, sin embargo, es importante que los papás puedan vincularse con sus hijos. El contacto físico es una parte importante de eso. Si el sobreviviente que amas está teniendo problemas con esto, necesita saber que tiene tu apoyo. Incluso puede necesitar ayuda para aprender a ser cariñoso con un niño, especialmente si muestra ese miedo masculino estereotipado hacia los bebés. Un poco de persistencia suave puede llegar muy lejos.

Por último, los niños necesitan desarrollar una autoestima saludable, nosotros los padres necesitamos proporcionar un ambiente donde puedan hacerlo. Como sobrevivientes, muchos de nosotros aprendimos que nuestro valor como personas dependía de lo que pudiéramos hacer por los demás sexualmente. A una edad temprana, nuestro desarrollo de la autoestima fue detenido por completo o enviado en una dirección poco saludable. Incluso los niños que no fueron abusados sexualmente a menudo fueron criados con la idea de que demasiada confianza es algo malo. La confianza es una gran cosa; es la arrogancia lo que queremos evitar. Si está bien decirles ocasionalmente a nuestros hijos: "eres tan lindo" o "eres tan inteligente", debemos reservar la mayoría de los complementos por el logro que implica esfuerzo y persistencia. Por ejemplo, "guau, realmente trabajaste duro en eso, y lo lograste". Más allá de aprender las técnicas y superar los puntos de vista mal informados, los sobrevivientes también pueden tener que lidiar con los problemas que surgen con respecto a la injusticia. Como padres, la mayoría de nosotros queremos dar vida, son niños que son tan buenos, o mejores, de lo que teníamos. Los sobrevivientes no son diferentes en este sentido. Para muchos de nosotros, sin embargo, hay momentos en que la vida de nuestros hijos nos recuerda la disfunción en nuestras propias experiencias. Parece contraintuitivo, pero a veces ver felices a nuestros hijos puede hacernos sentir tristes, ya que lamentamos la pérdida de experiencias que nos perdimos. Su sobreviviente necesita ser capaz de experimentar estos sentimientos antes de que pueda pasar de ellos. A menudo, todo lo que se necesita es saber que alguien entiende.

¿Puedo seguir siendo fuerte para mis hijos? A menudo, la curación requiere que nos permitamos experimentar plenamente las emociones que hemos suprimido anteriormente. Como hombres, entender el hecho de que alguna vez fuimos niños vulnerables puede ser difícil bajo cualquier circunstancia. Como padres, esperamos ser los

protectores que hacen que nuestros hijos se sientan seguros. Entonces, ¿cómo procesamos el dolor emocional que se infligió al niño hace tanto tiempo mientras todavía proyectamos la fuerza y la confianza que nuestros hijos necesitan ver cuando buscan seguridad? Creo que la respuesta a esto está en la forma en que definimos la fuerza frente a la debilidad. El dolor no es debilidad. Dejar que el dolor controle tu vida es debilidad. Permitirse sentir el dolor, procesarlo y recuperarse de él, es la verdadera fuente de fuerza. Si tomamos esto en serio, nuestros hijos aprenderán acerca de la verdadera fortaleza de nuestro ejemplo.

¿Soy demasiado protector? El internet y su biblioteca local están llenos de opiniones de expertos sobre los peligros de ser un padre sobreprotector. Si los dejas, estos autores te convencerán de que la "sobreprotección" es el mayor problema en la crianza de los padres hoy en día. Teniendo en cuenta, sin embargo, que aproximadamente el 20% de la población ha sido abusada sexualmente cuando eran niños y casi dos tercios de nosotros hemos sufrido algún tipo de adversidad significativa en la infancia, tengo que creer que la mayoría de nosotros no estamos adecuadamente protegidos cuando somos niños. Más allá de eso, el término sobreprotector no tiene una definición acordada dentro de la comunidad de investigación. Se han realizado muy pocos estudios cuantitativos sobre el tema y todavía no he visto evidencia científica de cualquier daño causado a los niños por protegerlos demasiado. Por otro lado, tenemos una montaña de pruebas de investigación que vinculan la

adversidad infantil (a menudo un crecimiento de una protección insuficiente) con una larga y creciente lista de resultados negativos.

Dicho esto, reconoceré que podría ser posible limitar accidentalmente las oportunidades de crecimiento de un niño como efecto secundario de nuestros esfuerzos para protegerlos. Además, los padres que han sido abusados cuando son niños muestran con frecuencia hipervigilancia en comparación con sus compañeros no abusados. Si le preocupa que su sobreviviente sea demasiado restrictivo con sus hijos, es importante mantener una comunicación abierta con él sobre este tema. Los padres no tienen que estar completamente de acuerdo en cada detalle de la vida de un niño, pero deben ser capaces de acercarse a las cosas principales. Mi esposa y yo podemos estar en desacuerdo sobre la importancia de que nuestro hijo use calcetines, pero confiamos el uno en el otro lo suficiente como para que, si alguno de nosotros se siente incómodo con una situación, podamos parar en cualquier momento y el otro respetará esa decisión. Esa confianza proviene de las muchas discusiones honestas y francas que hemos tenido sobre la seguridad de nuestro hijo.

¿Cuáles son las ventajas? Por supuesto, cada padre tiene una experiencia diferente. Para algunos, incluyéndome, criar a nuestros hijos es una de las mayores alegrías que hemos conocido. Otros sienten que es el mayor error que han cometido. La mayoría caen en algún lugar entre los dos extremos. En este sentido, los sobrevivientes son como cualquier otra persona, la felicidad que obtenemos de

nuestra experiencia de crianza depende de la persona y la situación.

Me refiero a mi propia experiencia como crianza en reversa. La primera vez que me convertí en padre fue el día en que adopté a dos adolescentes y a un niño de 9 años. Inmediatamente me embarqué en la idea de ser padre de tres niñas, con todos sus desafíos y recompensas. Años más tarde, mi esposa dio a luz a nuestro hijo. Ahora tiene 7 años y he tenido el privilegio de verlo crecer de nuestro pequeño regalo de alegría de 8 libras en el regalo mucho más grande de alegría que tenemos hoy en día. Junto con él fueron todos los cambios de pañales, escupitajos y preocupaciones que son comunes a los padres primerizos.

Como se mencionó anteriormente, los sobrevivientes enfrentan desafíos únicos con respecto a la crianza, pero también experimentamos beneficios únicos. Durante la mayor parte de mi vida, llevé inmensas cantidades de culpa y vergüenza, relacionadas con mi historia de abuso sexual. Más allá de toda razón, me culpé por lo que me hicieron. "Yo era un chico inteligente", razonaba. "¿Cómo podría haber dejado que la gente se aprovechara de mí de esa manera?" Mi experiencia como padre me ha ayudado a borrar toda esa autoculpa. Ver a las niñas crecer y a través de su adolescencia me recordó que incluso los adolescentes siguen siendo niños. No eran sólo adultos pequeños y yo tampoco a esa edad. Todavía hoy, cuando miro a la cara de mi hijo, no puedo verlo como algo más que el dulce, inocente y pequeño niño que es, y que yo también era en ese entonces.

Lista de Colaboradores

Christopher Anderson, p. 131
MaleSurvivor.org

Melody Bacon, Ph.D., p. 241
The Chicago School of Professional Psychology

Nikeisha Brooks, M.A., p. 111
The Chicago School of Professional Psychology

Robert A. Carey, Psy.D., pp. 15, 349
County of San Bernardino, California
Dept. of Mental Health

Reginaldo Chase Espinoza, Psy.D. pp. 46, 54, 55, 58-60
The Chicago School of Professional Psychology

Crystal Flores, p. 117
The Chicago School of Professional Psychology

Ashley Fortier, M.A., p. 177
The Chicago School of Professional Psychology

Jennifer Harman, Ph. D., p. 167
Colorado State University

Loren M. Hill, Ph.D., p. 77
The Chicago School of Professional Psychology

Erin Langdon, M.A., pp. 149, 341
The Chicago School of Professional Psychology

Michael Levittan, Ph.D., p. 279
Private Practice

Matthew Love, Psy.D., p. 265
Fairfield University

Raymond Nourmand, Ph.D., p. 207
American Jewish University

Cris Scaglione, Ph.D., p. 197
The Chicago School of Professional Psychology

Richard S. Sinacola, Ph.D., p. 221
The Chicago School of Professional Psychology

Joshua D. Wyner, Ph.D., p. 329
The Chicago School of Professional Psychology

Adam F. Yerke, Psy. D., p. 177
The Chicago School of Professional Psychology

Lista consolidada de referencias

Alaggia, R. (2005). Disclosing the trauma of child sexual abuse: A gender analysis. *Journal of Loss and Trauma, 10,* 453-470. doi: 10.1080/15320500193895

Alaggia, R., & Millington, G. (2008). Male child sexual abuse: A phenomenology of betrayal. *Clinical Social Work Journal, 36*(3), 265–275. doi:10.1007/s10615- 007-0144-y

Alaggia, R., & Mishna, F. (2014). Self psychology and male child sexual abuse: Healing relational betrayal. *Clinical Social Work Journal, 42*(1), 41-48.

Al Eissa, M., Almuneef, M. (2010). Child abuse and neglect in Saudi Arabia: Journey of recognition to implementation of national prevention strategies. *Child Abuse Neglect, 34* (2010), pp. 28-33

Al Jazeera. (2013, January 01). *Ndiyindoda: I am man.* Retrieved from Al Jazeera People and Power: http://www.aljazeera.com/programmes/peopleandpower/2013/01/20131211736199557.html

Allen, K. (2006, July 25). *Bleak future for Congo's child soldiers.* Retrieved from BBC: http://news.bbc.co.uk/2/hi/africa/5213996.stm

Andersen, T. (2013). Against the wind: Male victimization and the ideal of manliness. *Journal of Social Work,* Vol. 13, (3), pp. 231-247.

Archer, J. (2000). Sex differences in aggression between heterosexual partners: A meta-analytic review. *Psychological Bulletin,* 126 (5), pp. 651-680.

Bailey, B. (2010). Partner violence during pregnancy: Prevalence, effects, screening, and management. *International Journal of Women's Health*, Vol. 2, pp. 183-197.

Banyard, P. &. (2011). *Ethical issues in psychology*. New York, New York: Routledge, Inc.

Bartholomew, K., Regan, K.V., White, M.A. & Oram, D. (2008). Patterns of abuse in male same-sex relationships. *Violence and Victims*. 23(5), 617-636.

Bartoloni, A. (2012, December 13). *Enduring scars: Child soldiers and mental health*. Retrieved from Irish forum for Global Health: http://globalhealth.ie/2012/12/13/enduring-scars-child-soldiers-and-mental-health/

Berkowitz, E. (1974). Some determinants of impulsive aggression. *Psychological Review, 81*: pp. 165-176.

Bettencourt, B. and Miller, N. (1996). Gender differences in aggression as a function of provocation: A meta-analysis. *Psychological Bulletin*, Vol. 119 (3), pp. 422-447.

Boscarino, J. A. (2004). Posttraumatic stress disorder and physical illness: results from clinical and epidemiologic studies. *Annals of the New York Academy of Sciences, 1032*(1), 141-153.

Braudy, L. (2003). From chivalry to terrorism: War and the changing nature of masculinity. New York: Alfred A. Knopf.

Brackenridge, C. (2001). Spoilsports: Understanding and preventing sexual exploitation in sport London; New York; United Kingdom: Routledge.

Briere, J., & Scott, C. (2006). Principles of trauma therapy: A guide to symptoms, evaluation, and treatment. Thousand Oaks, CA: Sage Publications.

Brown, N. (2011). Holding tensions of victimization and perpetration: Partner abuse in trans communities. In J.L. Ristock's (Ed.), *Intimate partner violence in LGBTQ lives* (pp. 153-168). New York: Routledge Publishing.

Brown, T.N.T. & Herman, J.L. (2015). *Intimate partner violence and sexual abuse among LGBT people: A review of existing literature.* Retrieved from https://williamsinstitute.law.ucla.edu/research/viole nce-crime/intimate-partner-violence-and-sexual-abuse-among-lgbt-people/

Bullock, R. (2015, May 29). *A month with three initiates during the Xhosa circumcision ritual.* Retrieved from Africa Geographical Magazine: http://magazine.africageographic.com/weekly/issue-48/xhosa-circumcision-ritual-south-africa-its-hard-to-be-a-man/#sthash.4NvIcfjn.dpuf

Burri, A., Maercker, A., Krammer, S., & Simmen-Janevska, K. (2013). Childhood trauma and PTSD symptoms increase the risk of cognitive impairment in a sample of former indentured child laborers in old age. *PLoS ONE, 8*(2), e57826. http://doi.org/10.1371/journal.pone.0057826

Bütz, M. R. (1993), THE VAMPIRE AS A METAPHOR FOR WORKING WITH CHILDHOOD ABUSE. American Journal of Orthopsychiatry, 63: 426–431. doi:10.1037/h0079449

Capaldi, D.M., Kim, H.K., & Shortt, J.W. (2004). Women's involvement in aggression in young adult romantic relationships: A developmental systems model. In Putallaz, M. B. &Bierman, K. L. (Eds.), *Aggression, antisocial behavior, and violence among girls: A developmental perspective* (pp. 223–241). New York: Guilford.

Caplan, G. (1961). *An approach to community mental health.* New York: Grune & Stratton.

Centers for Disease Control and Prevention (2014). *The National Intimate Partner and Sexual Violence Survey,* https://www.cdc.gov/violenceprevention/nisvs/index.htm

Cho, H. (2012). Examining gender differences in the nature and context of intimate partner violence. *Journal of Interpersonal Violence,* Vol. 27, (13), pp. 2665-2684.

Collins, R. 2004. *Ritual interaction chains.* Princeton: Princeton University Press.

Cook, P. (2009). Abused Men: The hidden side of domestic violence. Westport, CT: Praeger.

De Lind van Wijngaarden, J. W. (2014). 'Part of the job': male-to-male sexual experiences and abuse of young men working as 'truck cleaners' along the highways of Pakistan. *Culture, Health & Sexuality,* 16 (5), 562-574.

Desai, S., Arias, I., Thompson, M. P., & Basile, K. C. (2002). Childhood victimization and subsequent adult revictimization assessed in a nationally representative sample of women and men. *Violence and Victims,* 17(6), 639-653.

Diamond, J. (1999). *Guns, germs, and steel: The fates of human societies.* New York: W.W. Norton & Company.

Dong, M., Anda, R. F., Felitti, V. J., Williamson, D. F., Dube, S. R., Brown, D. W., & Giles, W. H. (2005). Childhood residential mobility and multiple health risks during adolescence and adulthood: The hidden role of adverse childhood experiences. *Archives of Pediatrics & Adolescent Medicine, 159*(12), 1104-1110.

Douglas, E. and Hines, D. (2011). The helpseeking experiences of men who sustain intimate partner violence: An overlooked population and its implications for practice. *Journal of Family Violence,* Vol. 26, (6), pp. 473-485.

Downs, A. (2006). Velvet rage: Overcoming the pain of growing up gay in a straight man's world. USA: Da Capo Press.

Draucker, C. B., Martsolf, D. S., Ross, R., Cook, C. B., Stidham, A. W., & Mweemba, P. (2009). The essence of healing from sexual violence: A qualitative metasynthesis. *Research in Nursing & Health,* 32(4), 366-378.

Drexler, M. (2011). Life after death: Helping former child soldiers become whole again. Harvard School of Public Health.

Ehrensaft, M.K., Moffitt, T.E., & Caspi, A. (2004). Clinically abusive relationships in an unselected birth cohort: Men's and women's participation and developmental antecedents. *Journal of Abnormal Psychology,* 113, 258–271.

Federal Bureau of Investigation (FBI). (2010). *Hate crime statistics, 2009*. Retrieved from https://www2.fbi.gov/ucr/hc2009/index.html

Federal Bureau of Investigation (FBI). (2016). *Hate crime statistics, 2015*. Retrieved from https://ucr.fbi.gov/hate-crime/2015/home

Felitti, V.J. et al, Relationship of childhood abuse and household dysfunction to many of the leading causes of death in adults; *American Journal of Preventive Medicine*, Volume 14 , Issue 4 , 245-258

Felitti, V.J., Anda, R.F., Nordenberg, D., Williamson, D.F., Spitz, A.M., Edwards, V., Koss, M.P., et al. The relationship of adult health status to childhood abuse and household dysfunction. *American Journal of Preventive Medicine.* 1998; 14:245-258.

Finkelhor, D. (1984). *Child sexual abuse: New theory and research*. New York: Free Press.

Finkelhor, D., & Browne, A. (1988). Assessing the long-term impact of child abuse: A review and conceptualization. In L. Walker (Ed.), *Handbook on sexual Abuse of children* (pp. 55-71). New York: Springer.

Finkelhor, D, Gelles, R., Hotaling, G., and Straus, M. (1983). *The dark side of families: Current family violence research*. Los Angeles: Sage Publications.

FORGE. (2011). *Transgender domestic violence and sexual assault resource sheet*. Retrieved from http://www.avp.org/storage/documents/Training%20and%20TA%20Center/2011_FORGE_Trans_DV_SA_Resource_Sheet.pdf

Galovski, T., & Lyons, J. A. (2004). Psychological sequelae of combat violence: A review of the impact of PTSD on the veteran's family and possible interventions. *Aggression and Violent Behavior*, 477-501.

Gardiner, H. W. (2011). *Living across cultures: cross cultural human development* (5th ed.). Boston: Pearson Education.

George, M. J., & Yarwood, D. J. (2004). *Male Domestic Violence Victims Survey 2001: Main findings.* Retrieved from www.dewar4research.org/DOCS/mdv.pdf

Ghanim, D. (2012). Gender violence: Theoretical overview. In *Violence and Abuse in Society.* Oxford, England: Praeger.

Gobin, R. L. (2011). Partner preferences among survivors of betrayal trauma. *Journal of Trauma & Dissociation*, 13(2), 152-174.

Goodyear-Brown, P., Fath, A., & Myers, L. (2012). Child sexual abuse: The scope of the problem. In Goodyear-Brown, P. (Eds.), Handbook of child sexual abuse: Identification, assessment, and treatment (3-10). Hoboken, NJ: John Wiley & Sons.

Hamel, J. (2014). Gender inclusive treatment of intimate partner abuse: Evidence-based approaches. New York: Springer Publishing Company.

Hanson, R. (2013). Hardwiring happiness: The new brain science of contentment, calm, and confidence. New York: Harmony Books.

Hartill, M. (2005). Sport and the sexually abused male child. *Sport, Education and Society, 10*(3), 287-304, doi: 10.1080/13573320500254869

Henry, S. B., Smith, D. B., Archuleta, K. L., Sanders-Hahs, E., Nelson Goff, B. S., Reisbig, K. L., et al. (2011). Trauma and couples: Mechanisms in dyadic functioning. *Journal of Marital and Family Therapy*, 319-332.

Herdt, G. (1982). *Rituals of manhood: Male initiation in Papua New Guinea.* Berkeley, CA: University of California Press.

Herek, G.M. (2009). Hate crimes and stigma-related experiences among sexual minority adults in the United States. *Journal of Interpersonal Violence*, 24, 54–74. doi:10.1177/0886260508316477

Hines, D. and Malley-Morrision, K, (2005). *Family violence in the United States.* Los Angeles: Sage Publications.

Hoff, B. H. (2012, February 12). *CDC Study: More men than women victims of intimate partner physical violence, psychological aggression.* Retrieved from Stop Abusive and Violent Environments:
http://www.saveservices.org/2012/02/cdc-study-more-men-than-women-victims-of-partner-abuse/

Hyunkag, H. (2012). Examining gender differences in nature and context of intimate partner violence. *Journal of Interpersonal Violence,* Vol. 27, (13), pp. 2665-2684.

Ingalhalikar, M, et. al. (2014). Sex differences in the structural connectome of the human brain. Proceeding of the National Academy of Sciences of the United States of America, Vol. 111, (2), pp. 2665-2684.

James, R., & Gilliland, B. (2013). *Crisis intervention strategies* (7th Ed.). Pacific Grove, CA: Brooks/Cole.

James, S.E., Herman, J.L., Rankin, S., Keisling, M., Mottet, L., & Anafi, M. (2016). The Report of the 2015 U.S. Transgender Survey. Washington, DC: National Center for Transgender Equality.

Janosik, E. (1986). *Crisis counseling: A contemporary approach.* Monterey, CA: Jones and Bartlett.

Johnson, M. (2006). Control and conflict: gender symmetry and asymmetry in domestic violence. *Violence Against Women*, Vol. 12, (11), pp. 1003-1018.

Jones, W. (1968). The ABC method of crisis management. *Mental Hygiene*, 52, 87-89.

Kaiser Family Foundation. (2001). Inside-OUT: A report on the experiences of lesbians, gays and bisexuals in America and the public's views on issues and policies related to sexual orientation. Retrieved from https://kaiserfamilyfoundation.files.wordpress.com/2 013/01/new-surveys-on-experiences-of-lesbians-gays- and-bisexuals-and-the-public-s-views-related-to- sexual-orientation-chart-pack.pdf

Kanel, K. (2015). *A guide to crisis intervention* (5th Ed.). Stamford, CT: Cengage Learning.

Karl, A., Schaefer, M., Malta, L. S., Dörfel, D., Rohleder, N., & Werner, A. (2006). A meta-analysis of structural brain abnormalities in PTSD. *Neuroscience & Biobehavioral Reviews, 30*(7), 1004-1031

Katz, J., Arias, I., & Beach, S. R. H. (2000). Psychological abuse, self-esteem, and women's dating relationship outcomes. *Psychology of Women Quarterly*, 24, 349-357.

Kelly, C.E. & Warshafsky, L. (1987, July). *Partner abuse in gay male and lesbian couples.* Paper presented at the Third National Conference for Family Violence Researchers, Durham, NH.

Kimmel, M. (2017). Angry white men: American masculinity at the end of an era. New York: Nation Books.

Koenen, K. C., Driver, K. L., Oscar-Berman, M., Wolfe, J., Folsom, S., Huang, M. T., & Schlesinger, L. (2001). Measures of prefrontal system dysfunction in posttraumatic stress disorder. *Brain & Cognition, 45,* 64-78.

Kohlberg, L. A. (1996). A cognitive-development analysis of children's sex role concepts and attitudes. In E. E. Maccoby (Eds.), Toward a feminist development of sex differences (p. 82-173). Stanford, CA: Stanford University Press.

Kret, M. and DeGelder, B. (2012). Reviews and perspectives: A review of sex differences in processing emotional signals. *Neuropsychologia Journal,* The Netherlands, Vol. 50, pp. 1211-1221.

Kuehnle, K. & Sullivan, A. (2003). Gay and lesbian victimization: Reporting factors in domestic violence and bias incidents. *Criminal Justice and Behavior,* 30(1), 85-96.

Landolt, M.A. & Dutton, D.G. (1997). Power and personality: An analysis of gay male intimate abuse. *Sex Rules, 37,* 335-359

Leskin, L. P. & White, P. M. (2007). Attentional networks reveal executive function deficits in posttraumatic stress disorder. *Neuropsychology, 21,* 275-284.

Leslie, D. and Cavanough, M. (2005). *Current controversies on family violence.* Thousand Oaks, CA: Sage Publications.

Liberzon, I. & Sripada C. S. (2008). The functional neuroanatomy of PTSD: A critical review. *Progress in Brain Research, 167,* 151–169.

Lightdale, J. and Prentice, D. (1994). Rethinking sex differences in aggression: aggressive behavior in the absence of social roles. *Personality and Social Psychology Bulletin,* Vol. 20, (1), pp. 34-44.

Lisak, D. (1994). The psychological impact of sexual abuse: Content analysis of interviews with male survivors. *Journal of Traumatic Stress,* 7(4), 525-548. doi: 10.1002/jts.2490070403

Love, M. (2014). Sexual abuse of male children in sports: Factors impacting disclosure (Doctoral dissertation).

Lurito, J. (2001). Temporal lobe activation demonstrates sex-based differences during passive listening. *Neuroradiology,* Vol. 220, (1).

Marin, A. and Russo, N. (1999). Feminist perspectives on male violence against women in *What Causes Men's Violence Against Women.* Thousand Oaks, CA: Sage Publications, Inc.

Martin, C. L., Ruble, D. N., & Szkrybalo. J. (2002). Cognitive theories of early gender development. *Psychological Bulletin, 128*(6), 903-933. doi: 10.1037//0033-2909.128.6.903

McAlinden, A.-M. (2006). 'Setting 'Em Up': Personal, Familial and Institutional Grooming in the Sexual Abuse of Children. Social & Legal Studies, 15, 339-62.

McElroy, W. (1996). The unfair sex in Bender, D. et. al. *Family violence: Current controversies.* San Diego: Greenhaven Press, Inc.

McGuffey, C. (2013). Rape and Racial Appraisals: Culture, Intersectionality, and Black Women's Accounts of Sexual Assault. *Du Bois Review: Social Science Research on Race, 10*(1), 109-130. doi:10.1017/S1742058X12000355

Meis, L. A., Kehle, S. M., Barry, R. A., Erbes, C. R., & Polusny, M. A. (2010). Relationship adjustment, PTSD symptoms, and treatment utilization among coupled National Guard soldiers deployed to Iraq. *Journal of Family Psychology,* 560-567.

Mejia, X. E. (2005). Gender matters: Working with adult male survivors of trauma. *Journal of Counseling & Development, 83*(1), 29-40.

Merrill, G.S. & Wolfe, V.A. (2000). Battered gay men: An exploration of abuse, help seeking, and why they stay. *Journal of Homosexuality, 39*(2), 1-30. doi: 10.1300/J082v39n02_01

Meyer, I.H. (2003). Prejudice, social stress, and mental health in lesbian, gay and bisexual populations: Conceptual issues and research evidence. *Psychological Bulletin,* 129, 674-697. doi:10.1037/0033-2909.129.5.674

Mills, L. (2008). Violent partners: A breakthrough plan for ending the cycle of abuse. New York: Basic Books.

Mizen, R. and Morris, M. (2007). *On aggression and violence: An analytic perspective.* New York: Palgrave Macmillan.

Nalavany, B. A., & Abell, N. (2004). An initial validation of a measure of personal And social perceptions of the sexual abuse of males. *Research on Social Work in Practice,* 14(5), 368-378. doi: 10.1177/1049731504265836

National Alliance on Mental Illness (NAMI). (2016). *LGBTQ.* Retrieved from https://www.nami.org/Find-Support/LGBTQ

National Coalition of Anti-Violence Programs (NCAVP). (2016a). *Lesbian, gay, bisexual, transgender, queer, and HIV-affected hate violence in 2015.* Retrieved from http://www.avp.org/storage/documents/ncavp_hvr eport_2015_final.pdf

National Coalition of Anti-Violence Programs (NCAVP). (2016b). *Lesbian, gay, bisexual, transgender, queer, and HIV-affected intimate partner violence in 2015.* Retrieved from:http://avp.org/wp-content/uploads/2017/04/2015_ncavp_lgbtqipvreport .pdf

Neikta. (n .d.). *Sambia Tribe's initiation from boyz to men.* Retrieved from Orijin Culture: http://www.orijinculture.com/community/masculini sation-dehumanization-sambia-tribe-papua-guinea/

Nettle, D. (2007). Empathizing and systematizing: What are they and what do they contribute to our understanding of psychological sex differences. *British Journal of Psychology,* Vol. 98, (2), pp. 237-255.

New York State Office for the Prevention of Domestic Violence (2017). Website: http://opdv.ny.gov/faqs/index.html#maleandfemale perps.

Nugent, N., Christopher, N., Crow, J., Brown, L., Ostrowski, S., & Delahanty, D. (2010). The efficacy of early propranolol administration at reducing PTSD symptoms in pediatric injury patients: A pilot study. *Journal of Traumatic Stress, 23*, (2), 282-287.

O'Brien, C. K. (2015). Don't tell: Military culture and male rape. *Psychological Services*, 12 (4), 357–365.

O'Brien, M. J. (1991). Taking sibling incest seriously. In M. Q. Patton (Ed.), *Family sexual abuse: Frontline research and evaluation.* (pp. 75-92). Newbury Park, CA.: Sage Publications.

Pappas, G. K. (2001). "Males who have sex with males (MSM) and HIV/AIDS in India: The hidden epidemic. *AIDS and Public Policy Journal*, 16 (1), 4-17.

Pollack, W. (1998). *Real boys: Rescuing our sons from the myths of boyhood.* New York: Henry Holt and Company, LLC.

Ponce, A.N., Williams, M.K. & Allen, G.J. (2004). Experience of maltreatment as a child and acceptance of violence in adult intimate relationships: Mediating effects of distortions in cognitive schemas. *Violence & Victims.* 19(1), 97-108. doi: 10.1891/vivi.19.1.97.33235

Prado, J., Chadha, A., & Booth, J. R. (2011, November 1). The brain network for deductive reasoning: A quantitative meta-analysis of 28 neuroimaging studies. *Journal of*

Cognitive Neuroscience, 23(11), 3483-3497.
http://dx.doi.org/10.1162/jocn_a_00063

Raison, C., & Miller, A. (2003). When enough is too much: The role of insufficient glucocorticoid signaling in the pathophysiology of stress related disorders. *American Journal of Psychiatry, 169,* 1554-1565.

Romano, E., & De Luca, R. V. (2001). Male sexual abuse: A review of effects, abuse characteristics, and links with later psychological functioning. *Aggression and Violent Behavior, 6*(1), 55-78.

Rothman, E. & Nnawulezi, N. (2016). Intimate partner violence, male. In A. Goldberg (Ed.), *The SAGE Encyclopedia of LGBTQ Studies* (pp. 467-468). Thousand Oaks, CA: SAGE Publications.

Sageman, S. (2003). The rape of boys and the impact of sexually predatory environments: Review and case reports. *Journal of the American Academy of Psychoanalysis, 31*(3), 563-580
. doi: 10.1521/jaap.31.3.563.22137

Salter, A.C. (1992). Transforming Trauma: A Guide to Understanding and Treating Adult Survivors of Child Sexual Abuse. Los Angeles: SAGE Publications, Inc; 1 edition

Schnarch, D. (2009). Passionate marriage: Keeping love and intimacy alive in committed relationships. New York: W.W. Norton & Co.

Schore A. N. (2000). Attachment and the regulation of the right brain. *Attachment and Human Development, 2*(1), 23-47.

Shapiro, F., & Forrest, M. (1997). *EMDR*. New York: Basic Books.

Sinacola, R. (2015, September). *The A-B-Cs of Trauma and Crisis Intervention*. Symposium presented at Pacific Oaks College, Pasadena, CA.

Sinacola, R., & Peters-Strickland, T. (2012). *Basic psychopharmacology for counselors and psychotherapists*. (2nd Ed.). Boston: Allyn and Bacon.

Sparato, J., Mullen, P. E., Burgess, P. M., Wells, D. L., & Moss, S. A. (2004). Impact of child sexual abuse on mental health. *The British Journal of Psychiatry*, 184(5), 416-421.

Stevens, J.E. (2012, October 3) ACES News, The-Adverse Childhood Experiences Study-The largest-most-important public health study you never heard of-began in an obesity clinic. Retrieved from https://acestoohigh.com/2012/10/03/the-adverse-childhood-experiences-study-the-largest-most-important-public-health-study-you-never-heard-of-began-in-an-obesity-clinic/

Stevens, M. J. (2007). Toward a global psychology: Theory, research, intervention, and pedagogy. Mahwah, NJ: Lawrence Erlbaum Associates, Inc.

Stojanovich, L., & Marisavljevich, D. (2008). Stress as a trigger of autoimmune disease. *Autoimmunity reviews*, 7(3), 209-213.

Stotzer, R.L. (2016a). Hate crimes. In A. Goldberg (Ed.), *The SAGE Encyclopedia of LGBTQ Studies* (pp. 467-468). Thousand Oaks, CA: SAGE Publications.

Stotzer, R.L. (2016b). Sexual minorities and violence. In A. Goldberg (Ed.), *The SAGE Encyclopedia of LGBTQ Studies* (pp. 1055-1058). Thousand Oaks, CA: SAGE Publications.

Stotzer, R.L. (2016c). Transgender people and violence. In A. Goldberg (Ed.), *The SAGE Encyclopedia of LGBTQ Studies* (pp. 1245-1246). Thousand Oaks, CA: SAGE Publications.

Straus, M. (1988). *Abuse and victimization across the lifespan.* Baltimore: Johns Hopkins University Press.

St-Yves, M. & Pellerin, B. (2002). Sexual victimization and sexual delinquency: Vampire or Pinocchio syndrome? Correctional Service Canada Forum, 14, 51-52.

Swarup, S. (2016, October 11). *Domestic violence against men.* Retrieved from merinews: http://www.merinews.com/article/domestic-violence-against-men/15920158.shtml

Taft, C. T., Stafford, J., Watkins, L. E., & Street, A. E. (2011). Posttraumatic stress disorder and intimate relationship problems: A meta-analysis. *Journal of Consulting and Clinical Psychology*, 22-33.

Tener, D., & Murphy, S. B. (2015). Adult disclosure of child sexual abuse: A literature review. *Trauma, Violence, & Abuse*, 16(4), 391-400.

Trenholm, J. O. (2013). Constructing soldiers from boys in Eastern Democratic Republic of Congo. *Men and Masculinities*, 16 (2), 203-227.

Valente, S. M. (2005). Sexual abuse of boys. *Journal of Child and Adolescent Psychiatric Nursing, 18*(1), 10-16. doi: 10.1111/j.1744-6171.2005.00005.x

Van Dam, C. (2001). *Identifying child molesters: Preventing child sexual abuse by recognizing the patterns of the offenders.* New York: Haworth Maltreatment and Trauma Press.

Van der Kolk, B. (1986). *Psychological trauma.* Washington, D.C.: American Psychiatric Association Press.

Van der Kolk, B. (2014). The body keeps score: Brain, mind, and body in the healing of trauma. New York: Penguin.

Van der Kolk, B., McFarlane, A. C., & Weisaeth, L. E. (1996). *Traumatic Stress: The effects of overwhelming experience on mind, body, and society.* New York: Guilford.

Veterans Affairs. (2013-2015). Military culture: Core competencies for healthcare professionals (Military organization and roles). Department of Veterans Affairs, Employee Education System and Department of Defense.

Walker, J., Archer, J., & Davies, M. (2005). Effects of rape on men: A descriptive analysis. *Archives of Sexual Behavior, 34*(1), 69-80. doi: 10.1007/s10508-1001-0

Weber, D. A., & Reynolds, C. R. (2004). Clinical perspectives on neurobiological effects of psychological trauma. *Neuropsychology Review, 14*(2), 115-129.

Weiner, Linda; Avery-Clark, Constance (2017). *Sensate Focus in Sex Therapy: The Illustrated Manual.* New York, NY: Routledge.

Wekerle, C. & Wolfe, D. A. (2003). Child maltreatment. In E. J. Mash, & R.A. Barkley (Eds.), *Child psychopathology* (2nd ed., pp. 632-683). New York: Guilford Press.

White, C. & Goldberg, J. (2006). Expanding our understanding of gendered violence: Violence against trans people and their loved ones. *Canadian Women's Studies, 25*(1-2), 124-127.

Whitfield CL. Adverse Childhood Experiences and Trauma. American Journal of Preventive Medicine. 1998; 14:361-363.

Whitman, C.N. & Nadal, K.L. (2016). Microaggressions. In A. Goldberg (Ed.), *The SAGE Encyclopedia of LGBTQ Studies* (pp. 768-770). Thousand Oaks, CA: SAGE Publications.

Xiong, Z. B., Tuicomepee, A., LaBlanc, L., & Rainey, J. (2006). Hmong immigrants' perceptions of family secrets and recipients of disclosure. *Families in Society: The Journal of Contemporary Social Services, 87*(2), 231-239.

Yerke, A.F. & DeFeo, J. (2016). Redefining intimate partner violence beyond the binary to include transgender pe.,.ople. *Journal of Family Violence, 31*(8), 975-979.

www.ingramcontent.com/pod-product-compliance
Lightning Source LLC
Chambersburg PA
CBHW072059040426
42334CB00041B/1356